微人格心理学

发现身体里的微人格，看透人性里的另一面

Hidden Personality Psychology

陈玮◎著

中央编译出版社
CCTP Central Compilation & Translation Press

图书在版编目（CIP）数据

微人格心理学 / 陈玮著. -- 北京：中央编译出版社，2015.10（2016.3重印）
ISBN 978-7-5117-2782-4

Ⅰ. ①微… Ⅱ. ①陈… Ⅲ. ①人格心理学 Ⅳ. ①B848

中国版本图书馆CIP数据核字(2015)第 221752 号

微人格心理学

出 版 人：刘明清
责任编辑：盛菊艳　翟民刚
特约编辑：张金蓉
责任印制：尹　珺
出版发行：中央编译出版社
地　　址：北京西城区车公庄大街乙5号鸿儒大厦B座（100044）
电　　话：(010) 52612345（总编室）　　(010) 52612335（编辑室）
　　　　　(010) 52612316（发行部）　　(010) 52612317（网络销售）
　　　　　(010) 52612346（馆配部）　　(010) 55626985（读者服务部）
传　　真：(010) 66515838
经　　销：全国新华书店
印　　刷：北京嘉业印刷厂
开　　本：710毫米×1000毫米　1/16
字　　数：260千字
印　　张：19.5
版　　次：2016年3月第1版第3次印刷
定　　价：38.00元

网　　址：www.cctphome.com　　　邮　箱：cctp@cctphome.com
新浪微博：@中央编译出版社　　　　微　信：中央编译出版社（ID:cctphome）

凡有印刷质量问题，本社负责调换，电话：010-55626985

PREFACE 序言

每个人都有着各种各样的异常心理
——你被未知的微人格操纵着

"老板,听说您招聘广告宣传策划,这是我以前策划的案例,请您过目一下。"

"这些是你策划的?你真是广告学的天才!"

"我不是学广告学的。"

"那是学中文的才子?"

"也不是。"

"留学MBA硕士研究生?"

"您过奖啦,我没学过MBA课程。"

"那你怎么能设计出这么抓人眼球、吸引人兴趣的广告……"

"心理学肄业。"

看完这个笑话,可能你已经发觉心理学的作用并不狭隘了。

微人格心理学

很多人会认为神经学、心理学以及精神学科这些听起来"高傲冷酷"的学科就是用来治疗精神病人的,普通人或者说正常人一辈子都不会也最好不要和这些沾边,这种想法就如大多数人都认为世界上的人可以分为正常人和精神病人一样,十分可笑。

从某种意义上讲,人怎么活都是一辈子,一个生活在自己幻想之中的精神分裂患者,虽然会给他的家人和朋友带来很多烦恼甚至危害,自己却可能完全不知晓,他会活得简单而快乐。同样,就算我们身上有着一些心理方面的特殊性,我们没有察觉到的话,一样也会活得很好,而不知道自己可能被这些"微人格"操纵着。

然而,心理学不单单是为治疗精神病人而生,更是为了研究普通人心中的这些"微人格"而生。因为毕竟传统意义上的典型精神病人太少了,并不足以让这门学科具有什么更深层次、更普遍化的意义。当然,也养活不了那么多的心理医生。

不少影视剧中都有这样的故事情节:某人找到了收费昂贵的心理医生,经过谈话、催眠后引发出他/她心中隐藏的阴暗面和过往创伤……这时候,不要以为那只存在于影视剧中,事实上,这在我们的生活中也是很常见的。

脾气火爆的人只会认为自己性子直,心直口快,不会觉得自己和歇斯底里症有任何关联;平时行事万分小心的人顶多认为自己谨慎,而不会认同自己有强迫症。

因为你没有察觉到这些,所以你并不是真的了解自己。

按照现代心理学的观点,每一个人身上都有着一些别人甚少知道,甚至自己也不知道的"隐藏性格"。这个观点很容易得出来。我们可以用反证法来说明:什么是正常?如果一个人没有强迫症,没有洁癖,没有第二人格,那么他的存在本身就是不正常的。这样一个人只能是机器人。相反,就如同有点瑕疵的美女才更有味道一样,有些变态(变态在心理学里是异常的意思)心理的人——只要能够控制——反倒更具有人情味。

网络上曾经有这样一则测验流传甚广。假如现在有ABC三个人,他们各自的情况大致如下:A——笃信巫医和占卜家,有多年的吸烟史,而且嗜酒;B——曾经两次被赶出办公室,每天要到中午才肯起床,读大学时曾吸食鸦片,每晚都要喝大约一公升的白兰地;C——曾经是国家的战斗英雄,一直保持素食的习惯,从不吸烟,只偶尔来一点啤酒,年轻时没有做过什么违法的事。如果你根据他们的这些简要情况,从三人中推选出一位将来能够统治世界、造福全人类的人。你会选谁呢?

对于统治世界这样的大任,C也许是明摆着的唯一选择。

下面我们来揭示这三个人的身份。A的名字是富兰克林·D.罗斯福,他被认为是美国历史上最伟大的总统,曾经领导美国抵御经济危机,并且赢得第二次世界大战的胜利;B的名字是温斯顿·邱吉尔,他几乎凭借自己一个人的激情澎湃而又充满不屈斗志的演讲,成为"二战"期间整个英国的精神支柱;C的名字是阿道夫·希特勒,他创建了德国纳粹党。

世界上任何一个人,不管是王公贵族还是百万富翁,抑或是流浪的乞丐,内心深处都隐藏着另外一个自己,人本身就是复杂的动物,即使你默默无名,也不要把自己想得过于简单。不正视这一点,只强迫自己去做自己认为是正确的、正常的事情,永远只会适得其反。

所以,看到光鲜靓丽的明星背后的吸毒、打架、骂人丑闻,也不要惊讶;听闻哪一天地铁内又出现了色狼、"咸猪手",也不要觉得这个世界不正常。这个世界本来就不完美,我们每个人也并不完美。

察觉到或者去察觉自己有什么变态的心理,也不是一件不可接受的事情。就如同一个隐疾、一处毒疮,它并不会要人命;只要能够及早去正视,去了解，去做出相应的措施，那么它对人体并无大碍。相反，讳疾忌医，如同蔡桓公一样，不去正视和承认自己内心之中存在的另一面，才是最危险的。

如果去探寻一些有心理疾病的犯罪者的人生轨迹，会发现其中很多人都格外的正直而自律，在犯罪之前，他们往往是公认的"好人"。

国外有一名变态连环杀手西奥多·罗伯特·班迪，他品学兼优，样貌英俊，从来不忧心没有约会对象；曾经是男童子军，之后进入著名大学，并以优秀的成绩毕业；毕业后他很快找到工作，高薪厚职且社会地位高。他在日常生活中礼貌得体，乐于帮助别人，并且非常有正义感。他就是美国人眼中的"高富帅"、"成功人士"。没有人会想到，这样一个人会去杀人。

直到在法庭上检察官呈上了一件件证物，媒体也报道了他的犯罪事实，大家才知道他有着不完美的另一面，并且这另一面在其不断地压抑下已经成长为恶魔。

任何见不得光的隐藏面都是"见光死"，在阳光之下轻若鸿毛，在阴暗压抑之中才会茁壮成长。

同样，我们身上也有阴暗的一面，可能你会喜欢窥人之私，在看别人的日记时体验一种刺激的快感；也许你总是对暴力血腥的电影情有独钟，甚至你在杀鱼的时候，看着鱼濒死的眼神都会心跳加速，而这些你都不会和人说起。你可能会选择忽略那不为人知的一面，然而，它始终在你看不见的地方存在着、生长着，有时甚至左右你的行为。

古人说，知人者智，自知者明。人们通常会根据一个人的言行、经历去评判一个人，也会从他人的行为、想法之中去反观自己。并不是每个人都能够看到别人的隐藏面，或者知晓自己的隐藏面，但是在本书里，你能。

本书作者历经多年的研究，累积了大量的微人格心理学理论及案例，并联合一些知名心理学研究机构进行了实验、调查和分析，以幽默、冷峻、犀利的语言风格描述出来,力求在尊重科学的基础上更加生动有趣。本书的创作旨在引导热爱心理学的读者看透人们行为背后不为人知的动机,解读人们隐藏的微妙人格,科学剖析人格的众多侧面;在看透别人的同时,探索和发现我们身体中的另一个自己,学会下意识地控制并利用这些"微人格",发掘自身的能量。

目录 CONTENTS

P001　第一章　你的身体里藏着多少隐秘的人格？
——揭开你的人格面具，彻底解剖自己

也许你的身体里正活着另一个"你"，而你并未意识到！你对面的那个人，TA也有隐藏的人格，TA的隐藏人格正操控着TA的一举一动。你以为TA就是TA所表现出来的样子吗？揭开人格面具，才能洞悉心理的真相。

"变态"其实很简单　/　002

透过人的"影子"，寻找异常心理所传递的真相　/　005

我们生来就有一个精神胚胎　/　008

所有人格问题，都是潜意识的问题　/　014

摘掉人格面具——让我看清你的脸　/　020

混淆的面具——人格失调　/　022

P027　第二章　这是一场自己与自己的厮杀
　　　　　　——多重人格

　　一个肉体能够装下几个人格？答案是无数个。一名多重人格的人，其不同的人格之间存在的差异和现实生活中的两个人之间的差异几乎一样大——喜好、口音、性格、字迹，甚至性别、天赋等都不相同。即使在同一种爱好之中，不同人格之间也会表现出明显的不一样。

"无意识"的意识与人格解离 / 028

几个人格占据同一个身体——多重人格 / 032

增生的人格是逃避现实的"避风港" / 033

人格分裂与大脑分裂 / 035

不断增生的新人格：当你变成了许多"另外的人" / 040

P045　第三章　活在逃不出去的幻觉中
　　　　　　——分裂型人格

　　莫斯科精神病研究所的费拉基米尔·埃夫罗姆松教授认为："在天才和疾病之间，确实有一种不可忽视的联系。"不要以为这是他在信口雌黄，波斯特博士用现代精神病理学的分析方法，研究了人类近代300位著名人物后得出了以下结论：许多天才都是精神分裂症患者！

天才都是疯子！ / 046

无处不在的幻觉使人分不清梦与现实 / 050

"天哪，有人在监视我！"——被迫害妄想 / 054

上帝欲使人灭亡，必先使其疯狂 / 058

满心猜疑：我不想与外界接触 / 062

目录

缺乏安全感：我只能自己保护自己 / 065

P069　第四章　将心灵撕碎的完美主义者
——失控的强迫人格

完美主义是一种病态的审美意识。完美主义者认为完美的事物才是最好的。他们需要彻彻底底、百分之百的美，然而这是不存在的——这也是导致他们出现病态心理的最根本原因。事实上，完美主义并非创造出来的，它的本质是强迫性地反复追求某一事物，以达到同一性。

这是一种异常的心理冲动。

病态性完美主义是异常心理的根源 / 070
只能接受十全十美——不完美，就毁灭 / 075
无法摆脱的强迫思维和反复出现的强迫行为 / 080
极端美丽背后的空洞："我要吃，还要瘦！" / 084
全世界都是病菌：令人歇斯底里的洁癖 / 088

P093　第五章　逃不出的手掌心
——强迫人格者的掌控欲

别想把人家雕琢成我们想要的样子。越"乖"的孩子反而会越叛逆！因为矛盾性是人的特性之一。强迫人格者的操纵欲，不会造就一个乖乖听话的孩子或者伴侣，反而会使他们远离自己的手心，越走越远！

行为绑架：希望把身边的人都变成提线木偶 / 094
操纵孩子，是为了塑造另一个自己 / 097
情侣间的博弈：是爱，是性，还是支配欲？ / 102

P109　第六章　当天空失去了颜色
——绝望的忧郁人格

忧郁是艺术灵感的源泉？这一点尚无定论，但可以肯定的是，忧郁人格者在人际交往中永远处于"劣势地位"。他们害怕自转，倾向于公转，似乎一生都是为了别人而活。

忧郁人格：世界都是灰色的 / 110
情感依赖：从别人身上获取安全感 / 115
即使忍受痛苦，也绝不轻易说"不" / 118
活着就是为了死吗？ / 122
隐形攻击：温柔的迫害 / 126

P131　第七章　我只想蒙着面纱看世界
——无法摆脱的恐惧感

同样是去大街上走一圈，同样是乘电梯上21楼，正常人不会有太大的感觉，而恐惧症患者会认为，那是地狱般的煎熬。稀奇古怪的恐惧症可多了，恐狗症、恐猫症、密集恐惧症、废墟恐惧症……

那么，他们到底在怕什么？

社交恐惧：如何面对一个羞涩的你？ / 132
对特定事物的恐惧：把心放在哪里才会安全？ / 136
幽闭恐惧：四面墙都藏有杀机 / 141
创伤后应激障碍（PTSD）：不断重复的噩梦 / 144

目录

P149　第八章　将自己锁在笼子里
　　　　——人格障碍

"为什么没人认可我呢？我明明是最优秀的。"
"我总觉得他对我心怀不轨，他一定又在说我的坏话。"
"这就是我的活法，我就是要让大家关注我。"
"我有时候很善良，有时候很邪恶，我也控制不住自己。"
"世界跟我有什么关系？我想怎么做就怎么做！"
让我们来看看，说出这些话的人，都是什么样的人格障碍患者。

自恋型人格障碍：我行我素，只爱自己 / 150
偏执型人格障碍："我凭什么相信你？" / 154
表演型人格障碍：到处都是我的舞台 / 158
边缘型人格障碍：极度不稳定的濒危人格 / 163
反社会型人格障碍：走向极端的"保护者" / 167

P171　第九章　每个人的心里都住着撒旦
　　　　——人格的阴暗面

再善良的人也会有坏心思！再保守的人也会"享受"罪恶带来的刺激感！虐待他人、肢解动物、折磨恋人、施展暴力等这些变态行为都是为了发泄某些情绪，表达心中的诉求，获取心理和生理上的快感。你敢深入了解那个"邪恶"的自己吗？

施虐者的快感——为什么人会有阴暗心理 / 172
被肢解的小猫——阴暗情绪的出口 / 177
潜藏的罪恶感：得不到爱，所以选择伤害 / 181

解密杀人狂的心理：为了刺激而杀人 / 184

邪恶与暴力也能产生美？——巴塔耶的"罪恶哲学" / 188

P193　第十章　令人匪夷所思的癖好
——变态人格导致的怪异行为

爱上丝袜，爱上门把手，爱上"柏林墙"……

爱上他人的隐私，爱在门缝里偷窥……

男人爱上穿裙子、踩高跟鞋……

不想穿衣服，并不是因为天气热……

所有的异常行为，都是出于心理异常导致的人格变态；所有的"癖"，都是为了寻求某种不为人知的快感。

所有怪癖都是因为"行为成瘾" / 194

偷窥癖：以窃取他人的隐私为乐趣 / 198

恋物癖：疯狂爱上一些稀奇古怪的东西 / 201

异装癖："谁说男人不能穿裙子！" / 205

裸露癖：压抑太久，只好爆发 / 209

P215　第十一章　扭曲地恋着
——不被接受的畸形之恋

爱情是人间最美妙的东西，它催生了无数的艺术作品，是无比高尚的。

然而，爱情也可能会被扭曲，出现了诸如"恋童癖"、"同性恋"、"恋母"、"恋父"、"虐恋"等，变得畸形，变得不为世人接受。

一树梨花压海棠——大叔只爱"洛丽塔" / 216

当女人爱上女人，当男人恋上男人——"断背山"的秘密 / 220

解不开的母型依恋——俄狄浦斯情结 / 223

一生的保护者——厄勒克特拉情结 / 227

疼痛与快感并行——越痛苦，越爱 / 231

P235　第十二章　人的天性就是永不满足
——贪欲心理

乐事薯片在美国有句广告词："我敢打赌，你不可能只吃一片。"当你拥有某件你喜爱的事物，你以为你会因此而感到满足？那你就太不了解人类了。

当我们还是猴子的时候，已经学会了不断地索取自己需要的和不需要的……没有最多，只有更多！

每个人都会有丢不掉的"瘾" / 236

拥有的越多，越容易产生贪婪心理 / 240

越爱越疯狂：强烈的占有欲 / 244

真想把商场搬回家：欲罢不能的购物欲 / 248

别让酒精淹没你：酗酒能够填满空虚吗？ / 252

P257　第十三章　无法忍受一成不变的生活
——渴望刺激的猎奇心理

问："你觉得未来最吸引你的是什么？"

答："充满悬念。"

谁会满足于一个早就被设定好的人生呢？

> 我们宁愿去经受灾难和痛苦，去感受跌宕起伏的命运，也不愿意活得过于平淡。

对许多人来说，最可怕的就是没有悬念 / 258

只爱冒险：在不断的探索中寻找刺激感 / 261

看透"调情高手"的诡计：若即若离，阴晴不定 / 264

"出轨"：情感中的猎奇心理 / 269

第十四章 你为什么说谎？
——每个人心里都住着骗子

> 我承认，你很善良，很真诚，但我必须告诉你：再诚实的人也会说谎。说谎是人的天性。研究表明，一个人开口3次，就会有一次在说谎，而且，他完全意识不到自己说了谎。
>
> 现在，请跟随我去寻求谎言的真相，揪出人们心里的骗子！

其实，你说的谎言跟你听到的一样多 / 276

脱口而出的谎话——说谎是人的本能 / 281

"我只是迷恋说谎" / 285

信口开河的背后：说谎成癖是一种心理病态 / 290

第一章 你的身体里藏着多少隐秘的人格？

——揭开你的人格面具，彻底解剖自己

也许你的身体里正活着另一个"你"，而你并未意识到！你对面的那个人，TA也有隐藏的人格，TA的隐藏人格正操控着TA的一举一动。你以为TA就是TA所表现出来的样子吗？揭开人格面具，才能洞悉心理的真相。

"变态"其实很简单

"你好,美女请问……"

"不是美女。"

"噢,大姐,问个路。"

"你叫谁大姐?"

"那小姐,请问……"

"你叫谁小姐!"

"同志……"

"你才'同志'呢,你们全家都'同志'!"

"女施主请冷静,我就是想问个路。"

"你让我怎么冷静?我是男的!"

如果你在大街上看到一个上文中那样打扮得花枝招展、穿着丝袜和长裙、浓妆艳抹的男人,你肯定会在心里鄙夷地骂上一句:"变态。"如果你漫步美丽校园,这时候一辆豪车的车门忽然打开,一个赤身裸体的男人坐在里面一脸猥琐笑容地注视着你(这样的事情各大高校时有发生),你也会掩面而逃,大骂一声:"变态!"甚至看到自己的朋友津津有味地看"血腥片"或者虐待小动物,你也会认为他们变态。

其实变态就是如此简单。

作为心理学的分支学科,研究普通人心中的变态思想习惯被冠名为

第一章 你的身体里藏着多少隐秘的人格？——揭开你的人格面具,彻底解剖自己

"Abnormal Psychology",通常被国内学者翻译为"变态心理学"或者"异常心理学"。当然,这里的"变态"是相对于同一个人的"常态"来说的。

很多人认为在大街上一眼就能够看出变态和正常人之间的区别。可是深入了解精神学科和心理学了之后会发现,即使是一流的临床心理学家也不见得能通过一般的观察和言谈交往准确分辨一个变态和一个正常人,因为有的人内心的阴暗种子隐藏得很深,看起来比正常人更正常,而有些人看起来像变态,却偏偏用自己的奇思怪想和创造精神达到了非同一般的成就,这或许就是人们常说的"天才在左,疯子在右"。

好莱坞喜剧电影《宿醉》是一部轻松搞笑的"爆米花片",当年此片在巴黎和北美都引起了轰动。片中主人公的小舅子就是一位让人觉得不正常的人物:穿丁字内裤,背地里给朋友下迷幻药,在和朋友喝酒的时候居然要"嗜血为盟"。可就是这个"变态",最后领着主角一干人在拉斯维加斯大展身手,赚取了他们急需的八万美金。

不要认为这只是电影里才有的情节。世界首富比尔·盖茨一直被当做财富与天才的象征,被捧成活着的传奇。可是许多接触过他的人说,他曾经是一个非常无趣的人,平时机械而木讷,不善言辞;号称开创了一个时代的天才乔布斯,一直被认为有颇为严重的歇斯底里症状,暴躁易怒,是十足的完美主义者;获得诺贝尔奖的"博弈论"开创者约翰·纳什教授,曾经患有严重的精神分裂症。这些天才并非不知道自己人格上的毛病,但是很显然,他们最终克制了,成为了强者。

相对而言,被人格缺陷欺骗、控制、战胜的,那些我们口中的疯子、变态、精神病,从某种角度来说,他们才是弱者。

在某家心理咨询室,记录了一份病例。病例中的患者有一个双胞胎妹妹,

微人格心理学

一次意外使得妹妹去世了。妹妹生前与姐姐感情非常好，去世之后，姐姐思念成疾，最后每天晚上都会梦到妹妹，和妹妹对话。说的内容，第二天回忆起来又模糊不清，感觉似是而非。最后，她甚至在白天照镜子的时候也能够看到妹妹的幻影。

为此，她来到了心理咨询师处寻找解决办法，因为这件事已经深深影响了她的生活。为此，她查过网上资料，拼命阅读相关书籍，甚至寻求过迷信的方法。最重要的是，她偏偏又不敢告诉亲近的人——她害怕别人不相信，害怕大家说她是神经病。

这在心理咨询领域，并不算是一个非常特殊的案例。可以确定这只是她潜意识里的自我暗示在作祟。有这样一句话：所有心理问题，归根结底都是潜意识的问题。

如果大家在平常生活中看见这样一个女人，对着镜子自言自语，面容阴晴不定，一会儿哭一会儿笑，肯定会认为她是个疯子而退避三舍。他人的不理解会使得患者更加压抑，越压抑，心理问题就会越严重，越被社会环境所排斥，最后就会陷入恶性循环。

这位患者的治疗方式出奇的简单而有效。心理咨询师首先使用刺激疗法，让她多接触妹妹的物品，以此来确定自己人格的独立性，并运用了一定催眠的手段让她尽情释放情绪，最后甚至想出了一个别出心裁的办法——让她经常对着镜子挤痘痘。在挤痘痘的过程中，她能够近距离地去面对自己和妹妹相似的面孔，找到自己长相上的独一无二之处。

问题就这样简单地解决了。事实上，并不是医生治疗手法有什么值得称颂之处，而是她的病本身就不如我们想象中那么可怕。

和病例里的人一样，我们也偶尔会"日有所思，夜有所梦"，也会忽然变得不像自己，反而像另外一个人。这一切不过是潜意识的宣泄，再正常不过。

程度浅一点的话，有人会在喝完酒之后性情大变，喝酒之前是"班纳博士"，喝酒之后却会变成"绿巨人"；有的女性平时温文尔雅，偶尔到了夜店，却疯狂放肆，行为大胆，如同脱胎换骨一般。程度深一点的，有的男人喜欢偷偷地在家里穿老婆的衣服，故意像女人一样细声细语说话，即使老婆知道了，也只会当成玩笑，不会认为他有"变性倾向"或者"异装癖"；有的人善良正直，偏偏捉到老鼠之后会用极其残忍的手段将其烧死或者活剥皮。

前者或许不惮于被亲人和好友们看穿，后者则绝不想被人发现。这些都是有一丁点变态的行为——简单，现实，容易发生，并且就在我们周围，就出现在你、我、他身上。

变态，就是这么简单。

每一个人心里都有一个变态的自己，就如同阳光下有影子，水面上有倒影一样自然而常见（因为常见，我们便选择了忽略）。问题在于，镜子里的你和现实中的你，哪一个才是影子？

你，真的能确定吗？

透过人的"影子"，寻找异常心理所传递的真相

我们首先来探索和分析一个案例。是案例，而不是病例，因为此人最终被认定具有完全承担刑事责任的能力，并没有神经性的病变或者异常。如果说他有什么异常的话，可能就是他后来的行为。

微人格心理学

案例中的主角是一名20岁刚出头的男性青年，代号为Today。他家境优渥，学业也一帆风顺，在日常交际之中，并没有表现出任何的异常和与众不同。根据调查得知，他的室友们只是认为他有时候过于追求黑白分明，正义感要比普通人来得更强，每当看到报纸上有当事人受到不公平待遇的新闻，都会义愤填膺，放言自己如果有权力的话一定要采取一切手段保护弱者。

而就是这样一个人，竟然涉嫌谋杀了两名与他丝毫没有关系的流浪女子，并在物色第三个目标的时候露出马脚，在目击者报警之后，被随后而来的警察逮捕。

Today对自己的行为并没有隐瞒，而问及原因，则是源于他对女朋友弃他而去而引发的内心不满。在对方提出分手之后，Today表现出了自己的大度和包容，并且送给对方一份分手礼物。而让人意想不到的是，随后他却把所有怒气发泄在自己所不认识的人身上。

当时给他做心理鉴定的医生表示，这件案件令人惊奇之处在于引发这一系列血腥事件的"扳机"——Today的女朋友并没有受到任何不利影响（除了在知晓所有情况之后，后怕了一阵以外）。由此可以看出，Today的行为包含着对自己既有性格和价值观的排斥和反抗。在现实生活以外，他开创了自己另外的性格和另外的生活方式，这种性格和生活方式自然是与他本人平时所表现出来的正义感截然相反的，这也是他选择自己不认识的人下手的原因所在——他在自己所熟识的人们面前，依然是一副"好人"的形象。

值得注意的是，Today从小在单亲环境下成长。他的父亲是一名生意人，虽然对他分外宠爱，但是在孩提时代每个月陪伴他的时间只有三天，后期则更少。父爱的缺乏自然让他感到了无助和失落。与童年时期的挫败相反的，则是他后来的成功——包括学业、事业、金钱和爱情。在这些成功之中，只要有一点东西有了变化，让他尝到失败的滋味，那就会让他走进曾经的童年阴影。

换言之，就如同蝴蝶效应一样，一个男孩的父亲陪伴自己的儿子时间太少，导致很多年后两名流浪女子殒命。

从这个算不上特殊的案例之中，我们能够发现所有人内心变态心理的共通之处。

首先，不管是否有所察觉，一个人的内在性格或我们所说的隐藏性格都会在他平常的生活中有所体现，从一些蛛丝马迹之中，从某一个角度上，某一些端倪里，便能够看出一个人的另外一张脸。这听起来有些像古人说的"识人之明"，实际上则已经更为系统和科学。在现今心理学体系之中，已经能够很系统地从一个人的写字习惯、说话语速、无意识的小动作，或者他踩到狗屎后会大喊大叫还是悄无声息地擦掉等细节来判定一个人的性格——准确地说，是一个人的多种性格。

案例中的Today，因为童年时期受到父亲的冷遇，便将自己定义为"弱者"，他潜意识里便产生了"我要保护像我这样的弱者"的想法，这就让他在平常生活中表现出强烈的正义感。然而，过于偏激的正义感并不见得就是一个好东西，倘若他对现实的产生了不满或者在遭遇挫折之后对自己产生了否定的情绪，就会走上极端。Today属于后者。他身边的人曾经提供这样一条线索，说Today对待广场上的和平鸽有一种近乎偏执的厌恶，称其为"寄生虫"，并试图药杀这些鸽子。用心理医师的原话讲："他采取了极端正义去否定自己童年的创伤，又用极端的方式去否定自己曾经的正义。"这本来就是一种极端的矛盾。

另外很明显的一点就是，他在受到巨大挫败感之后，为寻求发泄渠道，最终才变身"黑暗之子"。人的肉体和心灵都有自我保护机制。一个人没有办法把自己扼死，因为他的身体出于自我保护动机会阻止他这样做。同样，

微人格心理学

一些遭受巨大心灵创伤的病人会出现选择性失忆，这也是大脑为了保护自身而采取的让人惊讶的措施。

想一想，如果Today能够发现并正视心里隐藏的另一个人格，找到合适的方式宣泄自己的负面情绪，必定不至于如此。

所有变态心理体现出的共通之处便是：在日常生活中能体现出来的负面思想，和以此思想为发泄口的巨大负面能量。看不清这些隐藏在表象之下的阴影，才会让人变得疯狂。

这不禁让人想起一句话："思想是这个世界上最危险的东西。"

我们生来就有一个精神胚胎

在很久很久以前，人类就有过一场大辩论，一大群号称站在人类智慧顶峰的人一起讨论着一个非常不靠谱的问题：我们生活的世界到底是不是真实存在？

不要以为这是只有精神病人才会去思考的问题，事实上大多数精神病人已经对此有了非常确切而且毋庸质疑的答案。讨论这些问题的，是一群哲学家。如果这个哲学命题让你觉得难以理解和不可理喻的话，那么你只要去温习一下曾经风靡全球的系列电影——《黑客帝国》即可。在这一系列的电影之中，导演就已经试图透过花样翻新的电脑特技去阐述一个亘古的论题：我们认识的世界会不会原本就是虚假的，是不存在的，它只是内心的一种自以为是，和大脑的一次脉冲？其实一觉醒来，你可能还趴在一年级的课桌上流口水，而老师正拿着课本看着你？

这一观点不光是在外国有，在中国古代也屡屡被人提起，比如我们熟知的"庄生梦蝶"。当一个人分不清现实和梦境，分不清真实和虚假的时候，便已经坠入疯狂的深渊。在从前，无论是生理学家、心理学家还是教育学家，都认为孩童在出生之初，就是一张白纸，并不具备思考的能力，行为举止也只能靠简单无意识地模仿他人以及遵从本能而产生，在接下来的时间里，我们为他塑造什么样的生长环境，他就会成为什么样的人。可是现在看来，这个观点大错特错，甚至已经造就了很多悲剧。

意大利教育家蒙特梭利率先公开反对这一看法，他认为，每一个人在出生之初不但拥有一个肉体，还拥有一个精神胚胎，后来接受的教育和社会阅历只能排在第三位。这个精神胚胎之中藏有心灵成长的密码，而且，只有幼儿自己通过自己的行动、感受和思考才能够渐渐解开这一密码。因为那些影响精神胚胎的敏感期只有一个大概的规律，而且可能会受任何一件事、一个场景甚至一句话影响，而不为别人所知。

在成长的过程中，每一个人随着肉体的成长，他的精神和对世界的认知也在飞速发育，正常情况下，三者是相辅相成的。年龄渐渐增加，在生理上，男性变得健壮，女性变得柔美，荷尔蒙激素在一定程度上控制着不同人的不同性格；在心理上，人的思想渐渐形成自己独特的框架结构，有一套自己的想法，有三观（人生观、世界观、价值观），而对客观世界的认识——可以简单理解为社会阅历——也渐渐丰富，为人变得稳重、实际。肉体、客观阅历、精神成长，三者缺一不可。

那么问题是，如果这三者发展不平衡的话，会发生什么情况呢？比如对客观世界的认识很不全面，而精神体系却完整而强大；或者对世界的认识过于深刻，可精神却无法承受；又或者两者皆备，唯独缺少自身的能力去改变一切，这些情况发生，会让人变成什么样子呢？

微人格心理学

在美国的北部有一片山脉，隶属于明尼苏达州，山岗之间肃穆寒冷，早晚云遮雾绕。在山脉间的一所戒备森严的精神病院里，住着一位老人。老人并非故事的主人公，而是精神病院曾经的门卫，后来年纪大了，便在这里做些勤杂。老人年轻的时候除了看大门外，还负责精神病院的治安，任职期间，他见过形形色色的精神病人。在他这里，我们可以了解到这样一个病例。

患者是男性，因为连环杀人而被判处终生监禁于精神病院。然而让人意想不到的是，这名男子来到精神病院之后，精神竟然逐渐变得正常，开始融入社会，并最终在几十年后成为一名慈祥的老人。虽然他仍然被控制在精神病院，但与正常人毫无二致。

"那是一个有些羞涩的人，不善于和人打交道。当年来到精神病院时，他看上去根本不像是一名穷凶极恶的杀人犯，而像一名西部农场的农民。"门卫回忆道，"他非常安静，比平常的病人都要安静得多，可即使这样，依然没有人会对他放松戒备，没有人会忘记他曾经做出的噩梦一样的事情。"

"我永远不会忘记他的名字。"门卫老人如是说，"事实上也没有人会忘记，他是这里的大明星。我们这里很多人都对他的事情了如指掌，即使平时他自己并不会去谈论。"

患者名为爱德华·西奥多·盖恩，出生在1906年，去世于1984年。我们在这里对他的犯罪过程且避而不谈，那些细节只会让人觉得毛骨悚然。我们要谈论的，是他的过去，以及沦落、发病的诱因。

爱德华出生在一个"母权"家庭，家庭成员中虽然只有一位女性成员——母亲奥古斯塔，但是她对家庭的影响力是无与伦比的。爱德华的父亲是一个酒鬼，一事无成，整日酗酒，而母亲独立经营一家杂货铺来养家，并且独自掌管家庭事务。母亲是狂热的宗教信徒，对于"道德"的要求非常苛刻，总是用最严厉的教规来管教爱德华与比他大两岁的哥哥亨利。从小，母亲在爱德华的心中就成为"强权"的代名词。

为了保证自己的孩子不被外界影响，并且远离那个不道德者以及罪人遍布的城市，1914年，母亲带着爱德华一家搬到威斯康星州的普兰菲尔德一座195亩的农场。这里的生活很原始，近乎与世隔绝，在这里，离他们最近的邻居也是在数里之外。即使在如此偏僻的地方，爱德华与哥哥亨利依然时时刻刻生活在母亲的约束之下，没有任何自由。

由于家庭的关系，爱德华自幼便是一个沉默的孩子。在母亲的"教导"下，他不敢同其他同学交往，十分孤僻。母亲一旦发现他结交朋友，便会对他进行严厉的惩罚，这使得爱德华更加显得不合群，成了大家眼中的"怪孩子"。

不仅如此，由于对宗教信仰的狂热追逐，爱德华的母亲将女性看作是罪恶的象征，不允许爱德华接近任何女性，甚至对自己年幼的孩子灌输"女人都是魔鬼"的思想，以至于爱德华小时候竟然不知女性为何物。

与爱德华一样，亨利也是母亲的"封闭式教育"对象。不同的是，亨利更加有主见，有独立思考的能力，他认为爱德华对母亲的过分依赖是不健康的，同时他对母亲的"专制"越来越抵触，甚至经常因此与母亲发生争吵。这种情况使得爱德华失去了评断是非的能力——他非常爱他的哥哥，但哥哥的行为触犯了让他无比崇拜的母亲。他的心里产生了极大的矛盾，不知道自己应该站在哪一边。

正在爱德华进退两难之时，亨利死于火灾。之后，父母也相继离世。

虽然母亲去世的时候，爱德华已经将近四十岁，可是他依旧保持着对母亲的依赖，心理年龄与实际年龄严重不符。在他日夜相处的亲人去世之后，他失去了所有的依托，变得非常无助。孩子般的心理、几乎为零的社会经验、对异性扭曲的认知和无知的善恶观等，导致他很快出现了心理失衡。

微人格心理学

在接下来的日子里，爱德华犯下了震惊整个美国的连环案件——残忍地侵害55岁左右的中老年妇女，以及刚刚去世的中老年妇女。其暴戾程度堪比电影《沉默的羔羊》中的"野牛比尔"！

虽然听起来如此令人发指，但他也有值得可怜的地方，因为长久以来的与世隔绝，令他连自己的行为是错误的也毫不知情。有一个情况可以证明这一点：当他刚刚被一名警长抓到以后，那位警长与同僚们首先并没有对爱德华进行审判，而是尽最大的努力将善恶的区别细细告知给他。后来，在警察的引导下，爱德华讲述了自己的所作所为——虽然因为精神原因，讲述的内容有些模糊。

如果事情到这里就结束了，那么距离我们所谈论的"精神胚胎"的问题就难免有些偏离。所以，故事还在继续。

由于精神原因，法庭判定爱德华无罪，但在1958年1月6日被判终生囚禁于国家精神病院。事实上，来到戒备森严的精神病院以后，反倒是爱德华能够接触社会、让自己的"精神胚胎"成长的开始。他在这里渐渐认识社会，了解与人相处之道，这位曾经数次作为好莱坞恐怖片主角原型的明星精神病患者，渐渐让自己的内心归于宁静了。1984年7月26日，他于明尼苏达精神复康病院自然死亡。去世之前，他已经成为精神病院里一位和蔼可亲的长者；去世之时，也十分安详。而且一般人认为，他的精神病也已经几乎完全康复。

在这里，我们可以对引发爱德华罪恶行为的因素进行简单的分析。

1. 他没有正常的交际行为，这导致他对这个世界的认知水平十分低下，没有正常的善恶观。

2. 从小受到母亲的"宗教式"性教育，导致他未能形成健康而完整的性观念。

3. 对母亲的盲目崇拜和对哥哥的敬爱，使他在两者发生争执时，心理产生矛盾，导致了模糊的是非观。

4. 在身体已经成熟的同时，他社会阅历依旧狭隘和偏离，心理年龄与实际年龄严重不符，导致了心理状态的扭曲。

5. 由于母亲严苛的管束，他憎恨母亲，但是又对母亲有强烈的依恋。这种"既爱又恨"的矛盾情感，导致他杀害与母亲年龄相似的中老年妇女，以此当作对母亲的报复。

可见，之所以他会产生这种恶劣的行为，可以归结为他的"精神胚胎"与自身肉体的不平衡发展。当一个人的心理与年龄发展极为不协调，他就会处在精神失控的边缘。

而从他进入精神病院后的情况，我们可以看出，当他能够与人相处，与外界交流，产生一定的社会阅历之后，他就慢慢趋于平静和正常了。这是因为，他的"精神胚胎"在正常的生活状态下得到了成长。

我们知道，在所有多变形体之中，三角形是最为稳固的。而肉体成长、阅历增加和精神胚胎的成型，便是支撑每个人人格的三角形。只不过，没有一个人是三面均衡的"完人"，尤其是"精神胚胎"方面，更是所有问题最终的体现之处和症发之处。若以具有针对性的眼光去评判，就会发现，每一个人在这三个方面都有或多或少的过剩或不足，有的人身材矮小，面貌丑陋；有的人不善交际，疏离人群；有的人"精神胚胎"还没有长大，思想太幼稚或太脆弱，还有的人可能在这些方面过剩，反而造成失衡。

既然失衡，我们就要去补充。

问题不解决，就永远是问题。若要自己能够更好地生活和成长——这种

微人格心理学

成长是终生的,无论在哪个年龄段,你都在成长——而不至于钻进"牛角尖",误入歧途。有一种说法认为,人的肉体成长和社会阅历成长,最终都是在为"精神胚胎"的成长服务;如果要把这三者做一个比较,"精神胚胎"的成长过程才是最为重要的根本。

拿破仑很矮,却精神强韧。林肯长得不帅,而阅历丰富。中国古代词人晏几道是丞相之子,精神世界丰富,才华横溢,但为人过于真诚简单,不懂交际;并且不善持家,一生贫困,几无所葬。这些人可以说都不是"完人",然而,他们的精神都足够强大,这也是他们能够让后人称颂的原因。任何重视"精神胚胎"的人,必然能够拥有强大的内心,而忽略"精神胚胎"或者因为什么原因导致其失衡的人,最终都难免是"画地为牢"。

所有人格问题,都是潜意识的问题

有一个在心理学界流传甚广的测试,通过对潜意识的表象倾向来判断一个人。在看这个测试题的时候,千万不要被里面用字母代替的人名搞晕,要知道,这些字母都有特殊的意义。

一个男人M要与未婚妻F相会结婚,但两人一河相隔,M必须要借船过河才能见到F,于是他开始四处找船。

这时见一个女子L刚好有船,M跟L借,L遇到M后爱上了他,就问:"我爱上你了,你爱我吗?"M比较诚实,说:"对不起,我有未婚妻,我不能爱你。"这么一来,L死活都不把船借给M,她的理由是:"我爱你,你不

第一章 你的身体里藏着多少隐秘的人格？——揭开你的人格面具，彻底解剖自己

爱我，这不公平，我不会把船借给你的！"

M很沮丧，继续找船，刚好见一位叫S的女子，就向她借船，S说："我借给你没问题，但有个条件，我很喜欢你，你是不是喜欢我无所谓，但你必须留下陪我一晚，不然我不借你。"M很为难，L不肯借他船，S如果再不肯借给他的话，就不能过河与F相见了，据说这个地方只有这两条船。为了彼岸的未婚妻，他不得不同意了S的要求。次日，S遵守承诺把船借给了M。

见到未婚妻F后，M心里一直很不安，考虑了很久，终于决定把向L和S借船的事告诉了未婚妻。可惜，F听了非常伤心，一气之下与M分了手，她觉得M不忠，不能原谅。M失恋了，很受打击，这时他的生活里出现了一位女子E，两人也开始恋爱了，但之前的事情一直让他耿耿于怀。E问M是不是有什么心事，于是，M一五一十地把他和L、S、F之间的故事讲了一遍。E听了后，说："我不会介意的，这些跟我没关系。"

根据以上情节，请你将故事中的所有人在你心中按照对其的喜欢程度进行排列。建议不要想得过于复杂，要凭你的直觉来得出结论。

这段测试在国内流传已经有一段时间了，据查，几乎所有倾向于传统的女性都将M和S的排名放在了最后，男性则普遍倾向于选择E，选择L和F的人则相对比例较少。但是，这个测试不是为了测试一个人对于出轨或者婚姻的态度，要知道，这是潜意识测试，所谓潜意识，便是我们还没有意识到的自己的想法。

下面，让我们来看看每个字母所代表的答案：

M——金钱（Money）

L——爱情（Love）

S——性（Sex）

F——家庭（Family）

E——事业（Enterprise）

无法接受背叛的人，心中最重要的是家庭；能够放下一切选择全心投入的人，最看重事业；有着无法调和的矛盾的，最看重爱情；而看似得到实则失去的，把性看得很重要；而对这些都能够看淡的，则非常有可能是做事目的性非常明确的利己主义者。这些也许你平时没有发现，可能你并不认为自己会是这样的人，然而就像一句谚语说的："圈养的狼也会嚎叫。"本质的自我，是难以掩藏的，总是会在不经意之间流露出来。而这个不经意，通常就是我们所说的潜意识。

不过，需要特别指出的是，"潜意识"一词不过是国内的一种自以为是的翻译，事实上，"subconscious"一词更贴切的翻译是"无意识"。有人对"无意识"概念进行辩护，不允许人们将它称为"下意识"或"潜意识"，认为是错误的，容易引起误解：所谓无意识，它一方面包含着种种因潜伏而暂时不为意识所知、其他一切都与意识活动一样的活动，另一方面又包含着种种被"压抑"的活动。假如这些活动变成意识活动，它们肯定与意识中其他种种活动形成鲜明的对照，与"下意识"或"潜意识"不同。不过出于习惯，我们还是将其称为"潜意识"。

潜意识虽然常常不被我们所注意和察觉，然而却对一个人所做的任何决定都会产生影响，尤其是这个影响是本人意识不到的，因此更显巨大。它会直接成为人非理智选择和强迫性发展的源泉。

上文只是潜意识的一个日常生活和性格评判的小例子。下面我们来讲另外一个更深入和实际的案例。

在罗马尼亚曾经有这样一个病例，它也是在心理学界广为流传的一个经典案例。

第一章 你的身体里藏着多少隐秘的人格？——揭开你的人格面具，彻底解剖自己

病人是一名刚满三十岁的女子，名为阿加菲娅。她面容姣好，身材高挑，受过相当不错的教育，一直未婚。然而某一天的早上，本应该上班的她忽然大声哭叫，声音嘶哑震耳。邻居前来看望，只见她只披着睡袍便跑出了房门，并大声表示房间里有魔鬼。因为阿加菲娅并没有亲人居住在附近，邻居安慰无果之后只好报警。警察将阿加菲娅带走后，本以为她只是暂时精神受到刺激，而让人没有想到的是，一连一个月，阿加菲娅的状况都没有改善，并且有越来越严重的趋势，无论在警局、医院还是任何房间里，几乎都会声称自己见到了魔鬼。

如果问题在这里就结束了，那么也就只会是一个简单的案例，阿加菲娅大概会送到精神病院，这个案例也就没什么特殊之处了。可促使医生们没有作此决定的原因，是阿加菲娅在十四天之后，忽然奇迹一般自愈。这件事引起了心理学家和精神科医生的极大好奇和关注，主要原因是：首先，阿加菲娅发病并没有任何征兆，根据调查询问，在此前一天她还和一位男士约会，相谈甚欢，在此之后和家人通电话时也一切正常；对之前的情况进行细查又发现，她一直工作顺利，并没有过分的人际关系或者工作压力烦恼，在大学的时候，她给人的印象便是开朗而乐观，同时是一个无神论者；询问到她的家人，也了解到她拥有一个虽然有些贫穷但是却很温馨的童年，父母经营牧场和屠宰生意，白手起家，对孩子的教育虽严厉却正统。所有事实都无法解释其忽然发病的原因，甚至有一些人将其归为灵异现象。

其次，也是更让心理学者们震惊的事情是——无端发病，又迅速自愈的阿加菲娅，在病愈之后展现出了与之前非常相异的性格，从一名开朗乐于交际的白领女性，变得冷漠而疏离人群。她首先拒绝了当初与之约会的男士的

追求，并且辞去了自己的工作，每日把自己关在出租屋内以罐头食品为生，前来探望的家人也都纷纷被她拒之门外，而且有一次阿加菲娅居然没有认出自己的亲妹妹。

这一切，都在变得无法用常理去解释。

因为病人的不配合，在事件初期，阿加菲娅并没有接受较为完整的催眠治疗。一直到数个月后，因为阿加菲娅的怪异表现越来越难以掩饰和难以解释，家人方才向法院申请了强制治疗措施。这起特殊的病例引起了越来越多的精神病理学家和心理学家的关注，他们对阿加菲娅的过去做了细致的调查，并对阿加菲娅做了全面的诊疗和催眠。治疗初期，来自欧美各地的一大群权威专家几乎束手无策，他们无法判定一个没有原因而出现的病况应该如何归类和治疗，只能凭借经验进行药物治疗，甚至有时候会用到一些对神经具有伤害性的药品以制止阿加菲娅越来越严重的怪异行为。然而，有一点大家达成了共识——阿加菲娅具有不明原因引起的被迫害妄想症，而儿时家中经营屠宰场的事实是致病因素之一。

入院观察三个月后，阿加菲娅的病情也未见好转。这个时候，一位来自德国的年轻的心理学家发现了一个细节：阿加菲娅对牛奶会呈现出不可思议的抵制情绪。这一点因为病人的其他怪异行为而被大多数人忽略了，最终却没有逃过德国医生的眼睛。通过进一步的资料查询，医生又回忆起在治疗初期，阿加菲娅的家人提到过她小时候并没有喝到过足够的奶水，所以有很长一段时间靠牛奶为生，牛奶对于婴幼儿来说是非常好的营养品，但相对母乳来说难以吸收，一段时间之后，年幼的阿加菲娅便出现了很严重的消化吸收问题，几乎丧命。然而这件事因为连阿加菲娅本人都不知道，所以并没有引起任何人的注意。细心的德国医生进一步调查得知，在病发前一段时间，报纸上曾经报道过婴儿死亡的消息，而这件事情发生的时候阿加菲娅很可能在现场（虽然她并没有和任何人提起过，但是德国医生在当时勘察现场的照片里发现了她的身影），并受到了打击。

以此为突破点，德国医生对阿加菲娅进行了又一次深度催眠。在这次催眠之中，阿加菲娅的病情研究终于有了突破，另一个同样自称是"阿加菲娅"的人格浮出水面。在这段冗长而杂乱无章的催眠记录之中，有一段是这样的：

"你是说原本的阿加菲娅已经死去了？"

"是的，小时候喝牛奶消化不良，死掉了。"

"那么你是谁？"

"我就是我，你不用知道我是谁。"

根据这段催眠记录，心理学家们首先确定了阿加菲娅并非患上了人格分裂，而是相对简单一些的"被迫害妄想"，潜意识中对死亡的恐惧，促使她从曾经的开朗、乐观的人转变为一个封闭、自我保护意识严重的人。可以说，儿时的经历是伏因，是她对生命脆弱的最初印象；而生活在屠宰场的童年让她压抑住了自己对脆弱生命的恐惧。表面上，她已经成年并且能够自理，内心深处却藏着一个害怕自己被牛奶害死的"孩子"的阴影。

虽然问题看似解决了，然而现实并不完美。为此做出贡献的德国医生表示，治疗阿加菲娅的病情仍旧需要大量的时间、耐心甚至一些运气。

"最后一个问题，可能大家都没有精神去想了，可是我还是很好奇的是——"德国医生最后说："她是怎么知道自己在婴儿时期喝牛奶差点死掉的？她父母保证过这件事无人知晓，而最开始的时候，她只是单纯讨厌牛奶而已。"

如今，即使我们讨论开来，恐怕也无法就这个事情给出合理的解释，我们只能认为，最后是阿加菲娅的潜意识记住了当初她本不应该记住的那一件事情。

这个案例也说明了一点：我们的潜意识正操纵着我们的另一个，甚至是

微人格心理学

另一些我们所不知道的人格，这就是"微人格"的来源。

摘掉人格面具——让我看清你的脸

美国漫画《守望者》曾经达到了整个美国，甚至是全世界漫画领域的新高度，其中充斥的心理分析、宗教和哲学观点，以及对人性和道德的思考，让它达到当时其他漫画作品无法比拟的成就，成为第一部也是唯一一部获得了雨果奖的漫画类图文小说。在漫画之中的主角之一"罗夏"，是一个一直戴着面具的男人。整部漫画以罗夏讲的一个笑话作为开场：

一个人去看医生，说他得了抑郁症。

生活仿佛是如此的尖酸刻薄。

他觉得在这社会中，他是如此的孤独。

医生说："治疗办法很简单，最有名的小丑正在城里，去找他吧！他能让你开心起来，大家大笑得都流出了眼泪。"

"这是个好办法，不过，"他说："医生，我就是那个小丑啊！"

当代心理分析学认为，我们每一个人形象的塑造都有很大一部分来源于别人对自己的印象。比如，当别人认为你应该是一个稳重的人的时候，你就会在心里暗示自己应该变得更稳重、更符合人们的期望。进而，你便会为自己戴上一张"面具"——这种现象在心理学上也称为"强化效应"。这个面具可能是一份工作，如医生、教师、政治家；也可能是一个身份，如父亲、

第一章 你的身体里藏着多少隐秘的人格？——揭开你的人格面具，彻底解剖自己

领导、摇滚乐爱好者等；甚至可能是一个更大的范畴，比如在一个都是女人的地方，一个懦弱的男人也会变得更加有勇气，就是因为众人的期望在他心中产生了作用，让他为自己戴上了"坚强男人"的面具。

《守望者》中的罗夏，原名为沃特·寇瓦克斯，平时的身份只是一名举着一块写着"末日将至"的大木牌子的流浪汉，即使是平时的战友与其擦肩而过也认不出他；然而戴上面具之后，他便会化身为惩恶扬善的英雄人物，身手矫健而意志坚强。可以说，那张能够变换图案的面具已经成为沃特·寇瓦克斯灵魂的一部分。

按照评论家们的观点，罗夏的这张面具是有着隐喻含义的，它代表了这样一个事实：每个人只有戴上面具才能够找到自己，他的真实面目反而是伪装——世界上每一个人都是如此。平常的面目往往会伪装出笑容、礼貌、友好等来适应社会生活，与人打交道：面对上司要装出尊敬，不管你心里是不是在咒骂他"真是一个老顽固"；面对孩子要表现出关爱，无论你是否喜欢小孩子。

这些各种各样的伪装，也就成为了我们的"人格面具"。

人格面具的功能在于与外在集体世界周旋。人格面具（Persona）这个词源自希腊文"面具"，取其古典希腊戏剧里演员戴的滑稽面具和悲伤面具的意思。每个文化里都有很多社会角色:父亲、母亲、丈夫、妻子、医生、教士、律师等。在特定的文化里，这些角色都有一套人们所认可与期待的功能，往往还包括穿着打扮和行为举止——教师要端庄得体，教士不能奇装异服，律师总要看起来一身正气。发展中的自我选择想要扮演的角色时，多多少少把它们并入了主要的自我认同内，按照那些固有的脸谱化形象去要求自己。举一个例子：当你越是夸一个学习好的孩子听话的时候，他越是会尽量做出乖巧、懂事的样子，尽管他和小伙伴们玩的时候，可能完全是另外一副样子。

微人格心理学

当人格面具的角色配合得宜的时候——也就是说,它们真实地反映出自我的能力的时候——对正常的社交互动很有帮助。医生穿白袍,等于在心理上戴上了"医疗专业"的"面具",对病人执行必要的身体检查时,会自信许多;而教师在授课之前往往要求自己衣着得体,也是为了塑造自己的一种"面具"。

健康的自我大都能依情境的需要成功地带上人格面具扮演不同的角色,比如,一个态度温和的医生同样可以扮演一名睿智的父亲。相反的,我们隐藏着的人格则是非常私密的,是人"私有"的东西(它有时甚至是没有自我的),必须被我们刻意地压制住。比如,一名看起来温和的医生可能对他的病人厌恶至极,但他必须戴上一个和善的人格面具,露出温和的笑容。曾经有心理学家在探讨"我们到底有没有自我"这一论题时指出,人们在生活中大多数的行为和作为都是为了符合大多数人的期望,为自己戴上能够和周围环境相融合的"面具",以求能够更好地生存下去。

其实这很好理解,如果老师在上课的时候衣着怪异、大喊大叫、举止疯癫,或者医生在手术室里挥刀大笑,甚至只要一个人在大街上行为不正常,立马就会遭到所有人的排斥。所以,"人格面具"可以看做是每个人自我保护的一种机制。

混淆的面具——人格失调

若是一个人不能很好控制自己的"人格面具",一般会被称作"失调"。有三种失调是最明显的:

一、人格面具过度发展；

二、人格面具发展不全；

三、过度认同人格面具，到了自我误把自身与其主要的社会角色相互混淆的地步。

人格面具过度发展会导致人格内充斥着一组组的社会角色，留给自身一种"内在"没有真我的感觉。长此以往，便会觉得活着很"累"，活着没有"意思"。德意志皇帝腓特烈大帝便是一名"在面具下活过一生"的著名君主。

说起腓特烈大帝，首先要说到他的父亲，德意志著名的"军曹帝王"、"乞丐皇帝"腓特烈·威廉一世。威廉一世是一名好战、崇尚军事的帝王，尽管他的登基仪式只花了区区两千银币，他却曾把80%的政府财政收入充作军费，以极端的军国主义作风，开创了"服从、服从、再服从"的普鲁士精神。甚至在死前，当他听到神父布道"人赤条条地来，也赤条条地去"的时候，还能从病榻上挣扎起来说："怎么能赤条条的，我要穿上我的军装。"在他统治期间，欧洲各国皇室奢靡之风盛行，而德国上至皇后，下至外交大臣的生活都寒酸不已，甚至到了食不果腹的境地；普鲁士的军队则瞬间膨胀到8.5万人，而且装备精良。

威廉一世一生好战尚武，并且粗暴地排斥所有科学、历史、文化，他还给皇太子小腓特烈的教师们下了死命令，一定要"鼓励他讨厌"音乐、戏剧以及其他"浪费精力的胡闹活动"。令他遗憾的是，偏偏腓特烈刚出生的时候便瘦小文弱，长大之后性格偏向于内向、温柔，非常喜欢诗歌、喜剧文艺，爱好拉丁文，并精通音乐，吹得一手好长笛。而这份对文艺的爱好，也造就了威廉一世和腓特烈之间巨大的矛盾。

威廉一世希望腓特烈成为一名尚武的皇帝，能够支撑德意志的未来，所以采取了几乎是"斯巴达式"的教育。腓特烈年幼时候经常被父王痛打、折磨，每次都是眼泪汪汪，而且每次和父王在一起的时候他都瑟瑟发抖。腓特烈王子的妹妹威廉明娜和他性情相投，她经常目睹这样的暴行。她曾经回忆道："国王根本就容不下哥哥，只要他看见哥哥就会打他一顿，所以腓特烈对他产生了恐惧，直到他成长到能够明辨事理的年龄，那种恐惧仍然挥之不去。"

腓特烈曾经写信请求父亲的理解。他父亲的回信是用第三人称来称呼他的，而且言辞激烈："王子有一种任性且恶毒的倾向——他根本不爱他的父亲。凡是热爱父亲的儿子都应该顺从父亲的意愿，永远顺从，而不是两面三刀。他明明知道我无法忍受没一点男子气概、不习骑射、娇里娇气的儿子……他却只顾着自己高兴而追求享乐。这就是我的答复。"

对腓特烈打击最大的一次，是在他刚成年时期。为了躲避父亲毫无节制的施暴，腓特烈想逃到英国，从表兄乔治二世那里寻求庇护。但是这个计划暴露了，王子被捕，然后被投入地狱般的大牢。国王要求军事法庭审判腓特烈和他的同伴汉斯·冯卡特上尉，并最终将汉斯·冯卡特上尉斩首，并命令腓特烈在旁观看。

从这以后，腓特烈便完成了人生的改变，开始了戴着面具的人生。他在登基之后，果然按照父亲的意愿成为一名能征善战的德意志皇帝，七年战争中，腓特烈大帝遇挫愈强，以惊人的毅力和顽强以普鲁士一个小国之力，独抗法、俄、奥三大强国，其疯狂程度，可与瑞典国王查理十二世相媲美。罗斯巴赫会战更是腓特烈斜线阵势完美的表演之一，今天被美国西点军校选作那个时代的经典战役，并将它在军事博物馆中以大模型重现。军事史家亦把此战与洛伊滕会战许为腓特烈大帝军事艺术的巅峰之作，就像拿破仑的奥斯特里茨会战一样。在西方军事历史学家的著作中，腓特烈大帝是公认与亚历

第一章 你的身体里藏着多少隐秘的人格？——揭开你的人格面具,彻底解剖自己

山大大帝、凯撒大帝、汉尼拔、古斯塔夫二世、拿破仑齐名的军事伟人。后世拿破仑评价腓特烈大帝的时候说："越是在最危急的时候,就越显得他的伟大,这是我们对于他能说出的最高的赞誉之词。"

然而从另一面来说,腓特烈一生都生活在高度虚伪的面具下,他认为自己从来都不能也不敢成为他希望成为的那个人。在那个人们极度排斥同性恋的年代,他对于自己逝去的心上人卡特上尉不能表现出任何怀念;而他也不得不收起自己的梦想(成为音乐家、哲学家诗人),而是去走自己父亲期望的道路,无情地消灭敌人,为了大德意志而不是为了自己。对于他的评价很难公正,作为德意志之父,他无疑让许多人崇拜,除了受到许多军事家的称颂外,甚至连俄罗斯的贵族们也相当崇拜他。但是从作为一个完整的人的角度来说,他的人格无疑是有很大缺陷的。一生活在痛苦中的腓特烈扮演了完全相反的角色长达四十年,这种隐忍(包括幼年对父亲暴行的隐忍)一直伴随着他。不过作为德国人,他确实很符合尼采关于"超人"的典范,也是德国人精神中"把诗人的外表藏在里面,而在生活中竭力遵守和维护纪律"的体现。

若没有腓特烈这种隐忍的精神和能力,后果便不堪设想。在印度曾经有过相关的报道:一名学习成绩非常优秀的男孩在父母的期望之下,一直按照"永远要做第一,长大要成为工程师"的理念去要求自己,最终不堪重负,自杀身亡。这便是典型的"人格面具过度发展",导致失去自我的现象。

人格面具过度发展在当下社会非常常见,是一种不容易被人注意到的心理症结,若是长久忽视下去,很容易会对人的身心健康产生很大的负面作用。所以在适当的时候,每个人都应该给自己一个放松的机会,偶尔做回真实的自己。

人格面具发展不全的人格,则会极为脆弱,容易因遭受拒绝而受伤,或

是和亲近的人相处时失去自我。就主要表现来说，这一类人更为腼腆、内向，面对陌生的人和陌生的环境不知道应该营造出怎样的"面具"，所以更加不知所措。这样的人往往不能适应社会生活，没有良好的社交圈，对陌生人更加的充满恐惧，而对亲近的人却很"偏激"。

更严重的，是自我与人格面具融为一体，一旦卸下人格面具，则自我感薄弱，因而社会角色感受到的任何威胁，都以为是对自我整体的威胁。举个典型的例子，所谓的"空巢期症候群"（empty nest syndrome）——孩子长大离开家之后父母觉得无聊空虚——就是对父母角色这个面具过度认同的结果，这在男人或女人的身上都可能发生。很多父母把所有心思都放在孩子身上，即使孩子长大成人之后也一样，而若是孩子已经成家，离开身边，便会万分不适应。为了解决这个问题，许多人一般是将自己的孩子——也就是老人的孙儿辈交给老人抚养，而这又会造成老人劳累过重、溺爱孙儿等问题。

另外，那些只会埋头工作，否则便会感到人生空虚而无所依归的人，则是滥用了职业与专业的人格面具，只能在投入工作时找到自我，无法转换为另外的社会角色，无法培养出更宽阔的认同感和广泛的才能。若至于此，身心俱疲。

所以，人格面具就是每个人在社会交往与生活中的一把"双刃剑"。一个正常的人，必须要擅于经营自己的面具，同时更要能够摘下自己的面具，时时能够做到"向内行走"，敢于和善于去直面自己的内心，质问和反问自己，自己真正想要的是什么。若忘记这一点，必然会遗失自我；若做到这一点，必然能够得到人生中自己想要的高度，得到人生的"补全"。

第二章

这是一场自己与自己的厮杀

——多重人格

一个肉体能够装下几个人格？答案是无数个。一名多重人格的人，其不同的人格之间存在的差异和现实生活中的两个人之间的差异几乎一样大——喜好、口音、性格、字迹，甚至性别、天赋等都不相同。即使在同一种爱好之中，不同人格之间也会表现出明显的不一样。

"无意识"的意识与人格解离

先来看一个笑话。

有这样一个人,他是一名普通的男士,生活在都市之中,为了生活而辛勤地做着书记员的工作。辛苦的工作让他没有太多的时间去享受自己的生活,每天沉重的工作负担压榨了他泡酒吧和看球赛的自由。为此,他忍不住到教堂里去和上帝抱怨,希望上帝能够赐予自己"分身术",让自己分裂成两个人,一半去工作,一半去玩乐。

没想到,上帝真的听到了他的祷告,并且用最庄严的声音告诉他:"我将会赐予你分身的能力,让你可以同时工作和玩乐。由于你工作的时候只需要右手去做笔记,所以我决定让你的右手变成你的分身,可以不知疲倦地担任你本来书记员的工作。"

一开始,男士还以为自己出现了幻听,可是没想到没过多久,他的右手居然真的能够一丝不苟地去做笔记、抄写文件,而根本不用经过他本人思考。

可是没过多久,男子却回到了教堂,祈求上帝收回自己的神力。

"为什么呢?"上帝问?

"虽然我的右手工作很勤恳,可是它已经连续十二个晚上在我老婆的脸上抄文件啦!"

笑话固然只是笑话,可是故事之中能够独立自主去为所欲为的"手",

第二章 | 这是一场自己与自己的厮杀——多重人格

现实中却真的存在。接下来,我们来分享一个相关案例。

19世纪60年代初,安娜·温莎由于心神错乱和右手瘫痪,前往埃拉·巴罗医生处求医。

巴罗医生并不是专业的治疗心理方面疾病的专家,而是一名偏重于神经学的医生。最初,他认定温莎的右手患上的是神经方面的疾病。心神错乱和右手的神经性瘫痪,无论从哪个角度来说,都似乎是大脑神经系统的功能性紊乱问题,和心理疾病相差甚远。

然而就医不久,巴罗医生就发现温莎右手的独立性让人乍舌。即使在温莎没有意识或者被麻醉的状态下,依旧能够有系统地做很多事情,并且会根据触觉来分辨周围的环境。护士第一次见到这个场景的时候大惊失色,甚至在随后的很长一段时间里表示自己要辞职!

开始的时候,巴罗医生出于自己专业方面的认识,怀疑温莎患上了"异手症"。异手症全称"异己手综合征",是一种不平常的神经病症,患者的手好像被另一个人控制一样。异手症发生原因包括左右大脑分割,脑部手术,中风或传染病。因1964年斯坦利·库布里克导演电影《奇爱博士》中,奇爱博士(Dr. Strangelove)患有此症,易不受控制地用右手行纳粹军礼,故又称"奇爱博士综合征"。它会导致人的一只手和另一只手不协调,并且不听主人指挥。比方说,那只无理的手可能和正常的那只唱反调:如果一只手扣衬衫,另一只接着就把扣子解掉;如果一只手提上裤子,另一只就脱下。有时那只手会变得很暴躁——对病患本人又掐、又捆、又打。在不止一个病例中,它企图扼死主人。

然而"异手症"患者虽然也不能够控制自己的手,但是另一只手却不会拥有独立的人格或者自己的喜恶,不会有意识!

于是，真相随之揭开：巴罗发现温莎女士在使用右手时会表现出另一种人格。

这个"第二人格"，巴罗把"她"称之为"旧树桩"。"她"同温莎的第一种人格完全不同，温莎本人性格悲观，喜欢絮絮叨叨，就如同任何一个被家庭琐事和生活中的烦心事损坏了青春与美貌的女人一样，然而温莎的右手能写诗，能绘画，有着极大的创造力。当她想用左手自杀时，也是这第二种人格——她的右手——保护了她自己。更令人惊奇的是，巴罗医生注意到，温莎从不睡觉，在夜晚这右手甚至会做手势同巴罗先生进行交谈，还会写信，当温莎的身体状况出现问题，她的右手能够独自敲打床架，呼唤那名当初被吓傻了的护士。

人的手臂是由骨骼、肌肉、神经组织和皮肤组织等组成的，自然不具有独立思考的能力。因此，这个"神奇的"右手可以视作温莎"第二人格"的一种体现。它仍然是由大脑控制的，只不过是温莎的另一个人格的大脑。

所谓"第二人格"，是人格分裂症病发时候的一种现象。在这里我们首先要明确一点，人格分裂和精神分裂是有本质的区别的，它们根本就是两种病！用一个片面但是却非常深入浅出、容易被接受的病发现象来区别的话，人格分裂症患者会一个人扮演，或者说"成为"几个不同的人格，有时候这些人格之间互相并不知道彼此的存在；而精神分裂患者会看到幻想中的其他人，并且仿佛这些人在和自己说话！当然，不同的病人会有不同的临床表现，并不是所有的精神分裂症患者都会出现幻觉，但是也切记：将两者混为一谈是非常外行的看法。

中国最先拍摄的以"人格分裂"为题材并且产生较大影响的电视剧是由郑伊健主演的《双面伊人》，剧中女主角同时拥有温柔可人和心机重重的两种"面孔"。而大热的《无间道3》之中,刘德华扮演的角色也由于自身心理压力过大而产生双重性格,做出自己完全不记得的事情。

其实,这便是人格分裂的一个特点。任何人——无论外人还是患者自己——都无法确定双重或者多重人格之中,哪一个才是真正主要的。几个人格之间很可能相互毫无关联,不想不了解或者根本不知道别的人格的存在。明明一个身体,偏偏如同承载了多个灵魂。

造成这种情况的原因,心理医学界和神经学科给出的答案不尽相同,但是却最终都在一点上达成共识——即人格解离和分裂的原因在于无意识的觉醒。

前面说过,所谓无意识同样是一种心理活动,而并非是指什么也不想。它一方面包含着种种因潜伏而暂时不为意识所知,其他一切都与意识活动相同的活动;另一方面又包含着种种被"压抑"的活动,假如这些活动变成意识活动,它们肯定与意识中其他种种活动形成鲜明的对照。简单来说,如果有一天那个在你心底不为人知的"无意识"苏醒过来,你会发现它和你所了解的自己完全不同。

无意识觉醒的缘由有多种,有的是大脑受到创伤、疾病影响等引发的;更多的时候,则是因为人内心自我矛盾的激化而导致的。当你被迫做一件事情,而心中却有一个声音呐喊着说"不"的时候,或者明明自己有着某些想法、爱好、倾向、认知,却拼命将其压抑掩藏的时候,"无意识"觉醒的契机往往就会出现。

有记录以来的大多数人格分裂病例之中,患者往往都是因为自己内心想法的互相矛盾和斗争,最终衍生出第二甚至更多的人格。这些人格不分主次,有时候甚至互相斗争,而当情况发展到这里的时候,心理学家们往往就会发现,"无意识"已经变成了意识,一个人已经变成了两个人,心理学家们已经无法（或者说在道义上也没有资格）"杀死"其中某一个。曾经就有病例显示，一名男子的第二人格觉醒，跑到一座小镇上生活了十几年，还开了一间杂货店，甚至还结婚生子了。而十几年之后，这一人格又忽然消失，他忘记了自己十几年之间发生的所有事情，并且坚持认为现在的日历印错了。

所以我们只能说，想要让自己的"无意识"老老实实待着，最好的方法就是耐心解决自己的心理矛盾，不可掩藏，也不可激化。只有一个活得通透的人，才能够避免心灵出现破裂的痕迹，滋生幽暗的影子。

几个人格占据同一个身体——多重人格

动画片《花仙子》的主人公花仙子有一把神奇的"花钥匙"，用这根"花钥匙"，花仙子能够变出各种美丽的衣服，而尤为神奇的是，当她变出水手服的时候，她就能够游泳，当她穿上厨师服的时候，便也同时拥有了一手好厨艺。

童话之中的"花仙子"固然让人羡慕，然而这样的事情发生在现实之中会是什么样子呢？

现实之中确实会有这样一种人，一眨眼就能变成水手，一眨眼又会变成厨师，有的时候则会脱口而出自己都不懂得的外语。不要以为这是神学方面的灵异事件，这只是人格分裂症的症状表现而已。

在美国有过一次著名的审判：被指控犯下抢劫、强奸的犯罪嫌疑人威廉·密里根最终在四位精神医师和五名心理学家的佐证下，被宣判因对自己的行为不能负责而罪名不成立，因为他患上了多重人格分裂症。事件的主人公密里根后来接受了心理治疗。曾经在心理学界引起很大反响的一本书《24个比利》便是根据他的真人真事写成的。这是一本由患者自述，由心理学家撰写的传记类著作，书中的第一手的翔实资料可以说是心理学界的瑰宝，对研究人类人格、心理方面的许多问题都具有不可估量的价值。

书中的主人公通称"比利"，然而这个名字其实并不准确，因为这只是其二十四个人格之中的一个。在这二十四个人格当中，有一个性格暴躁的莽汉；有一个彬彬有礼的学者；有一个自学了物理、化学和医学，能说一口流利的阿拉伯语；有一个则拥有很好的美术天分，油画和素描的功底都十分深厚……

一会儿会物理和阿拉伯语，一会儿又变成美术爱好者，这是不是听起来真的和"花仙子"一样神通广大？很可惜，这名患者的人生并不美好，他的某个人格犯下了滔天大罪。虽然这名患者没有受到法律的制裁，可他的（或者说"他们"的）未来仍旧是一片绝望。从这本描写他多重人格成因的书中考究下来，其人格分裂症之所以恶化至此的原因却并不出奇，乃是因为年幼时期被亲人虐待所致。

增生的人格是逃避现实的"避风港"

事实上，多重人格的产生与童年创伤有密切相关，尤其是性侵害。患者的男女比（1∶9）可以作为佐证，这或许是女孩比男孩易受到性侵害的缘故。孩子的认知客观性相对成年人来说要薄弱得多，当他们受到伤害的时候，很有可能会产生一种"不愿意接受现实"的想法，希望能够忘记事件本身或者希望"这件事发生在别人身上"。让这种自我催眠达到认知紊乱的地步时，患者的记忆就会出现错乱（这对长期受到严重伤害的人来说，或许是必要的），并可能将受过伤害的自己分离出去，形成"另外一个自己"。所以其实可以说，人格分裂症是人心理上的一种自我保护方式的极端体现。

当一个人的内心受到伤害的时候，便会产生"忍让"和"报复"两种态度。事实上，大多数人格分裂的病例也往往以这两种人格为开端，形成明显的"善""恶"对比。在此，我们依旧用病例来说明。

国外曾报道过一例患多重人格的女性病例，患者名为南希。她一身兼具三个人格，除最常出现的人格"南希"外，又有"凯蒂"和"丽莲"两个人格。"南希"本来的性格胆小怕事，常常会感觉到焦虑和抑郁，在生活中依赖性很强，是个相对柔弱的人物。"凯蒂"对"南希"和"丽莲"一无所知，她似乎在一个"黑暗的地方"生活，性格相对更加偏激而固执。而"丽莲"则表现得颇为狡猾、迷人和世故；"她"对"南希"的一切了如指掌；对"凯蒂"的行为也稍有了解。

在治疗中通过催眠诱导，医生发现了南希人格分裂的诱因。首先，"凯蒂"是从南希14岁的人格中分裂出来的，因为那一年她看到了母亲的不轨行为，于是拿起刀子"杀死"了母亲。其实当时她有杀母冲动，并无真正的砍杀行为，然而在"凯蒂"人格的印象中，她一直以为她已经杀了自己的母亲。"丽莲"是南希生第二个孩子时分裂出来的人格。那一年，正在南希处于哺乳期，性格也处于不稳定的时期，南希的父母告诉她，他们看见南希的丈夫在路上吻了一个女人。这个消息令南希大为震怒，使她再度达到几欲杀人的程度——于是便又分裂出"丽莲"人格，以处理这种犯罪冲动。

由此我们可以看出，当一个人内心出现剧烈的伤害和激烈的心理矛盾的时候，人格分裂的诱因就会出现，而这个过程甚至患者本人可能完全不知道。所以可以说，人格分裂是人的潜意识处理心理压力和心理伤害的一种自我保护机制。多重人格从根本上来说，是那些不能够很好地直面和处理自己内心激烈活动的人逃避现实的"避风港"。

在面对伤害的时候，大多数人都有逃避的习惯，逃避和主动忽视一种伤害，要比直接面对来得简单得多，这种不负责任的行为会让人倍感轻松，当然，就现今来看，后果也相当明显。

对于南希的病情，心理医生采用了最传统催眠疗法。这种疗法能够很好地与各个人格沟通。现今的治疗方法，首先是分析病者有多少分裂人格，然后让性格相近的人格统一、合为一体，最终达到人格统一的治疗目的。需要指出的是，在这个过程中需要的并不是"杀死"其他人格而保留最初人格。以南希为例，很可能经过治疗之后，"南希"这个大家熟悉的、最初的人格将会不复存在，最后留下的只是所有人格的结合体。然而事实上，人格分裂的治疗效果至今仍旧并不十分理想，更多的时候我们都只能报以遗憾。

对待没有勇气直面困难，不敢去解决问题的人，我们能说的只有一句话——"逃避不是办法。"

人格分裂与大脑分裂

"我曾经得过精神分裂症，但现在我们已经康复了。"

这是很久之前流行过的一个冷笑话，准确地说，这个笑话存在表述错误，

微人格心理学

精神分裂症患者并不会出现"我们"这个概念，只会看到"别人"（这一点我们在下一章将会详细介绍）；人格分裂症患者才会用"我们"这个词。

对于人格分裂症在生理学和病理学上的起因，目前还有争议。确实很难想象，一个人是如何能够一下子变成两个拥有不同记忆、性格甚至习惯的"人"。最后这一切，只能归结于我们对人体大脑潜力的认知还远远不够。

对于人的大脑同时思考两件不同事情的能力，其实我们有理由很熟悉。举个最简单的例子，在金庸的小说《射雕英雄传》之中，老顽童周伯通自创了"双手左右互搏术"，练习这门武功的前提就是要能够"左手画方，右手画圆"。若是从这个角度思考，对"人格分裂"现象的病理原因的解读就会变得容易很多——这是因为大脑之中不同的位置负责了不同的"人格"的思考和记忆能力。

我们知道，人体的右半脑控制着我们左边的身子和感官，而左半脑控制右手、右脚等右侧身体功能，而且世界上大多数人都是右撇子。一般情况下，大脑是作为一个整体来工作的，来自外界的信息，经胼胝体传递，左、右两个半球的信息可在瞬间进行交流（每秒10亿位元）。

人的左右脑分工不同。左半脑主要负责逻辑理解、记忆、时间、语言、判断、排列、分类、逻辑、分析、书写、推理、抑制、五感（视、听、嗅、触、味觉）等，思维方式具有连续性、延续性和分析性。因此左脑可以称作"意识脑"、"学术脑"、"语言脑"。右半脑主要负责空间形象记忆、直觉、情感、身体协调、视知觉、美术、音乐节奏、想象、灵感、顿悟等，思维方式具有无序性、跳跃性、直觉性等。美国神经心理学家斯佩里认为右脑具有图像化机能，如企划力、创造力、想象力；一些未解现象如直觉力、灵感、梦境等；超高速自动演算机能，如心算、数学；超高速大量记忆，如速读、记忆力。右脑像万能博士，善于找出多种解决问题的办法，许多高级思维功能取决于右脑。把右脑潜力充分挖掘出来,才能表现出人类无穷的创造才能。所以右脑又可以称作"本能脑"、"潜意识脑"、"创造脑"、"音乐脑"、"艺术脑"。然而也因此人们历来认为,自我意识这种逻辑性思考能力是左脑半球的专利,而与右脑半球是没有关系的。

那么,人类的右半脑真的没有独立思考能力吗?为了研究这个问题,斯佩里进行了一系列至今听来依旧让人觉得匪夷所思的实验。

在叙述这个实验之前,我们先来了解一种疾病——癫痫。这种疾病与切开大脑的实验有着直接关系。

"癫痫"作为一种脑部疾患,疾病大发作时病人会突然丧失意识,倒地,全身肌肉发生强烈的抽搐,并伴有咬舌、流涎、尿失禁等症状。这种病其实我们都熟悉,即是中国民间流传的"羊角风"。癫痫发病之时病人痛苦异常,并且当时并没有什么特效的治疗方法,因为药物治疗很难到达病发的大脑区域。

斯佩里作为神经心理学家,对神经构造非常熟悉。为了医治此病,他在患者自愿的情况下,凭借自己深厚的学识和惊人的创造精神,发明了一种"吓人"的疗法:把患者的左右脑切开——准确地说是将患者的连接大脑两半球的主要神经纤维"胼胝体"切断,使一侧大脑半球的病灶所产生的神经电波不能扩散到另一半球去。

斯佩里要切开大脑!

在当时即使有一流的医疗条件和最好的神经学以及脑外科专家,这一手术的风险依旧显而易见,然而让人没有想到的是,手术后患者的病情得到了极大的改善,而且也未出现不良的后遗症,如人格和智力的改变等。然而经过这种手术的人,毕竟与常人有所不同了,他们的左右大脑不再有交流,实际上成了有两个独立的大脑的所谓"裂脑人"。

现在，左右大脑已经分开了，问题是，左右大脑能不能分别容纳不同的意识和思想呢？

开始的时候，斯佩里对裂脑人进行了仔细的观察和研究，并且取得了可喜的成果。这个景象在今天的我们看来，也是令人惊愕的。这些实验包括：

1. 斯佩里让裂脑人按他的话举手或屈膝，结果，病人的右侧身体服从了命令，而左侧身体却不听指挥。

2. 把裂脑人的双眼蒙上以后，用手接触他身体左侧的任何部分，他都说不出被接触的部位。

3. 斯佩里将一张年轻女人照片的左半部和一张小孩照片的右半部，拼成一张照片；然后采用一种特殊的方法，使这张照片的左半部正好置于裂脑人的左半视野，右半部置于他的右半视野，要他指出、说出看见了什么，结果，他手指着青年女子的照片，嘴里却说看见了小孩的照片。在这里，人体的左侧和右侧各行其是了，思维发生了分裂，在一个人身上好像出现了完全不同的两种思想。

4. 斯佩里发现右撇子裂脑人只能看到右边的光线。如果只呈现左边视野的光束，裂脑人会说自己什么都没看见。但是，如果要求患者指出光线出现的位置，他竟然指出了左边的光束，而且，依然说自己看不见左边的光线！实际上，裂脑人并不是在乱指。他的右脑其实确实看到了光线，但是"言语脑"——左脑无法得到右脑的信息，所以表达说没有看到任何东西。

5. 斯佩里将生活中非常熟悉的物品放在右撇子裂脑人的右手中，蒙上他的眼睛让他猜猜是什么东西，他会很准确地说出这个物品的名字。但是，奇怪的是，如果将这个东西放在他的左手中，裂脑人却说不出这个东西的名字。但是更加奇怪的是，如果此时让他从面前摆好的一堆东西中挑出刚才放在他左手中的东西，他竟然能挑得出来，但是他还是不知道这是什么东西！

当然，在这个过程当中裂脑人一直被蒙着眼睛。也就是说，右脑记得住触觉信息！

6. 斯佩里给右撇子裂脑人的右脑呈现一个图像，裂脑人像第一个实验那样，不能描述这个图像，甚至，他认为自己根本没有看到什么图像。但是让他用手尝试去挑出刚才呈现的东西，他却又能莫名其妙地挑出图像中的物品。这是视觉和触觉的协调实验。

7. 斯佩里让右撇子裂脑人两只手分别绘制立体图形，左手成绩远远好于右手，右手画的图形毫无立体感可言，简直如同幼儿园小孩子的涂鸦。

为了进一步说明问题，斯佩里让一个21岁的裂脑人用左眼观看自己、家属、著名的政治家和艺术家的照片。我们之前说过，右半脑是由左半脑控制的，而如今这个裂脑人的右半脑已经和左半脑没有了直接联系。若是他左眼睛看到的景象能够得到思考，便证明右脑具有思考能力。当他看到年轻姑娘、芭蕾舞演员的照片时，他用拇指朝上表示喜欢；当他看到希特勒的照片时，使用拇指朝下表示不喜欢；对于尼克松的照片，他迟疑片刻后拇指平指，表示无所谓喜欢不喜欢；而看到自己的照片时，却谦逊地将拇指向下。

由于证明大脑两半球的功能具有显著差异，提出两个脑的概念。斯佩里于1981年获诺贝尔生理学或医学奖。世界最终给了这个切开大脑的人巨大的肯定。

裂脑人的实验给了"人格分裂症"患者的发病机理提供了很好的理论解释，其实，裂脑人的思维分裂现象在正常人中也比比皆是。例如，司机一边开车一边聊天，夫妻吵架既想分居又难分难舍等。不过，这是否表明正常人本来就有两个精神呢？那些多重人格分裂的现象又怎么解释？难道我们每一个人，实际上都是潜藏的人格分裂症患者？我们不得而知，人类目前对于自己大脑的研究还远远不够。

不断增生的新人格：当你变成了许多"另外的人"

人格分裂最能够被大众接受的辨别方式，便是各个人格之间不同的"性格"。事实上，一名患者不同的人格之间存在的差异和现实生活中的两个人之间的差异几乎一样大——喜好、口音、性格、字迹甚至性别、国籍、天赋等，都不相同。即使在同一种爱好之中，不同人格之间也会表现出明显的不一样。

48岁的英国单身母亲凯米·诺比由于小时候受到过虐待，因而患上了"多重人格分裂症"，她身上最多时候曾经拥有20个不同的"人格"，后来渐渐减少并稳定在了12个左右。

单纯的病例我们已经不足为奇，不过这个案例对体现不同人格的区分特点上，有着非常典型的模板作用。

大约是在2005年，凯米听取一位艺术治疗师建议，开始学习绘画，因为绘画是一种让自己放松的方式。本来，这只是针对"凯米"这一个人格而采取的治疗方式，其他人格并不一定参与，可是做梦也没有想到的是，凯米体内的12个人格竟然个个都是天才画家，而且每个人格的绘画风格都毫不相同，有的画风忧郁，有的画风明朗，有的擅长抽象画，甚至还有一个喜欢雕刻。

凯米的每个人格还都有各自的名字，平时她经常在12个不同的人格之间转换角色，而每个不同的人格都会按自己的意图和风格创作出自己的艺术

第二章 ▎这是一场自己与自己的厮杀——多重人格

品，不会受到任何其他人格的影响。10个月后，凯米就举办了自己的第一场画展，展出了她体内12个"画家"创作出来的不同画作。

凯米每个"人格"画家的作品都让专业人士深感惊讶和认可。更加有趣的一件事情是，曾经在英国奇切斯特市举行的一场艺术竞赛甚至破例允许凯米身上的5个"人格"代表5名参赛者一起报名参赛。她身上的12名"画家"（有一些人格现在已经消失）在过去4年中已经创作出了200多幅画风各异的作品，在欧洲各国的艺术馆中举行了27次画展，其作品在艺术鉴赏界赢得了一片喝彩声，并被越来越多的艺术鉴赏家高价购买和收藏。

如今凯米身上还有多少人格存在恐怕只有她的主治医师能够知道，我们并不得而知，不过可以肯定的是，因为"美术"这一共通点，凯米不但创造了非凡的艺术奇迹，更在治疗上找到了很有用的"门径"，这也使得她比其他人格分裂者更幸运。

对于人格分裂现象，很多影视作品之中都有所涉及，因此大众已经基本熟知了人格分裂的含义。然而实际上，在一个人身上存在两种或两种以上的人格是一种十分罕见的心理现象，据文献报道，迄今为止只有百余个得到证实的例子。人格分裂的标准名称，应该是"解离性人格疾患"。当一个人在我们面前表现出截然不同的两面时，我们可能会打趣说这个人有"双重人格"，但是实际上，真正患有"解离性人格疾患"的人格分裂症患者往往一身兼具多个人格。并且更让人惊讶的是，这些人格的数量往往还一直处在变化之中，相似的人格会融合，而新的人格又会不断出现，了解这一点的心理医生当中曾有人感慨：人格分裂和融合的过程，像极了细胞的分裂和融合。

具有两个或多个人格的人都有两个或多个不同的名字，他们在表现自己不同的人格时连写字的笔迹，甚至脑电波也是不同的，也就是说，在一个人身上出现的两种或多种人格就等于是两个或多个具有各自思想和行为方式的独立的人。

一般来说，患有多重人格分裂症的人，若是社会和家人对其放任不管，那么人格数量往往会出现增加的趋势；若是得到专业人士有效地治疗，则人格数量往往会逐渐减少。

并不是所有多重人格之间都有共通性，多重人格患者的每一个人格都是稳定、发展完整、拥有各别思考模式和记忆的，也就是说各做各的。分裂出的人格包罗万象，可以有不同的性别、年龄、种族，甚至物种！他们轮流出现控制患者的行为，此时原本的人格往往对于这段时间是没有意识也没有记忆的。这也就是为什么往往有的患者发现自己睡了一觉就跑到了别的地方。通常在此分裂现象开始时，原本的人格（即未产生多重人格前的人格，或称主人格）并不知道"他们"的存在，所以即使患者发现自己的记忆有截断的现象，也无法知道自己已有多重人格，也有一些严重的病例，主人格甚至"沉睡"十多年。下面就是一个病例。

1857年，一名叫做安塞尔·伯恩的男子开始患有剧烈的头痛病，该病后来导致他双目失明，双耳失聪并成了哑巴。可没过多久后，他竟然完全恢复了过来。他把这归功于上帝的恩惠，并决定用自己的余生传播上帝的教诲。在以后的30年时间里，他把时间分成两部分，一部分用来布道，另一部分花在他在罗得岛的农场上。1887年1月17日他突然失踪。当同年3月4日他"醒过来"时，发现自己正在澳洲一个小镇居住，并经营着一家杂货店。自己的名字也变成了阿诺德·布朗。1890年，在精神恍惚之中，属于布朗的人格再次出现，他还详细地讲述了1887年他的那段经历。虽然布朗说他似乎听说过伯恩这个人，但他却没意识到自己曾经就是伯恩。这个案例成为

第二章 | 这是一场自己与自己的厮杀——多重人格

主人格长时间沉睡现象的"教科书"。

分裂出的人格之间有时候知道彼此的存在，也有一些情况，人格之间并没有察觉彼此的存在，这会导致严重的"遗失时间"现象。但分裂出的人格中往往会有一个是知道所有事的，如果这个人格愿意合作，治疗人员就能从中得知许多有益的资料，甚至成为治愈人格分裂的关键。下面就是一个例子。

一名假名叫做茜比尔的女孩子，大学毕业时，智商测验成绩为170，堪称天才。毕业后，她当中学教师，生活似乎很正常。但当她1954年在哥伦比亚大学攻读硕士学位时，由于记忆力衰退日益加重，她感到万分苦恼。

记忆力在攻读学位的时候减退，对于一名上进好强的女孩来说是最难以接受的事情。为此她不得不求助于精神病专家康纳利·威尔伯。威尔伯从催眠后的茜比尔口中得知，她幼年时曾受到患有精神分裂症的母亲的残酷虐待，为了使自己在心理上能适应这种境遇，茜比尔的人格早年就产生了分裂。在她身上交替出现3种新人格。在以后的20年里又出现另外12种人格。在这些人格中有宗教狂热者，有热爱家庭的主妇，有勾引男子的荡妇，有自称为安托瓦尼特的女子以及两个属于男性的人格。一句话，茜比尔的病况已经非常严重，其中的主人格"茜比尔"知道这一切。

了解到这一切的茜比尔最终同意接受治疗。在接受治疗的时候，她还是一名正当妙龄的女孩，没想到一治疗就是11年。经过11年精心治疗，医生不断通过诱导和催眠，让她体内的性格相近的人格互相融合重组，甚至创造新的人格来融合其他人格或改善病情，最终，这16种人格慢慢地融合成一种新的，也就是第17种人格。这次治疗最终堪称成功，茜比尔最后在纽约成了一个著名的艺术家。

微人格心理学

  分裂源于矛盾，治愈源于统一，茜比尔的治愈例子非常具有说服性和典型性。可以说，任何治愈人格分裂或者潜在人格分裂的方法，都在于同意自己的认知。如果放任自己的矛盾想法而任其发展，人格必然出现偏离；如果能统一自己的思想和认知，疾病也会不药而愈。

第三章

活在逃不出去的幻觉中
—— 分裂型人格

莫斯科精神病研究所的费拉基米尔·埃夫罗姆松教授认为:"在天才和疾病之间,确实有一种不可忽视的联系。"不要以为这是他在信口雌黄,波斯特博士用现代精神病理学的分析方法,研究了人类近代300位著名人物后得出了以下结论:许多天才都是精神分裂症患者!

天才都是疯子！

有一位记者去采访医术高超的精神科医生。

一阵采访之后，记者想起了以前的一个传说，于是问医生："以前听人说过，即使是一个正常人进入到精神病院，他也会被困在这里，他的一切正常行为都会被人看作是病态的。无论做笔记，还是正常讲话，和人聊天，都会被医生认为是发病了。那么现在，我们怎么辨别患者是否已经痊愈呢？"

医生看了看记者，说："我曾给患者们出过这样一道题，我问他们，浴缸里装满了水，想把水排干净是用勺子快，还是用盆快？"记者插嘴说："正常的人都会回答用盆，对吗？"医生听了很不解地看着他，说："这些患者的答案是，会把浴缸的塞子拔掉。"

这当然是个笑话，不可当真，可是在这个笑话里我们也能够看出，很多人认为精神病人或者心理有问题的人会变得脑子笨，思维不正常，可事实上这个观点是错误的。单就精神分裂症患者来说，他们的思路往往更为宽广，想象力丰富，思维敏捷，所以"疯子"绝不是"傻子"，在历史长河中，数不清的荣誉和成就其实是握在一些患有精神分裂症的"疯子"手里的。

天才和疯子之间有什么联系？

莫斯科精神病研究所的费拉基米尔·埃夫罗姆松教授研究后坚定地认为："在天才和疾病之间，确实有一种不可忽视的联系。"不要以为这是他在信口雌黄，且让我们来看一组数据。波斯特博士用现代精神病理学的分析方法，研究了人类近代 300 位著名人物后得出了以下结论：在政治家中，占 17%

的人有明显精神病特征，如希特勒、林肯、拿破仑；科学家中占18%，如高尔登、门德耳、安培、哥白尼、法拉弟；思想家中占26%，如罗素、卢梭、叔本华；作曲家中占31%，如瓦格纳、普契尼、舒曼；画家中占37%，如梵高、毕加索；小说家和诗人中占的比例最大，竟达46%，如福克纳、普鲁斯特、劳伦斯、莱蒙托夫，以及中国的顾城和海子等。

这些人，都有着或轻或重的精神疾病的病理特征，其中困扰于精神分裂症的人尤其多。

那么现在让我们来明确一下，什么是精神分裂症呢？

许多人往往将精神分类症和人格分裂混为一谈，事实上，精神分裂症与人格分裂完全不同。精神分裂症是一组病因未明的重性精神病（但个体心理的易敏感素质和外部社会环境的不良因素对疾病的发生发展的作用已被大家所共识），多在青壮年缓慢或亚急性起病，临床上往往表现为症状各异的综合征，涉及感知觉、思维、情感和行为等多方面的障碍以及精神活动的不协调。患者一般意识清楚，智能基本正常，但部分患者在疾病过程中会出现认知功能的损害。病程一般迁延，呈反复发作、加重或恶化，部分患者最终出现衰退和精神残疾，但有的患者经过治疗后可保持痊愈或基本痊愈状态。

由此可见，精神分裂症在发病因由上具有复杂性，发病症状上具有多样性，可涉及感知觉、思维、情感、意志行为及认知功能等方面，不同患者之间发病的症状会有很大差异，

就目前来看，心理学家和精神病理学医生们总结了一些精神分裂症患者的病状特征。

1. 出现幻觉。精神分裂症可出现多种感知觉障碍，最突出的感知觉障碍是幻觉，包括幻听、幻视、幻嗅、幻味及幻触等，而幻听最为常见。

2. 胡思乱想。妄想是最常见、最重要的思维内容障碍。最常出现的妄

想有被害妄想、关系妄想、影响妄想、嫉妒妄想、夸大妄想、非血统妄想等。据估计，高达 80% 的精神分裂症患者存在被害妄想，被害妄想可以表现为不同程度的不安全感，如被监视、被排斥、担心被投药或被谋杀等，在妄想影响下患者会做出防御或攻击性行为。

3. 情感障碍。情感淡漠及情感反应不协调是精神分裂症患者最常见的情感症状，此外，不协调性兴奋、易激惹、抑郁及焦虑等情感症状也较常见。

4. 消极悲观。多数患者的意志减退甚至缺乏，表现为活动减少、离群独处，行为被动，缺乏应有的积极性和主动性，对工作和学习兴趣减退，不关心前途，对将来没有明确打算，某些患者可能有一些计划和打算，但很少执行。

5. 认知功能出现问题。在精神分裂症患者中认知缺陷的发生率高，约 85% 患者出现认知功能障碍，如信息处理紊乱、具有选择性注意特点、执行功能缺失等认知缺陷。别人吩咐其做的事情往往被其忽略或者不执行，甚至是干脆而坚定地拒绝。

既然精神分裂症患者会出现如此多的问题，那么他们又是任何和天才联系在一起的呢？我们来一一分析下。

首先，精神分裂症患者容易出现幻觉，但是这也促使他们能够通过不同的角度去看待问题甚至看待这个世界，多角度地进行思索。而容易胡思乱想则是思维发散的另一种过激表现形式。一小部分容易胡思乱想的精神分裂症患者的想象力让人叹为观止，当他们沉浸在某一个领域的时候，他们的思维往往更具有创新性和跳跃性。

精神分裂症患者往往在精神上离群索居，不善交际，易于情绪激动，但是在一个人独处的情况下，他们往往又能够比别人更加集中精神，而且因为没有世俗琐事的烦扰，也不必花精力在日常交际上，所以精神分裂症患者的生活相对简单，更能够把精力集中起来。

最后，最重要的一点是，某些精神分裂症患者甚至在大脑"硬件"上就比正常人更具有某种优势！

人体遗传系统方面的科学家们在研究基因问题的时候发现了很多奇怪的事情，其中之一便是身体中15号染色体异常的人，较容易患上恐慌、焦虑失调等精神方面的疾病。研究人员还对120名患有精神抑郁的病人，及一些自杀身亡者进行检验发现，自杀者及有自杀倾向的人与这个基因突变有着密不可分的关系。然而同样由于这个基因异常的作用，也可能就会成为在智力上"大跃进"的巨大动力从而产生出天才！也就是说，天才成为精神分裂症患者的概率更高！

另外，美国一位博士米勒在对72名因各种原因使大脑受过损伤的患者研究时发现，人类的"天才按钮"就位于人脑右颞下的一个特别区域，只不过平常会被一些神经元所压迫而无法释放。但当这些神经元因各种原因损伤或坏死后，那么这个人的创造才能就会得到尽情地发挥。

现在，我们已经可以认定被称为"测错仪"的神经元是存在的，它是大脑内部的一种"预防机制"。这种神经元的存在目的是为了不让人们的日常行为举止偏离常规，每当人们脑子里出现新的想法时，"测错仪"就会干涉制约，避免人过分"出格"，可以说是体现人"理性"和"自我约束能力"的一种机制，当然，这是对于正常人而言。如果这个机制出了毛病，那些非凡的念头和天才理论就会随着所有其他疯狂的想法和众多的病理特征一起，源源不断地涌现出来。我们知道遗传和外部创伤有可能导致精神分裂症的发生，但却不知道，这些竟然也是打开天才之门的钥匙。

所以我们可以用科学来证明：天才和疯子确实只有一线之隔。

举一个例子来说明："童话大王"安徒生其实心里并不健全。

微人格心理学

安徒生患有躁狂症，害怕得病，害怕遭火灾和轮船失事，恐高，担心赶不上火车和丢失身份证，担心把重要文件夹在书里，担心蜡烛没有吹灭和没有按剂量服药，担心把信放错了信封。总之，时时都处在惊惶不安之中。

有一次出门旅行，他的朋友迟到了半小时，赶到时发现这位天才作家已经筋疲力尽和极度绝望。在这半小时的工夫，安徒生想了很多很多，从朋友的死想到如何办丧事。据说他可以整天待在家里哭。由于害怕女人，他一直是个童男。在平时，安徒生老是感到特别疲乏，而且容易动怒。

就是这样的一个精神世界极度不稳定的人，创作出了如《海的女儿》这样绝美的童话。

当然，并不是所有的精神分裂症患者都是天才，有一部分病人的"天赋"是无用的而且是不易被人察觉的。如有病例记载，一位女病人能够分辨出非常多种类的色彩，并比正常人更容易区分看起来几乎相同的两种颜色，但是她却并不善于表达。

天才更易患精神分裂症，而精神分裂症患者也更容易成为天才，这一切的神奇或许让人难以理解，可是换一个角度去想一想，至少这些有着精神和人格缺陷的天才具有普通人不具备的条件——目的更专一，行动更固执，想法更大胆，思维更跳跃。

无处不在的幻觉使人分不清梦与现实

下面是一个小笑话。

第三章 活在逃不出去的幻觉中——分裂型人格

医院里,一个病人正跟医生抱怨他最近常常听到不明的声音。精神医生问他:"你是不是常听到一些声音,但却不知道谁在讲话,而且周围也明明没有人在场?"病人立马回应:"对啊!这种情况实在是太离奇、太恐怖了。"

精神医生想了想,说:"嗯……你这是典型幻听现象,需要立马住院治疗。"然后问:"一般,你在什么时候会发生这种有莫名其妙声音的情形?"

精神病人老老实实地回答道:"当我去接电话的时候!"

不能怪上面笑话里的医生还没有弄清楚情况就断定病人有幻听现象,实在是因为,精神病患者之中出现幻觉的比例太大,其中包括视觉、听觉、嗅觉、味觉甚至触觉等,而这其中又以幻听的比例尤其严重。很多病例之中,病人都会听到一切奇怪的声音——开始的时候只是会把普通的噪音进行联想,后期则会幻听到猫叫、脚步、咳嗽等声音,严重的时候会一直觉得有人在自己耳边窃窃私语。当然,有时候幻听还会伴随其他幻觉,最终让人分不清虚幻和现实。

可以说,当精神分裂患者被支配了五感(视觉、听觉、嗅觉、味觉、触觉)的时候,他们的世界已经和我们不同了。

在电影《美丽心灵》之中,有这样一组情节:主人公纳什教授成为诺贝尔经济学奖的候选人之一。一天,他刚刚给学生上完课,一名诺贝尔奖的负责人通知他这一消息的时候。听闻这个消息的纳什先是愣了几秒钟,然后拉住旁边一个正准备离去的学生问:"你能看到这个人吗?"在得到肯定的答复后,纳什不忘和对方解释:"我以为你是虚幻的,你知道我总能看到幻觉。"

电影是根据真人真事改编。纳什全名小约翰·福布斯·纳什,可以算作这个世界上的"兼疯子与天才于一身"的代表人物。纳什21岁博士毕业,不到30岁已经闻名遐迩。1958年被美国《财富》杂志评为新一代天才数学家中最杰出的人物。

然而就是在 1958 年的秋天，纳什出现了各种稀奇古怪的行为：他担心被征兵入伍而毁了自己的数学创造力；他梦想成立一个世界政府；他认为《纽约时报》上每一个字母都隐含着神秘的意义，而只有他才能读懂其中的寓意；他认为世界上的一切都可以用一个数学公式表达。在电影中，纳什办公室里面四处张贴的报纸和圈点出来的红色标记简直让人触目惊心。他逐渐迷失于幻觉之中，最终，在自己的孩子出生以前，被送进了精神病医院。出院之后，则被不离不弃的妻子和朋友们留在了普林斯顿。

在上世纪 70 和 80 年代，普林斯顿大学的学生和学者们总能在校园里看见一个非常奇特、消瘦而沉默的男人在徘徊，他穿着紫色的拖鞋，偶尔在黑板上写下数字命理学的论题。他们称他为"幽灵"，他们知道这个"幽灵"是一个数学天才，只是突然发疯了。如果有人敢抱怨纳什在附近徘徊使人不自在的话，他会立即受到警告："你这辈子都不可能成为像他那样杰出的数学家！"

纳什的病情可以说是"精神分裂症"的范本。他聪慧、孤僻、不善交际而倔强，在发病时期出现幻觉。电影描述中，他总会看到一个虚幻的室友、一个小女孩儿和一名军官，并且在很长时期内他并不知道这些是自己的幻觉，他与这些幻觉人物交谈、讨论问题，并且成为了"彼此"的密友。电影之中，他甚至将自己的孩子交给这些"朋友"照顾。

治疗后期，纳什的病情曾经多次反复，以至于在数学界，很多人以为"纳什"这个名字只是一名去世多年的前辈数学家。

80 年代末的一个清晨，当普里斯顿高等研究院的戴森教授像平常一样向纳什道早安时，纳什回答说："我看见你的女儿今天又上了电视。"从来没有听到过纳什说话的戴森仍然记得当时的震惊之情，他说："我觉得最奇妙的还是这个缓慢的苏醒，渐渐地他就越来越清醒，还没有任何人曾经像他这样清醒过来。"

在 2005 年，纳什曾经来到北京。据在场者讲，这个老人看起来沉静、安详，一点也看不出曾经是个精神分裂症患者。或许，安宁将从此常伴于他。

然而，并不是所有的精神分裂症患者都能够像纳什一样痊愈，也有很多人得不到及时有效的治疗，或者在治疗之前就已经犯下难以弥补的错误，造成了亲人心中无法弥补的痛。国内外的报道中，就有很多起精神分裂症患者伤人或者自残的例子。

在大多数国家的法律上，精神分裂症患者并不需要为自身的违法行为承担法律责任。这是可以理解的，毕竟无处不在的幻觉，已经剥夺了精神分裂症患者区分幻觉与现实的能力，让他们失去了基本的道德判断和行为判断的标准。试想一下，如果有一天，你和小约翰·福布斯·纳什一样，眼前出现幻觉，让你分不清哪些是现实存在的，哪些是自己想象出来的，你会变成什么样呢？你不知道自己的室友其实根本不存在，你不知道自己的上司其实是想象出来的，当你在悬崖上需要人拉你一把的时候，你无法确定这个人是不是幻觉……

我们认识世界，是通过自己的五感。眼睛所看，是世界的形状；耳朵所听，是世界的声音。唯心主义曾经以为世界本来不存在于现实，而指存在于我们的意识中。

那么，你怎么肯定自己的周围都是真实的呢？

如果在看到这个问题的一刹那，你对自己身处的世界产生过 0.1 秒钟的怀疑，那么或许你就能够很好地感受到精神分裂者的世界了。

一般来说，精神分裂症患者并不可怕，他们是弱势群体，只是需要得到足够的照顾和关爱。如果能够尽早得到有效治疗，一般患者的病情还是会有明显的改善的。

而且，很多事例都表明，在某种意义上，精神分裂症患者这个特殊的群体还生产天才。很多病人具有非凡的数学、科学或美术才华。

可以形象地说，精神分裂症患者相对于人类，如同砂砾相对于贝壳。在用爱孕育和包容痛苦的过程中，也许造就的正是一颗迷茫的、分不清虚幻与现实的"珍珠"。

"天哪，有人在监视我！"——被迫害妄想

在叙述这一小节之前，我们先来看看一段非常有民俗色彩的传说。

在中国的很多地区，流传着一种关于"吃猪尾巴"的说法，认为小孩子不能吃猪尾巴，小孩子吃猪尾巴的会变得"后惊"。所谓"后惊"，也就是指在走夜路的时候总会觉得后面有人，会"害怕身后"。说起来，这似乎是达人想要独占美食的一种借口，但是实际上民俗文化的博大超乎想象，这个传说也还有更深一层的根源。

在伊斯兰教教义之中，猪被视为不洁之物，因为其不能抬头，也不能回头。不能抬头，就不能看到天；不能回头，就无法走回头路，做不到"回头是岸"。而民俗中"吃猪尾巴"的传说也与其相似，猪是很难或者说基本看不到自己的尾巴的，越是看不到，越是害怕——人总是对未知的事物才更恐惧，这也就成了"后惊"这种说法的来源。

那么，你有没有"后惊"过？

在漆黑的夜里，独自走在路上，前方的黑影里总似乎是隐藏着什么人

或者事什么危险的事物,而身后总会传来窸窸窣窣的声音,好似尾随的步伐……这个时候,你往往会加快步伐,想赶快回到那个拥有四面墙壁和灯光的小房子去,找到有人陪伴的感觉。似乎只有在那里,你才是安全的。

可是,却有这样一种人,他们很长时间甚至一生都生活在这种恐惧里,可怜程度可想而知。这种人,便是"被迫害妄想症"患者。

被害妄想症是妄想症中最常见的一种,它也是精神分裂症的一个重要症状。主要是指患者往往处于恐惧状态而胡乱推理和判断,思维发生障碍,坚信自己受到迫害或伤害,病人往往会变得极度谨慎和处处防备,还时常将相关的人纳入自己妄想的世界中。

一般来说,被害妄想症的患者往往感觉被人议论、监视、诬陷,遭人暗算,财产被劫,被人强奸等。而且被害妄想往往有自杀企图,如不早诊断早治疗易酿成大祸。发生妄想症的人,往往有着特殊的性格缺陷,如主观、敏感、多疑、自尊心强、自我中心、好幻想等。心理学家认为这常与病人童年时期受过某些刺激,缺乏母爱,缺乏与人建立良好的人际关系等有关。然而被害妄想症的发病原因到底是源自遗传因素、心理因素,还是器质性病变(如过度的吸毒、酗酒以及头部受创、艾滋病等),目前还没有定论。

有一句话说"精神病人并不一定是疯子,但是疯子一定是精神病人"。一般来说,普通人都是会对精神病人存在严重的抵触情绪的,如果单人遇到精神病人,往往会觉得心里非常害怕,而众人遇到无家可归的精神病人时又往往会集体驱赶甚至诉诸暴力。那么,本应是弱势群体的精神病人为何会遭此待遇?这里面有很大一部分原因就来自于精神病人当中的"妄想症"患者,尤其是"被害妄想症"患者。

被害妄想症患者会对周围的一切人和事物抱有非常大的警惕性,随时随地都可能让自己处于防卫状态,换而言之,当他们觉得周围的一切人和事物都存在危险的时候，出于自保的目的便会对周围的一切任何事物"反击"，而这也成为很多迫害妄想症患者酿成人间惨剧的根由所在。

在一份病例当中，一名化名为A的女精神分裂患者已经在医院中治疗观察三年了，这三年的时间她的病情时好时坏，但是整体上还是有所好转的。然而并没有人打算把她放出去，因为她曾经在精神病发的时候有严重的暴力行为。在比较清醒的时候，她也曾经接受过医生的询问，按照她自己的说法，那个时候的自己就好像"迷糊"了一样，脑子里别的印象都模糊不清，唯一清醒的意识就是旁边有人要杀自己，自己一定要先把"他"杀掉。

三年前，她还没有入院，只是在家接受治疗。一次，她的药吃完了，丈夫去给她买药，就在这个过程中，她的儿子放学回家。病发的A见到儿子后立马发了疯一样追打，最终造成儿子轻伤。这个过程中，若不是邻居发现情况后开门藏起了孩子，那后果不堪设想。而清醒之后，A却坚称她没有看到儿子，只看到有进入自己家的"劫匪"和"暴徒"。

看到这里，恐怕大多数人已经明白了被迫害妄想症的一些症状了。

当然，并不是所有的被迫害妄想症患者都有暴力行为，有一些病人的病情甚至并不为人所知。在已知的病例中，被迫害妄想症患者在就医之前有很大一部分并不承认自己生病（就医之后也有一部分并不能意识到自己生病），而且会特意隐瞒自己的病情。

在德国汉堡有一位叫做薇拉·莎尔弗夸特的女士。薇拉女士外貌漂亮，似乎拥有一份收入正常的工作，只是并不爱与人接触，深入简出，性格比较敏感内向。然而这样漂亮一个女孩还是经常得到邻居的关怀和别人的注目，

第三章 ｜ 活在逃不出去的幻觉中——分裂型人格

大家对她印象都还不错。

可是在某一个3月，薇拉女士的公寓前却挤满了警察。原来这附近最近总传出令人作呕的臭味，邻居报警找来警察后，警察强行破屋，最终发现薇拉女士已经在屋中自杀，并且很明显已经去世多日。

一个好好的女子为何会这样？是自杀还是他杀？警察在现场找到一本薇拉的日记，揭开真相。让人意料不到的是，薇拉的日记显示，在很久以前她就已经出现了精神分裂症的症状。在薇拉看来，她自己其实是外星人派来的间谍，隐藏在地球上获取地球人的资料，所以才要以正常的姿态"掩饰身份"而不可以被任何人发现。薇拉家里一些用铝锅自制的头盔和其他奇怪"仪器"等证实了她的病情严重性。

另外，日记中提到另外一类人——"黑衣人"。薇拉在日记里面称"黑衣人"是地球上的政府部门派遣捕捉外星间谍的，捉到她之后就会将她解剖做实验。在后面的日记中，很大一部分篇幅都是薇拉在诉说自己如何躲避黑衣人的追捕和迫害。因为薇拉认为黑衣人不会在大庭广众下"捕捉"她，所以她会尽量减少自己独处的时间，甚至不会在外面上厕所！

日记的最后，则是悲伤的故事。薇拉用潦草的字迹记录，黑衣人已经进入她的"飞船"（即她的房间），被逼无奈之下，她只好自杀。现场的痕迹提取和其他线索均证明了薇拉确实是死于由幻觉而导致的自杀行为。遗憾的是，一直到此，周围的人甚至薇拉的亲人才知道这个金发碧眼的漂亮女孩居然是严重的精神病患者。

薇拉并不是一个孤立的例子。事实上，即使是备受瞩目的天才、诺贝尔经济学奖获得者纳什教授病发之初，也几乎没有人知道。这，恐怕也是被迫害妄想症令人恐惧的地方之一。

微人格心理学

从妄想现象来说，被迫害妄想症患者的妄想经历千奇百怪，有基于现实生活的，更多的则是源于神话故事或者外星人传说，而且他们会衍生出自己的世界观来麻醉和催眠自己。并且根据得到的记录，在过去以及现在的落后地区的患者多会幻想神话故事，带有迷信色彩，而发达城市的患者则一般多幻想政治阴谋、神秘科研或者外星人。

而且，被迫害妄想症患者的病情也是不同的。在初始阶段，很多病人往往只是有一点"神经敏感"和"神经质"，开始的时候他们只是会觉得周围的人在关注、议论自己，会把别人对自己的负面评价扩大化并进行联想，过分在意周围人的眼光，最后因为这种情况得不到有效解决，才会渐渐严重。

事实上，所有的精神分裂症症状都是因为人的内心不够强大而导致的。没有人能真正"迫害"我们，除了我们自己。

上帝欲使人灭亡，必先使其疯狂

医院精神科的患者有时候会对医生或护士产生爱慕的情结。一天，一位女患者向一位姓蓝的男医生走来。

女病患："蓝医生，你爱我吗？"

蓝医生沉思许久，为了不伤及病人以免病情恶化，医生的回答需要慎重。半响，蓝医生回答："我们呢，是医生与病人的关系，因为你生病了，所以我必须要好好照顾你……"

为了不伤及病人，蓝医生解释了半天，终于委婉解释完自己的意思。精神病人的智商一般并没有太大问题，而且一些病人的人际交往能力和表达理解能力还是存在的。

可是，女病患还是坚持提问："蓝医生，你的意思是说你不爱我吗？"

蓝医生犹豫了起来，一下子不知道说什么好了。

这个时候，本来眼睛里存在着疑惑和问询的女患者一下子变得开心起来："还好，我爱的是陈医生。"

这当然是个笑话，不过也是个让人看了哑然失笑的笑话。要知道，类似的进退两难的难题，在现实的精神病院中还有很多。精神分裂症病人们像孩子一样单纯地提出很多问题，却让人不知怎么回答好。大多数病人的智商是没有问题的，但是却要比正常人敏感很多。别人任何一点责备、忽视、喜欢或者厌恶的意图都会被他们无限地放大，最后成为心灵中的魔咒。甚至有时候，即使是别人无意识的一句话，也会被他们"想歪"。

有这样一句话："一个人只可能被自己打败，如果他不被自己打败，他就不可战胜。"从某种角度来说，很大一部分精神病患者或者心理有问题的人都是被自己打败的。在热播的美剧《权力的游戏》之中，有一个颇得人气的角色名为"提利昂·兰尼斯特"，这可以说是整个剧中，甚至整个影视剧历史中都存在特殊性和颠覆性的角色。

提利昂·兰尼斯特出身贵族，父亲是一位具有铁腕手段的贵族首领，可是他本人却是个侏儒。因为生他的时候难产导致了母亲的死亡，因此他从小被父亲厌恶。他的姐姐又因为巫师的预言而以为自己会死在弟弟手上，因此，从小对他百般苛责甚至想置其于死地。提利昂·兰尼斯特数次被人诬陷，畸形的身材让他饱受嘲笑。第一个心爱的女子惨遭父亲迫害并强行让他观看，第二个喜欢的女子却出卖了他。在这样的环境下仍旧能够生存下来的人，心理可想而知。

在整部剧集中，提利昂·兰尼斯特确实展现了自己阴狠狡诈的一面，然而他却不同于以往的任何一个身体畸形的侏儒角色，在他的身上，有着让人赞叹的热血和让人敬佩的价值观。在一次战争中，前锋因故逃离战场，竟然是这个矮小的侏儒挺身而出站了起来，振奋了士气，领导了军队——事后，他还因此被削掉了鼻子。

他善良而又阴险，富于同情心却也心狠手辣，勇敢而又善于玩弄心计，他的形象复杂而丰满，最重要的是他从不曾被自己内心中阴暗的另一面打倒，所以这个侏儒，树立了巨人形象！

相反，大多数人在这样的遭遇下（有时候甚至没有太多所谓遭遇，很可能只是因为失恋或者一时挫折），又变成了什么样子呢？他们很有可能出现人格扭曲。

大多数精神分裂症患者的发病，都不是因为别人，而是因为自己！现实之中心理脆弱的人比比皆是。喜欢多想，并不一定就是患了精神或心理疾病；但是想得太多、疑神疑鬼的人，便不能说他们有正常心理了。多疑和自卑，往往是伤害人心的最锋利的两把剑。自卑让人压抑，多疑让人惶恐而没有安全感，一个自卑而又多疑的人就会过分在意别人的眼光，而又无法承受挫折，他的人生将会有极大的几率演变成悲剧。

当一个你认为很熟悉的人和你在办公室面对面错过却没有理会你，你会不会认为他在有意忽视你？当两个同事窃窃私语却没有邀请你加入的意思，并在你靠近的时候就不说话了，你会不会认为他们在议论你，甚至意图对你不利？当你遭遇挫折，是否能够很快走出来？若是你做了亏心事，能不能坦然面对去承认？

有的人被人辱骂也能坦然不变色，有的人被人说一句话就会记恨许久；有的人即使失败再多次都能够爬起来，有的人失恋一次就认为生命失去了意义要去跳河；有的人敢于和权威人物对立争论，有的人被上司骂了一句就开始觉得世界是灰暗的。

把这些情况放大，就是精神分裂症患者的世界，他们敏感、多疑、悲观而疯狂。

在《契科夫小说选》中收录过这样一个故事：一个小公务员在一个美好的晚上，正在观看轻歌剧打发时间。结果，他一不小心打了一个喷嚏，唾沫星子溅到了前排的一个光头。他发现那个光头是一名将军之后，赶快道了歉，而将军也原谅了他。

可是，小公务员觉得这样还不够，于是在散场的时候，他再次郑重其事地和将军道歉，这个时候，将军已经不耐烦了："我已经忘了，您怎么老提它呢？"

将军不耐烦的语气被小公务员察觉，他开始认为将军一定非常生气，才会用那样的态度讲话。为了表示自己的诚恳，他决定换上新制服，刮了脸，去正式求见将军。

谁知道，将军此时正在办公，一听他开口说到喷嚏的事情，将军便一头雾水瞪着他看："什么废话？天知道怎么回事！"小公务员以为这下将军一定是记仇了，于是在将军忙完之后又赶上前："我不是有意打扰您的，大人……我只是……"这下连将军也只有苦笑了："您简直开玩笑，先生。"说完将军便忙去了。

这下，小公务员更加惴惴不安。心病一旦结下，总是不容易解开。第二天，他想着找到将军解释清楚所有的事情。可是，他运气不好，他不知道将军正在气头上。在他进门后絮絮叨叨半天之后，将军忽然怒吼："滚出去！"

微人格心理学

可怜的小公务员大吃一惊,木木呆呆地回到家,然后,吓死了。

看了这个极具讽刺意味的故事,我们可能会会心一笑。可仔细想想,对于一个人来说,脸皮厚点并不是什么不好的事情。所有的精神病患者无疑都是因为心里积攒的压力、痛苦太多,无法缓解、释放而导致的。疯狂离每个人都不远,世界上疯狂的人数不胜数,绝对不仅仅限于精神病院之中穿病号服那些。

那些自卑、悲观、多疑的人,他们是隐藏的"精神分裂症患者"。

满心猜疑:我不想与外界接触

公益广告里有一句话,叫"没有买卖,就没有杀害",但是在一些精神分裂人格障碍者的眼里,这句话或许可以改成"没有交际,就没有伤害"。这些人害怕交际,因而宁愿把自己隐藏起来,离群索居是他们最喜欢的状态之一(起码在表面上是这个样子的),德国心理学作家弗里兹·李曼称之为"只有自转,没有公转的人"。

在《直面内心的恐惧》一书中,弗里兹·李曼表示,精神分裂的人"费尽心思独立生活,尽可能自给自足。他不依赖任何人,不需要任何人,尤其重要的是,不需要为任何人负责。因此,他远离人群,他需要这种距离,不让别人有亲近的机会,只开放一点点缝隙。一旦距离被跨越,他的感受如同生存空间遭到侵犯,独立自主遭受危害,他不再完好如初,于是很粗暴地反抗。害怕别人亲近,这是他典型的恐惧。但事实上,他不可能把所有人都排拒在外，于是他只好四下搜寻保护措施，以便自己能躲在其中，避开一切"。

对于不想与外界接触的原因，不同的人往往有不同的因由以及表现，然而这一切依旧有迹可循。有人是因为单纯恐惧与外界交往，表现出一定的社交恐惧症的症状：与人交往时（尤其是大众场合下），会不由自主地感到紧张、害怕，以致手足无措、语无伦次，严重的甚至害怕见人；其中有些人主要表现为对异性的恐惧，称为异性恐惧症。这些人的病灶，在于对未知世界和没有经历过的、未发生的将来的怀疑，害怕在即将发生的接触中自己会做错事或者沦为笑柄，因而最终干脆拒绝所有交际。

除此之外，一些人不想与外界接触，则是因为在社会交往中想象成功的体验少，想象失败的体验多，缺乏自信，总认为自己不行，缺乏交往的勇气和信心。这些人的"病灶"在于自我猜疑，永远对自己优秀的一面表示怀疑和不信任。

最严重的，是一些对社会和他人充满敌意的人。这是一种比较严重的社会交往障碍。表现为讨厌他人，乃至仇视他人，把人与人之间的关系视为尔虞我诈；另一种情形是认为别人总在寻机暗算他、陷害他，从而逃避与人交往，甚至表现为攻击心理行为。这种心理，是最为危险，也最为病态的。根据研究表明，那些离群索居而又心怀仇恨、对社会充满不满的人，往往最容易成为犯罪者。

美国数学家、罪犯卡辛斯基绰号"大学炸弹客"，是波兰移民的后代，1942年5月22日于美国伊利诺伊州芝加哥出生。他拥有167的高智商，16岁时被哈佛大学数学系录取，1962年在哈佛大学毕业后转入密歇根大学攻读数学博士学位。卡辛斯基用了数月时间便完成博士学业，他的指导教授说他的博士论文十分深奥，全美只有十几个人能看懂。后来，卡辛斯基在该校从事了四年多的学术研究，25岁时被加州大学柏克莱分校聘为助理教授，是该校史上雇用过最年轻的教授，但他对教学这件事并不十分喜爱，在两年后辞去。

1969年，他来到了一个空旷辽阔的乡村蒙大拿。在那里他没有固定的职业，在人烟罕见的茂密树林中，自己动手搭起了一间小木屋，没有水电设备，生活极其艰苦。他成了隐士，过着简朴的自给自足的生活。后来他又找到了许多工作，但每个工作都做不了多久就辞职不干了。

卡辛斯基身上有着许多上文提到的性格缺陷。他孤高自傲，对别人充满猜疑，对社会则充满不满，离群索居，精神永远游走在别人到不了的地方，离群索居的生活更是促使他变得更加的固执、偏激，可以说是典型的"没有公转，只有自转"的人。卡辛斯基在1978年至1995年间，不断邮寄炸弹给大学教授、大型企业主管及航空公司，造成3人死亡及20多人受伤。1996年4月3日被逮捕，最后被法院判处无期徒刑。追寻卡辛斯基的犯罪理由，他给出的回答居然是：他要阻止科技发展，并以此拯救人类。

良好的社会交往可以减少孤独、寂寞、空虚、恐惧、痛苦，可以宣泄愤怒及压抑。因此，社会交往对于心理健康具有重要意义。让一个人关闭掉自己与外界的沟通和交流时，就相当于某种程度上关闭了自己的心灵，让自身陷入了"自我封闭——自我伤害——自我封闭"的恶性循环中。

当然，在现实之中，并不是所有离群索居的人都患有精神分裂症，但是不可否认的是，拒绝与其他人交流，切断自身和社会的联系，最终的结果往往会导致一个人变得固执而偏激，精神失常，最终误入歧途。所以，每一个人，都有责任也有义务让自己尽量去和社会接触，最终找到这个社会里属于自己的位置，这不但是对整个社会负责，更是对自己的一种负责。

缺乏安全感：我只能自己保护自己

人是一种群居动物，从远古时期开始，人类就懂得互相依靠，一起围着篝火在山洞中取暖，一起打猎、采集来获取食物。集体力量的强大会带给人以强烈的安全感，这是人类在发展初期得以生存的关键所在。

而如今，随着科技的发展和工业文明的进步，人和人之间这种互相依靠的关系却有日渐淡薄的趋势，"缺乏安全感"已经渐渐不再是书里的一句话，而成为真实存在我们身边的一种社会现象，甚至成为不得不重视、不得不解决的问题。

那么到底什么是安全感，哪些东西能带来安全感呢？

首先，安全感是一种感觉、一种心理；是来自一方的表现所带给另一方的感觉；是一种让人可以放心、可以舒心、可以依靠、可以相信的言谈举止等方面表现带来的心理感受。

第二，是否能产生安全感，来自多方面的因素。一般来说，要让一个人产生安全感，首先要做的就是拥有一个稳定、值得信赖的生存和交际环境。当一个人感到自己生存的环境并不稳定，或者交际圈并不值得信赖时，他的安全感就会出现极大的缺失。

第三，物质上的安全感非常重要。根据马斯洛需求层次理论，生存的安全感是一个人最基本的需求。当一个人的生存状况都已经得不到满足的时候，想建立安全感便会成为一件困难的事。

另外，当一个人的物质要求得不到充分的满足的时候，安全感相对在下降，那么他便通过在精神方面追求新的替代者，来满足他在物质方面的安全感缺失。同理，有些人在情感方面丧失了安全感之后，也往往会寻求在物质方面得到安全感。很多人在伤心难过的时候会选择购物、暴饮暴食来增加安全感，就是这个原因所致。

对于精神分裂症患者来说，他们的安全感会大大低于正常人。事实上，极度缺乏的安全感正是精神分裂症的根源之一。让我们借用舒兹汉克形容分裂人格的一个图像，来说明他们所处的世界。你我应该都有过这样的经验：坐在火车站的一列车厢里，旁边的铁轨上也停着一列火车，火车开动时很缓慢，几乎感觉不到震动或摇晃，一时之间我们凭感觉很难判断究竟哪一列火车在缓缓开动，直到我们能够完全确定自己的火车还停留在原处，而旁边铁轨上的火车持续向前行驶时，或者二者相反，才明白过来。

这幅画面很恰当地表达了精神分裂者的内心世界：他永远不能确切地明白，面对同一件事情的时候众人的反应会不会和自己一样；不能判断他的感觉、知觉、想法与想象，是否仅为一人所有，抑或大家皆然。有时候，他们甚至不能确定疯了的到底是自己还是这个世界。

由于这类人的人际往来可有可无，在人群中往往茫然不知所措，自己的经验与印象游移在怀疑的边界，不清楚自己的判断是出于事实，还是出于胡思乱想，因此精神分裂症患者的精神世界是分外不稳定的。

精神分裂症患者经常会自我怀疑："是别人看我的眼光充满嘲讽呢，还是我又乱想了？""我是否引人侧目，哪里不对劲儿，难道我搞错了，要不然别人干嘛这样瞅着我？"这种不安全感会使他们把不同的人和事情猜疑、病态地对号入座，风马牛不相及地把现实和幻想混淆，以至于内心与外在都是

第三章 | 活在逃不出去的幻觉中——分裂型人格

非不分。当他们因欠缺与别人的密切关系，无从改善心中的不安，而导致这种忧惧演变成经常性的心理状况时，不难想象这会多可悲。同时，出于这种精神上的不稳定，他们往往很难对别人建立信任，身边的一切人和事情对于精神分裂症患者来说往往都是危险的、不值得依靠的，对于这些人来说，能依靠的只有自己。

出于这种想法，某些精神分裂症患者才会变得非常具有攻击性，并导致生活中精神分裂症患者袭击他人的事件屡见不鲜。他们这些攻击性行为的根本原因其实并不是蓄意伤害，相反，这只是他们保护自己、增加安全感的一种方式。

可以这样说，那些在我们看来异常危险的精神分裂症患者，他们自身所感受到的危险比正常人大得多！在面对他们时，我们需要给予他们更多的关爱，来维护他们脆弱的安全感。而医学也证明，给予更多关爱，是治疗精神分裂症过程中非常重要的一部分。

第四章

将心灵撕碎的完美主义者

——失控的强迫人格

完美主义是一种病态的审美意识。完美主义者认为完美的事物才是最好的。他们需要彻彻底底、百分之百的美，然而这是不存在的——这也是导致他们出现病态心理的最根本原因。事实上，完美主义并非创造出来的，它的本质是强迫性地反复追求某一事物，以达到同一性。

这是一种异常的心理冲动。

病态性完美主义是异常心理的根源

遇到事情就火急火燎地下定论，以"非黑即白"作为事物的判断法则。

努力把每件事情做好，但总会觉得如果再努力一点结果就会更好，对当前的结果永远不满意。

明明已经为别人付出很多了，但还是会觉得做得不够，甚至心存愧疚。

"今天来不及洗头发了，顶着两天没洗的头发去见客户实在有损形象。"

"中午吃饭不小心把酱汁弄到袖口上了，下午上班同事们会怎么看我呢。"

"糟糕，口红忘带了！晚宴结束之后没法补妆怎么办？带着残妆怎么见人啊？我一定会被笑话的！"

……

再这样举例下去，一定会有更多的俊男靓女要对号入座了，在都市社会，这些"洋气"的"时尚病"可是见怪不怪了。所以就此打住，我们一起来看下有这些"时尚病"想法的人到底是怎么了。

我们不能定义这些现象到底是好还是不好，但毫无疑问，能这么想的人，绝对是一个追求完美的人。

说起完美主义，大家都不陌生，相信每个人都憧憬着要做一个完美的人，处处优秀，得到众多认可，获得无上尊荣。可是，从另一个角度来看，完美主义也是一把双刃剑。一旦我们过度崇尚这个目标，就会弄巧成拙、得不偿失了，严重的甚至还会产生心理病患。

第四章 | 将心灵撕碎的完美主义者——失控的强迫人格

L曾经被人们称为"天才钢琴家",他的音乐造诣来自于与生俱来的天分,再加上极高的专业素养,在业内备受瞩目,曾因演奏时结构严谨、变化丰富、生动传神而被人们津津乐道。

对待音乐,L绝对算是一个不折不扣的完美主义者:在创作过程中,他稳扎稳打,极力保证没有任何不和谐的音符出现,一旦没有达到预期水平,就会停下来审视整首歌的旋律,甚至撕掉正在创作的谱子重新来定;在弹奏过程中,他也尽力追求完美,保证每段演奏都不能出错,一旦失误就会坐立不安,尴尬万分,再也不能集中精力演奏之后的内容,看见什么都觉得不顺眼,甚至会出现冷场。

L有个习惯,就是在每次大型公开演奏之前,都会向助手或主持人提出声明,不允许在场观众发出咳嗽声或者其他任何声音。在一次演奏中,他发现有一位观众扭头跟别人说话,看上去很心不在焉的样子,就在一瞬间,他变得慌乱起来,认为自己精心准备的完美无缺的曲子竟然没有打动所有观众,这是他不能够接受的巨大失败!于是,他本来灵活无比的手竟然紧张得不听使唤,原本练习了几百遍的曲子竟然频频出错。他觉得自己简直是毁了,开始陷入矛盾与自责之中,结果令原本的演奏效果大打折扣。

后来,这个"天才钢琴家"完全无法创作和演奏任何曲子,因为无论什么样的曲子,他都觉得不够好,而这种"不够好"的音乐作品是绝对不能向众人展示的。为此,他会对自己本来已经创作得很出色的曲子做反复的修改,精雕细琢,最后导致面目全非,失去了曲子原本的感染力;而在每次音乐会前夕,他每天晚上都会因为紧张、害怕出一点错误而辗转反侧,无法入眠,最终患上了严重的失眠症。

再后来,他不仅无法正常举办演奏会,就连创作音乐的能力也彻底失去了。等待L的最终结局是，他不仅没能登上音乐巅峰，而且产生了心理疾病。

回过神来看，在现实生活中，因为工作压力大、竞争激烈，我们会变得内心脆弱急躁，在经济不景气、岗位淘汰率高的环境下，自制能力差或具有完美主义人格的人们更容易产生强迫心理，从而引发强迫症。

这种强迫症在心理学范畴叫做完美主义强迫症，笼统来说就是病态性的完美主义。

所谓的病态性的完美主义，往往是追求完美达到某种极致的程度所表现出来的综合现象。很多病态性的完美主义者，他们害怕被他人忽略或看不起，特别在乎别人对他的肯定与尊重。然而面对别人给他的赞美，他们又或多或少会显得不以为然，甚至会错意，这是因为他们内心中那不断挑剔的声音在提醒他们：这还不算完美，没准对方只是客套的恭维。

在这样的情况下，他们会特别想要把某件事情做好，以赢得别人真心实意的认可，却因为过分追求完美而导致吹毛求疵，结果通常是，付出了很大努力却得不到别人的认可，从而产生自卑心理。也有的人明明已经把事情做好了，却因为自己过度追求完美，弄成了画蛇添足的悲剧。一旦结果未能符合初衷，他们自然就会出现各种异常情绪。

心理学专家们经过大量研究实验发现，病态性完美主义者在很多方面都存在着一些共同特征：

总是希望自己和与自己有关的任何事物都尽善尽美；

过分关注他人对自己的看法；

对于任何细微的过错和失误都难以容忍，处事谨慎，讲究整洁和秩序，不允许出现丝毫的偏差；

第四章 ｜ 将心灵撕碎的完美主义者——失控的强迫人格

在众人面前注重自身形象，行为举止十分注意，对自己过分克制，要求严格；

对他人有着强烈的控制欲，要求苛刻，喜欢用"你应该"、"你不可以"句式，等等。

病态性完美主义不只是普通人的"专利"，一些名人也常常会有强迫行为。英格兰球星贝克汉姆曾自曝患有强迫症，他对一切都要求完美或是井井有条。只要闲下来，就会一遍遍地摆放家中的饮料、衣服和杂志等，直至达到自己心中完美的格局才会停止。据统计，全球已经有超过3000万人跟这种过度追求完美的生活结缘。

比如，从事会计、审计或银行工作的人，对一些和数字、符号等会比较容易产生异常心理，就算当时因为数额较大反复确认过的单据，等到盘点的时候仍然大脑一片空白，需要重新确认；也有一些人对验钞机的声音产生异常心理，即使机器已经清楚地显示出了具体数额，在不忙的情况下他们还是会一张一张地数算清楚，即使他们相信验钞机并不会"撒谎"。这些现象都是过度追求完美而导致的病态现象。

你可以回想一下，看看自己是否有这样的经历：在学生时代，明明之前已经背得滚瓜烂熟的知识点，每次临考前再去看时，却仿佛第一次看到；在生活当中，只要闲下来，你就会不停地整理房间，一遍又一遍地重新归置原本就已经放好的物件；在工作上，每次尽心尽力完成好的工作，交给上司之后却仍不放心，甚至会在心里不停地想着该怎样去面对上司的质疑。这些都是病态性完美主义者的表现。

常见的异常心理现象有以下四种形式：

微人格心理学

1. 低效循环。

即使已经完成了一些任务,还会纠缠着去寻找新东西去改善它。这个纠缠的过程开始只是10分钟,然后延长到30分钟,甚至1小时或更多,久而久之就会在一项任务上浪费过多的时间。

2. 不切实际。

遇到一些事情,总是抛开这些具体问题,而设想更好的结果,没有仔细考虑是否真的有必要,从而忽略了处理事情的最初目的。有时候,这些做法不仅不会增加价值,甚至会毁了整件事情。

3. 完美不美。

对所有东西的"完美"欲望导致问题复杂化,一个简单的任务可能变得无法分配,甚至在潜意识里达到自己吓自己的程度。这样的后果是一直在拖延,等待"完美"的时刻再次开始,而"完美"的时刻到来之时已为时太晚。

4. 小题大做。

在问题出现前就开始猜测问题并想出各种解决方案,从而变得更加痴迷于提前应付问题。可结果的焦点,往往并不在所纠结的问题上,甚至大部分问题从来不会出现或是根本不重要。

从某种意义上来说,这些特征可能会在一定时期或一定场合成就他们做事认真可靠、遵时守信的优点,为他们的成功成才铺就道路,但长此以往,他们的缺点也会暴露无遗。而这些缺点,也会使他们对自己更不满意。

已经有越来越多的人,因为怀疑自己有强迫人格、病态心理而走进心理咨询室。尤其是在一些竞争压力大的城市,病态性完美主义所导致的异常心理现象也呈递增趋势。病态性完美主义者容易陷入工作狂、暴食症等状态,或多或少地存在着抑郁症、厌食症、焦虑症、边缘性人格障碍、酒精依赖症和心身疾病等精神问题,严重的会导致虐待狂、工作狂、夫妻关系以及人际关系的破裂、各种嗜癖行为，甚至自杀。

因此，很多心理学家都指出，异常心理的根源是病态性完美主义，当一个人对完美主义的追求变成了强迫症，即完美主义者为了获得"完美"而变得神经质且拒绝接受任何不完美的东西时，在这个过程中，他们更容易迷失重点，更容易产生异常心理。

只能接受十全十美——不完美，就毁灭

2010年，达伦·阿伦诺夫斯基执导的影片《黑天鹅》中，由娜塔莉·波特曼饰演的女主角妮娜是一名出色的芭蕾舞演员，她在舞台上的精彩演绎堪称完美。在一场盛大的演出中，她极力争取到了天鹅王后的角色，被要求分别饰演纯真无瑕的白天鹅与魅惑邪恶的黑天鹅这两种完全对立的角色。追求完美主义的妮娜能够将白天鹅演绎得十分出色，却始终无法很好地演黑天鹅，因为她不能接受邪恶的自己。虽然导演一再强调，让她尽量释放自己，轻松地去饰演，但她想到自己将与"邪恶"、"黑暗"等词挂钩，就感到紧张和焦虑，因此，她还常常惩罚自己，甚至自我摧残。

为了能够完美诠释黑天鹅，妮娜濒临精神崩溃。她不断节食，身体越来越消瘦，甚至吸食大麻，放纵情色肉欲，完全颠覆了之前高雅端庄的"乖乖女"形象。

经过一番地狱式的煎熬之后，她的付出终于有了收获，她开始能够在舞台上尽情地释放自己，成为了一只冶艳而魅惑的"黑天鹅"，她的表现也得到了导演的极力认可。然而，即便如此，她还是觉得自己不够优秀，她开始

对周围的人对她的评价产生猜忌，并断定她的竞争对手正在策划一场阴谋，以夺取自己好不容易得来的天鹅皇后的角色，而一旦她的表现出现丝毫差错，那个竞争对手就会取代她。她对自己的要求更加严苛了，甚至到了疯狂的地步。这一切让她的精神更为错乱，最终陷入了充满幻觉与妄想的世界当中。

尽管影片的最后，妮娜达到了艺术的巅峰，成功演绎了白天鹅与黑天鹅这两种截然相反的角色，但是她也付出了无比沉重的代价——不仅患上了严重的幻想症，还昏死在了她所热爱的舞台上。

像影片中妮娜这样过度强调十全十美的名人比比皆是，相信大家都不会忘记张国荣、三岛由纪夫、茨威格等人的自杀事件，他们曾是所在领域最耀眼的明星，却在事业的巅峰阶段走了下坡路，直至毁灭，造成这一凄惨结局的原因之一就是他们极力追求的完美主义。尽善尽美是处事认真的一种体现，但过度追求完美，很容易导致心理失衡，从而造成毁灭性灾难。

理论上，完美主义者一般分为三种情形，分别是：要求自我型、要求他人型的和被人要求型。

要求自我型的完美主义者，他们竭尽全力达到自己设定的高标准，当这些标准无法被达到时，他们往往会过度自责、变得抑郁，失去原有的信心。他们因为对于一件事情过度紧张甚至神经质，最终只能陷在自己设定的牢笼里，画地为牢。

要求他人型的完美主义者则总希望别人把事情做得尽善尽美，如果别人没有按照他的标准完成某项任务，他就会絮絮叨叨，过分苛责，经常把人际关系搞得很糟。

被人要求型的完美主义者，他们之所以不顾一切追求完美，是因为深信其他人对他们寄予厚望，如果达不到这种期望，就容易产生饮食失调甚至自杀的念头。从某种意义上说，他们的完美主义已经失去了"完美"本身所带来的积极意义，甚至变成了自我成长的黑暗枷锁。

现在，我们对病态完美主义者已经有了一定的了解。接下来，我们再来看一个案例：

白领林克性格一向很开朗，在同事中人缘也很好，工作也非常认真负责，但后来，他却因为过度要求完美，变得越来越神经质了。

事情是这样的。偶然的一次，同事跟他开玩笑说他左右臀部不对称，看着很别扭。同事走后他的心里七上八下，觉得自己有了缺陷，而且还很严重，竟然是自己的屁股有问题。为了让自己能够好受一些，他向人反复求证，可大家都说没问题。原本以为他会获得欣慰，没想到他还是不能解脱，始终认为这是个大问题，并且变得日渐绝望，整日忧心忡忡，甚至不敢出门走路，害怕别人笑话自己的屁股有问题。

有一次参加公司宴会，他无意中看到镜子中的自己，觉得屁股怎么看都不协调，他实在忍无可忍，当场逃离直接奔去了医院，要求医生给他治疗方案。可是医生也告诉他这是小问题不用特别在意，他却认为医生既然承认了他的缺陷却不帮助他及时调整这个缺陷，甚至投诉医生不负责任。

这件事情发展到后来，林克俨然像换了一个人似的，因为长时间的寝食难安，他需要借助安眠药与酒精才能获得片刻宁静，家人以为他魔怔了，只能带他四处求医问药。当然，在这种情况下，林克再也不能继续工作了，而不得不靠妻子来养家糊口。然而，在林克的处世原则里，靠女人养活的男人，简直不能称之为男人。他觉得自己糟糕透了，人生完全偏离了预定轨道。

实在无计可施的情况下，妻子给他找到了当地权威的医院请求专家为他手术，可是，权威专家依旧告诉他没什么问题不需要动手术。于是，他心灰意冷，再也不相信任何医院，并且患上了严重的抑郁症。

在心理学上，像林克这样"自我毁灭"的人，会被认为是存在比较严重的"不完美焦虑症"。他们一般都会表现得过度谨慎、害怕出错、过分在意细节和讲求计划性等，对于来自他人的评价表现得过于敏感。

出现"不完美焦虑症"的人们多数是因为长期生活在一种追求完美的心态中，为避免失败，他们将目标和标准定得看似完美无缺，反而把"追求完美"当成习惯，把注意力更多地放在了害怕不能完美的现实上，并由此疑神疑鬼，胡思乱想。心理学中又把这种现象称之为"消极完美主义"。

消极完美主义的思维方式，其目的是为了保护自己，害怕由于自身的缺陷得不到别人的尊重，从而钻了牛角尖，他们从错误的观念出发，因为过度看重某个问题而失去了更多东西。

大部分时候，消极完美主义者会在自己所在的领域取得不错的成就，维持集体或团队的表面和气，别人做到完成就好了，他们非要把事情做到极致；别人做到1，他们怎么着也要努力做到4或5。

但是通过深层次沟通，你会发现他们令人匪夷所思的观点。他们看问题一般都认为只有两面，比常人更容易走向极端。他们一旦认定了一个事实或者是下定了决心，就会对其他相反的意见变得相当的神经质，这个时候，用顽固和冥顽不化来形容他们都不为过。

细想一下，你是否也在受到"十全十美"的折磨？如果你也因为过于追求完美而变得神经质，那么从现在起必须开始重视了。

下面是6个教大家怎样摆脱"不完美焦虑症"的小提示：

1. 懂得权衡。

当你在一些事情上花费时间和精力的时候，就不能同时在其他事情上花费精力。每个人可以做的事情有很多，但需要懂得平衡，将你认为重要的事情处理好就已经很不错了。

2. 统筹大局。

最终目标是什么？所期待的成果是什么？你所做的是否顾及了大局，确保你的精力放在了最终关键点上？

3. 专注于主要矛盾。

主要矛盾是指重要的事情。扪心自问你在做的事情是否有真正的影响力。如果没有影响力，就不要继续。如果只有一点，就押后处理，将精力放在其他事情上或者赶快把它做个了结。

4. 设定时间限制。

帕金森定律告诉我们，工作总是可以在任何限定的时间内完成的。如果你给自己4个小时，那你就能在4个小时内完成；如果你给自己3个小时，那你就能在3个小时内完成。如果你不给自己任何时间限制，你会永远都在做同一样事情。设定时间限制然后在限定时间内完成任务。

5. 接受犯错。

我们常常深陷毁灭一个原因就是希望自己不犯错。然而，要实现100%完美是非常低效的。如果将所有精力忙于完善一件事，就不能做其他更重要的事情了。你要意识到犯错是一个必须接受的权衡。越能接受犯错，就越能更快地从错误中吸取教训，并更快成长。

6. 不做无用功。

不到万不得已就不要思考所谓的万全之策，过度的先发制人容易使大家生活在幻想中的未来而非现实的当下。在成长的过程中,学会倾向于采取"顺其自然"的态度。

微人格心理学

古语常说"人无完人,金无足赤",生活并不需要十全十美,追求完美要懂得节制,我们都要努力成为一个真正意义上的完美主义者,大胆地去获得个人的成就,而不是耗费毕生心血与汗水,却事半功倍,甚至演变成病态性完美主义者,走上自我毁灭之路。

无法摆脱的强迫思维和反复出现的强迫行为

从某些层面来说,过度追求完美主义还会导致强迫人格的出现,在强迫人格的人身上总是能找得到完美主义的影子,因此,完美主义者发展到一定程度,会更容易表现出一些无法摆脱的强迫思维与反复出现的强迫行为,这种思维或行为表现出来的症状统称为强迫症。

如何区分一个人是不是强迫症?

如果提出这样一个问题:"赠予你99999999元的财富,此时你最想要的是什么?"普通人往往会发挥自己好吃懒做、贪图享乐的特点,大做白日梦:"想要买房产、地皮、豪车、游艇、专机、名牌,想要美女(或者帅哥),想要用这些钱来创业、捐助山区儿童……"

强迫症患者只会回答一句话:"还想要一块钱。"

很多人把强迫症、拖延症、选择困难症一起列为时下年轻人最常见的三大病症,学术上所说的强迫症(OCD)属于焦虑障碍的一种类型,是一组以强迫思维和强迫行为为主要临床表现的神经精神疾病,其特点为有意识的强迫和反强迫并存,一些毫无意义,甚至违背自己意愿的想法或冲动反反复复侵入患者的日常生活。患者虽体验到这些想法或冲动是来源于自身,极力

第四章 | 将心灵撕碎的完美主义者——失控的强迫人格

抵抗，但始终无法控制。二者强烈的冲突使其感到巨大的焦虑和痛苦，影响学习工作、人际交往甚至生活起居。

如今一个人说起自己有强迫症，多半也只是作为笑谈，说自己总担心门没有锁好，上班前要确认好几遍，或者喝咖啡一定要逆时针搅十圈，等等。其实，强迫症之所以能被称为"症"，就绝不可以忽视或者仅仅当作笑谈。事实上，强迫症之所以具有非常大的潜在危害，第一点是因为发病人数多，第二点就是因为它得不到足够的重视。世界卫生组织（WHO）所做的全球疾病调查中发现，强迫症已成为15～44岁中青年人群中造成疾病负担最重的20种疾病之一，常对患者社会功能和生活质量造成极大影响。另外，患者常出于种种考虑在起病之初未及时就医，一些怕脏、反复洗手的患者可能要在症状严重到无法正常生活后才来就诊，起病与初次就诊间可能相隔十年之久，无形中增加了治疗的难度。

强迫症患者的个性中或多或少存在追求完美、对自己和他人高标准严要求的倾向，有一部分患者病前即有强迫型人格，表现为过度谨小慎微，责任感过强，希望凡事都能尽善尽美，因而在处理不良生活事件时缺乏弹性，表现得难以适应。他们内心所经历的矛盾、焦虑最后只能通过强迫性的症状表达出来。

强迫症状具有以下特点：

1. 是患者自己的思维或冲动，而不是外界强加的。

2. 必须至少有一种思想或动作仍在被患者徒劳地加以抵制，即使患者已不再对其他症状加以抵制。

3. 实施动作的想法本身会令患者感到不快（单纯为缓解紧张或焦虑不视为真正意义上的愉快），但如果不实施就会产生极大的焦虑。

4. 想法或冲动总是令人不快地反复出现。

许多人总是下意识地反复洗手，洗东西，无法摆脱心理上的"肮脏感"，或者反复检查已经锁好的门窗，反复核对账单、文稿等；有时候，走在大街上，还会克制不住去数台阶、电线杆，强迫自己计数，一旦漏掉就要重新开始；甚至在每一天的生活当中，都要强迫自己按照既定的程序穿衣吃饭洗漱，睡前一定要按照顺序摆放好衣服与鞋子等，这些想法或做法都属于典型的强迫症。

再比如，有时候，有些人会不可控制地想着某件已经过去的事情，或者某个自己曾经历的场景，反复回想着在那些场景里自己的行为是否得体、正确，是否给他人带来了不愉快的感受等，并且为自己所想的内容感到紧张、恐惧。虽然他们在这个过程中的感受并不好，但思维就是停不下来，这就是强迫思维。

人们或多或少都有强迫症，但是大多数情况下并不能够对生活造成影响。然而，当强迫症发展到一定程度，就会对自身造成危害。

一天早上，X女士在吃饭时发现十岁的儿子小乐双手发白，皮肤浮肿，连拿筷子都显得吃力，问他原因，他也不肯回答。万分担心的妈妈在送小乐上学后就找到了万医生想办法。万医生让她先不要紧张，把小乐的问题说得仔细一些。

X女士说，她从小就教导小乐要讲卫生，爱干净，自己的衣服啊玩具啊都要摆放整齐，手脚也要保持干净，鞋子脏了就不要再穿，等等，久而久之，小乐就养成了勤洗手的好习惯，看到这些，妈妈也会开心地鼓励他继续保持这个好习惯。可是没想到，时间长了小乐竟然把洗手当成了他唯一的乐趣，

第四章 | 将心灵撕碎的完美主义者——失控的强迫人格

只要有时间,他就会习惯性地走进洗手间,不管双手脏不脏,都要用力地洗上两三分钟。

有一次,刚进家门,还没来得及跟妈妈打声招呼,小乐就走进洗手间,打开水龙头。水哗啦啦地流,小乐面无表情地搓着自己的两只小手,时间竟然长达五分钟之久。X女士左等右等不见小乐出来,就在门口不停地叫他。小乐很不情愿地出来后,两只小手已经刷白刷白的,妈妈大声责问他怎么回事,他却闷声不吭,坐在地上哭了起来。从这之后他洗手的次数就更多了。无奈,X女士只能听之任之,但不曾想洗手竟然给小乐带来了这么大的伤害。

万医生嘱咐X女士,让她回去后带着小乐再来找他。万医生见到小乐,才明白了小乐强迫洗手的原因。他和小乐聊了40多分钟,了解到小乐在和妈妈生气或是和同学闹别扭的时候,最想洗手,洗过手以后就好像这些矛盾都被水冲走了一样。

之后,万医生又了解到,出生在单亲家庭里的小乐是女士的唯一精神支柱,妈妈把自己的所有希望都倾注在小乐身上,因此,对小乐的要求就特别严格,生活在由"应该"和"不应该"组成的绝对准则里,就连生活起居,也给小乐立了许多条条框框,一旦违反,要么就是一阵碎碎念,要么就是大发脾气。

在这样的环境中成长,小乐看起来比同龄的孩子早熟很多,也知道妈妈带着自己生活很不容易。后来,当妈妈发脾气时,他就躲进卫生间。不知道从什么时候起,他开始不停地洗手,心情不好时,他洗手的情况就越发严重。如果不是双手红肿、发白,X女士可能还不会注意到小乐的异常情况。

从小乐的遭遇中我们可以看出，强迫性的思维或者行为都是经过长时间的积累逐渐形成的，这些症状刚开始的时候并不容易引起人们的察觉，具有一定的隐蔽性。

像小乐的这种强迫症状的发病与社会心理、个性、遗传及神经内分泌等因素有关，其中前两项是可以干预，防患于未然的。作为家长，应当为孩子构建一个稳定、安全、和谐的生活环境，不应过分苛求；而对我们本身来说，生活处事可以更具弹性，在不重要的事情上放松对自己的要求，允许生活中有瑕疵存在，慢慢地走出强迫人格的陷阱。

极端美丽背后的空洞："我要吃，还要瘦！"

你眼前的桌子上正摆满了丰富诱人的食物，色香味俱全，而你的肚子饥肠辘辘，这时你一定会抵不住这样的诱惑，上前大快朵颐一番，最后满足地抚摸着自己皮球一般的肚子，回味无穷。可之后的你，站在体重测量器上，看着那数字飞一般地增长，是不是会懊悔无穷，连连叹气，恨不得将吃进嘴巴的东西，全部吐出来呢？

爱美是所有人的天性，谁不希望镜子里的自己光彩照人，身材挺拔匀称，成为路人百分百回头的目标呢？人们对美丽的追求是无穷无尽的，为了让自己变得更加完美，无可挑剔，越来越多的人，尤其是女性，对完美的追求几乎已经到了极限。为了让自己看上去瘦一点，拥有那些模特的完美身材，女孩们对自己的体重标准变得越来越没有下限，看着镜子里的自己，仿佛永远都是一个无可救药的胖子，就算瘦成了一把骨头，也会认为远远不够；只要涨了丁点的体重,她们都会感到惶恐无比。

在想要瘦身的女孩看来,一碗米饭,一块巧克力,甚至一个苹果都是造成自己卡路里增加的主要原因,她们不得不将自己想吃的东西塞进嘴巴后又懊悔地吐出来。这种极坏的方式渐渐地养成了习惯,她们蹲在马桶前,手指难受地抠住自己的喉咙,利用催吐来进行"暴食后安慰",以为这样就可以造就理想中的完美身材。

这种举动已经超过了爱美的界限,发展成了一种疾病——贪食症。

贪食症,又被称作神经性贪食症,属于进食障碍的一种,在独自相处,并且各种负面情绪下导致患者疯狂进食,进食量远远超过自己的承受范围,随后又会痛苦地奔向洗手间,无论是自发性还是人为性,总之会找各种方法将所有的食物尽数吐出,再继续疯狂进食,循环往复。事实上,贪食症要比所有人想象得更加复杂一些,不仅是身体机能出现了异常,更多的还有心理方面的问题。

让我们来了解一个著名的例子:

瓦莱里娅·莱维汀是世上著名的"活骷髅人",身高一米七三的她,却仅仅只有27公斤的体重,相当于一个八岁的孩子。如果你看过她的图片就会感到十分恐惧——她瘦得令人毛骨悚然!甚至连她自己也懊悔地表示,她是世界上最极端、最悲惨的案例。

这个看上去像是一座"活骷髅"的姑娘,也曾明艳动人过。在瓦莱里娅16岁的时候,她的体重还徘徊在63.5公斤左右,可家人的唠叨与同学的嘲笑让她对自己的身体产生了"反感",她开始了疯狂的减肥行动,完全不顾自己的健康,采取了各种方式,只为得到一个可以令大家称赞的好身材。

思想上的禁锢和非健康的追求,让她对自己的要求越来越严格,即使早就达到了标准的体重,她也没有停止疯狂的减肥。在经历过暴食、厌食的反复循环后,镜子中的那个姑娘终于瘦下来了,却并不如想象中的那般美丽,却变成了一个恐怖的存在。

瓦莱里娅表示,在过去的十几年里,自己每天的食物只是水果与蔬菜,有很多食物她都无法食用,因为她的身体已经没有办法同这些食物很好地适应,她已经不知道面包是什么味道了。

这场因为追求美丽而导致的悲剧已经影响了瓦莱里娅的一生,直到现在,她仍然像是一具恐怖的骷髅,而她最大的梦想就是恢复正常的身体,过上幸福的生活。

这个案例是否给世界上所有想要变美变瘦的姑娘敲响了警钟呢?并不是。在得知瓦莱里娅的事件后,竟有很多姑娘争先恐后地写信给她,称自己是她的粉丝,向她讨要减肥的秘诀,这令瓦莱里娅十分无奈。

这些姑娘同过去的瓦莱里娅一样,没有正确地面对自己本身所在的问题。

错误的自我认知与极端的完美主义是贪食症的根源。此外,生活中巨大的压力也是贪食症的产生原因之一。

神经性贪食症在很多情况下是由于情绪失控而引发的,许多名人都曾患上这样的病症,试图以此来发泄来自生活中和生活外的压力。英国的戴安娜王妃就曾与贪食症进行了七年之久的对抗,而另一位名人,英国前副首相——约翰·普雷斯科特,也曾同这个可怕的病症进行过艰难的抗争,病史长达20年之久!

约翰·普雷斯科特在采访中自己坦白,由于承受了过大的工作压力,在

第四章 ｜ 将心灵撕碎的完美主义者——失控的强迫人格

他政治辉煌的那段时间，每天的工作时间长达十八个小时，任务很重，他对自己要求也几近严苛。为了释放这样的压力，暴饮暴食成为了他一个挥之不去的发泄方式，他更是表示，那时吃东西已经成了他最主要的乐趣，他把四周顺手可得的东西全部拿来塞进自己的嘴巴，无论是汉堡包、巧克力，还是薯条。直到他产生了罪恶感，不得不在暴食后去厕所，将自己所吃的东西全部吐出来。

在普雷斯科特看来，超负荷的进食似乎只是一个无法戒掉的坏习惯。他通过这样的方式，以为自己可以缓解生活中的压力和困难，却完全忽略掉了这种习惯到底带给了身体怎样巨大的伤害。事实上，在精神伤害相比之下，身体的这种伤害似乎已经微乎其微了。

好像所有的贪食症患者都会做出这样的选择，他们用另一种伤害来掩盖原本的伤害，通过暴食来得到短暂的快感和满足，释放自己紧绷的神经，更是对这种感觉几近疯狂地迷恋。

"暴饮暴食时，我最起码会享受到嘴巴里塞满食物的乐趣，这种乐趣让我非常满足，随后将所有的食物全部呕吐出去后又会产生一种奇特的乐趣和轻松感。"普雷斯科特这样描述那时的自己。

而他也曾在自己太太的说服下去向医生求助，可接受治疗后并没有多大的效果，工作的压力接连而来，暴食这种方式成了他无法避免的发泄方式，直到他从英国副首相的位置退下，才远离了这个症状，每天坚持运动和健康饮食，他承认，自己因为患有贪食症而感到羞耻过，他认为这是一个十分奇怪的病状，但至少，他现在克服了它。

如此看来，压力作为贪食症的主要来源，是完全不可忽视的。随着调查发现，这种病症愈发地"全球化"，世界各地，各个国家，各种皮肤的人们都难以避免，并且发病率也渐渐程向上的趋势。

对于这种棘手的病症，首先要从以下几个方面着手：

1. 放松对自己的要求，从完美主义中解脱出来，缓解身心的压力。
2. 改变认知，建立健康的美体标准：太瘦不美。
3. 建立自信心，摆脱极端的自卑心理。
4. 在外界与自身的监管下，严格控制进食量。
5. 即使偶然进食过量，也不能催吐。要提醒自己，这种"暴食后安慰法"对身体有害无益。

这几个方面中，最重要的是第二点，也就是一定要改变自己"以瘦为美，不瘦宁死"的这种扭曲观念，并且找到健康、有效的方式去舒缓生活中所积攒的压力；同时也要了解贪食症所带来的严重影响，催吐与暴食过度都可能造成死亡。

爱美固然没有错，可如果有一天，当镜子中出现的自己并不是国际模特般的身材，而是如同瓦莱里娅一样，令人惊恐的骷髅，懊悔便更会将你整个人摧毁。正确、健康地去寻找美丽，才能收获最好的结果。

全世界都是病菌：令人歇斯底里的洁癖

来看这样一个男人。

M，外表中庸，性情冷漠，走在街上，他给人的感觉是公务员或者人民教师。而当我们潜入他的精神世界，突兀出来的映像完全暴露了他的性

第四章 | 将心灵撕碎的完美主义者——失控的强迫人格

格症状：他在臆想的其实是马上脱掉自己今天早上才换的新袜子和新内裤，因为他感觉已有细菌侵入，甚至是别人的目光都让他都感到是一种病毒；他想立刻再拆开一套新的内衣和袜子穿上，这种想法让他每走一步都如过刀山。

M其实是一家公司总经理的秘书。这个岗位对人的细致度要求很高，M也表现得十分优秀，对每个任务都谨慎入微，将每件事情都安排得井井有条。当然，他对自身的要求也无比严苛，逐渐演变为了病态性完美主义。

具有强烈病态性完美主义（拘泥于事物的完全性）的人，一旦追求完美事物的想法得不到实现，便会觉得痛苦不堪。而在青年时期，他们的完美主义心理很容易加剧。但与其说具有不洁恐惧的人是害怕不干净的东西，倒不如说他们是害怕自身受异物的侵害。男人M是在强迫性人格的基础上，由于要求事事完美，而逐渐出现洁癖的症状。

再来看看S女，听听她是怎么说的——

"我不敢接触外面的任何东西，感觉上面都有病菌，我不知道我这个想法是从哪里来的，明显不正常，但又控制不住。比如，课桌上脏了，有灰尘了，我就会想：是不是上面也有许多细菌？哎，我自己都控制不了，还老无端怀疑哪个同学是一个乙肝病毒携带者，或是什么传染病携带者。我是怎么了？我不敢碰我同学，也不喜欢别人碰我。

"我现在在家基本不出去了，感觉外面好脏，特别是进入菜市场，垃圾到处都是，我觉得那里的人也肯定不讲卫生。我以前挺开朗的，但我妈是一个有点神经质的人，整天逼我：拿了钱要洗手，钱上面的细菌最多；在外面打了球也要洗手；玩了电脑也要洗手；吃饭之前也一定要洗手，并且每次饭前都要问，假如我回答没洗，她就逼着我洗。家里的毛巾、筷子，是常常都要用沸水煮的；门把手、扫帚把、拖把，是经常会消毒。但是外面的人，不会像我妈那样爱干净，我就会觉得他们很脏，也许身上还有传染病。我不想这样想，但是我每天都要和妈妈生活，或多或少都有点神经质了。我妈是一个乙肝病人，我每隔3年就会打乙肝疫苗，所以我没有被传染。我感觉我妈是不是得病得怕了，害怕我也传染上别的病？"

与男性M不同的是，S女的洁癖更倾向于家庭教育。

土耳其心理病学教授巴津指出，在孩童时代受到家长的严厉管制而无法适时表达个人喜怒哀乐情绪的人，会很容易形成洁癖。

有些病人的父母具有强迫性人格，对病人有潜移默化的影响，病人所受的家庭教育较严格、古板，甚至有些冷酷。于是病人谨小慎微，优柔寡断，过分琐碎细致，与人交往中过分死板、固执，缺乏人情味及灵活性；他们在生活上也过分强求有规律的作息制度和卫生习惯，一切务求井井有条，稍一改变就焦虑不安；有的家长对孩子的卫生要求过高过严，逼着孩子反复洗手、整理衣领，这种强烈的暗示作用，对那些敏感内向的孩子影响更大，也很容易成为诱发洁癖的主要原因。

另一项研究表明，洁癖是导致女性在婚姻生活中性压抑最大的罪魁祸首。可悲的是，性洁癖在相当一部分人中被认为是正常的行为和表现。

婚前，马小姐就有洁癖，可这方面并没有被人发现或谈及，她只是一味执行自己的洁癖习惯——只要客人来吃饭，她基本准备的都是一次性的碗筷，用完就扔。只要客人一走，她就要用酒精将客人坐过的地方擦拭最少三遍以

第四章 将心灵撕碎的完美主义者——失控的强迫人格

上。平时逛商场试衣服的时候,也担心别人穿过,要让服务员在衣服内垫内衬。这些在她看来都是正常的,是她"高大上"的标签,是她品质生活的象征。

直到遇到自己心爱的白马王子,开始了自己的婚姻生活,马小姐的生活开始发生了耐人寻味的变化。

新婚燕尔,马小姐的丈夫携马小姐回到老家拜见父母。整个蜜月期间,马小姐对性生活都显得十分焦虑和紧张。每次与丈夫亲密之后,她就立即冲到卫生间清洗下身并更换内裤。即使这样,她仍然隐隐约约能嗅出丈夫精液的那种特殊气味。第二天早上起来,她会认真检查床单被褥,一旦嗅到一丁点儿异味,就立即放弃当天上午的游览计划,清洗床单或被套,这使她丈夫十分恼怒和扫兴,以致后来夫妻之间频频发生口角。

马小姐的丈夫是东北人,而她本人来自南方。不知内情的公公婆婆,对儿媳的这种举动感到费解,不明白她为什么不抓紧时间去领略东北城市的风光,却将时间花费在没完没了的换洗床单和衣服上。最后老两口一致认为,这一定是南方姑娘特有的生活习性。

结果,蜜月还未度完,马小姐已经对与丈夫的亲密行为产生了抵触情绪,她总是抱怨丈夫每次都把她弄得很脏,丈夫也不知道如何是好。

马小姐的洁癖,使她从一开始就压抑了自己的生理欲望。她的这种洁癖属于肉体洁癖。肉体洁癖是指对自己的肉体及其生理现象,或对异性的肉体及其生理现象抱有厌恶态度,觉得它们丑陋、肮脏,因此,不愿意与之产生亲密行为,这直接影响了她与丈夫的夫妻关系。

此外,日常生活中最多见的,是妻子对丈夫产生精神洁癖,对丈夫的亲密行为乃至一言一笑吹毛求疵,或十万个不愿意地忍受。有的妻子不但厌恶丈夫的气味、味道、分泌液、汗水、声响,而且厌恶本来是丈夫表达爱情的动作，厌恶丈夫获得快乐的神态言语。在实际生活中，这往往是破坏夫妻和睦的元凶。

每个人都有可能出现洁癖。轻微的洁癖很正常，但一旦这种洁癖对我们的生活造成严重影响，就会进而引发焦虑症、恐惧症等心理疾病。

你是否会怀疑我们有时候活得太干净了？是啊，活得太干净也是病，要治！

要缓解洁癖的症状，除了心理辅导外，一些物理疗法也会因个体差异，产生不同的收效，比较常见的是满灌疗法。

首先，让洁癖患者坐于房间内，请其好友或亲属当助手。

第二步，在患者手上涂各种液体，如清水、墨水、油、染料等。在涂时，患者应尽量放松，而助手则尽力用言语形容手已很脏了。患者要尽量忍耐，直到不能忍耐时，才能睁开眼睛，看看手到底有多脏。

第三步，助手在涂液体时应当交替性使用清水和其他液体。这样，当患者一睁开眼时，会发现自己的手没有想象中那么脏，这对患者的思想是一个冲击：说明"脏"往往更多来自于自己的意念，与实际情况并不相符。

最后一步，也是非常关键的一步，就是当患者发现手确实已经变得很脏而忍不住要洗手时，治疗助手一定要禁止他洗手。在这一步，患者会感到很痛苦，但一定要努力坚持住，助手在一旁应积极给予鼓励。通常情况下，只要坚持进行完这一步，患者的症状会有很大的改善。

洁癖是强迫人格的常见表现，并且越来越多地出现于普通人中，它看似很正常，甚至很"时尚"，但的确会对我们的生活造成极大的影响。它的存在是隐性的，形式是复杂多样的，发生却并非偶然的，我们应该足够重视它！

第五章 逃不出的手掌心

——强迫人格者的掌控欲

别想把人家雕琢成我们想要的样子。越"乖"的孩子反而会越叛逆！因为矛盾性是人的特性之一。强迫人格者的操纵欲，不会造就一个乖乖听话的孩子或者伴侣，反而会使他们远离自己的手心，越走越远！

行为绑架：希望把身边的人都变成提线木偶

对于许多人，尤其是具有强迫人格的人，自我价值的体现就是建立在对别人的操纵上的。他们喜欢操纵别人的行为、人格甚至记忆，用这种方法来满足自己的掌控欲。这样一来，身边的人就成为了他们手中的"玩偶"。

对于操纵者来说，强烈的支配欲让他们希望把身边的人变成提线木偶，任其摆布，这种心理的暗示也是有着复杂的前提条件的。其中，以情感操纵最为常见，因为操纵他人的情感比操纵他们的逻辑思维更容易。操纵者可以把他们引入某种对他有利的想法中，这样他就能在不知不觉中获得他想要的。在这方面，操纵者往往试图竭力控制自己的情绪，并让你成为一个优秀演员，需要哭的时候就要哭，该笑的时候就笑，完全顺应形势。大多数情况下，操纵者在对身边的人进行操纵时可能并没有明确的动机，也没有意识到他的操纵行为，但他的确让身边的人不得不违背自己的意愿，成为了他的"提线木偶"。

莉娜初三了，可是她所在的初中并不在一所省重点高中的划片范围内，为了能让她上省重点高中，她的父亲到处奔走，托关系找熟人，终于找到了一所中学，就这样，她离开了相处三年的同学和老师，和父母一起租住到了新学校的附近。可进入新学校没多久，莉娜很快意识到新学校并不是那么尽遂人意的，学校里的同学都不愿意搭理她。莉娜很能体会父母的心意，刚开始她没有把这些告诉父母，为了能融入新同学的圈子中，她改变自己的穿衣

第五章 | 逃不出的手掌心——强迫人格者的掌控欲

风格,重新购买新衣服,换发型,甚至说话时也极力模仿新同学们的腔调,力求和同学们保持一致。她请同学们喝汽水,吃冰激凌,可收效甚微,还是没人愿意主动和她说话。

于是,莉娜决定邀请同学们去KTV,请班里18个女孩参加,费用预计要3000元。莉娜的母亲开始要求莉娜把人数降到6人,而莉娜开始大哭大闹,母亲看到女儿伤心欲绝的模样,只好让步。KTV聚会看上去似乎相当成功,女孩们都说自己很开心,莉娜也露出了转学以来的第一个微笑。但她的微笑只持续到第二天上午。莉娜对她的同学们而言已经不具备利用价值,眨眼之间,昨天欢声笑语的女孩子重新开始对她冷若冰霜。

这些女孩无情地操纵了莉娜。这些女孩子知道,只要让莉娜保留一丝加入她们圈子的希望,她们就可以毫无顾忌地玩弄莉娜于股掌之上。当然,从另一方面说,莉娜也同样操纵了她的父母,特别是她的母亲。

在挪威戏剧家、诗人易卜生的代表作——三幕话剧《玩偶之家》(*A Doll's House*)中,主人公娜拉从爱护丈夫、信赖丈夫到与丈夫决裂,最后离家出走,摆脱玩偶地位,实现自我觉醒。《玩偶之家》曾被比做"妇女解放运动的宣言书"。在这个宣言书里,娜拉终于觉悟到自己在家庭中的玩偶地位,并向丈夫严正地宣称:"首先我是一个人,跟你一样的人,至少我要学做一个人。"以此作为对以男权为中心的社会传统观念的反叛。而娜拉的丈夫海尔茂所表现出的操纵欲望和玩弄他人人格的做法,完全就是一种打破极端禁忌的行为,里面包含了人类强大的控制欲。许多人不仅仅是对控制他人的行为有极大的兴趣,而且还希望改变他人的人格,操纵他人的思想。

希尔和一对情侣朋友一起去饭店用餐。到了饭店后,情侣中的男士说"女士优先",让她们点菜。于是,她们两个选了几个菜。但是,等服务员来后,这个刚才表现得无比大方的男人却一一否定了她们选好的几个菜,说她们点的几个菜都不够地道,然后点了他自认为的"够好"的菜。

"这种人,真让人受不了。"希尔说,"既然他自己那么有主意,一开始他自己点不就得了,干嘛还让我们费心思?"

对于控制者来说,你的想法不值一提,他们根本不关心你的想法,拒绝真正了解你。

有些人说,喜欢让身边的人受自己的控制,是人的占有欲的表现;但对某些人而言,获得对自己的人生和自己周围的人的控制权,是非常重要的,因为控制可以减轻他的紧张感,这种紧张感可能是从幼年时期就固执的安插进你的人格深处的——

小时候,你会有望子成龙的父母,给你的每个晚上和周末排满了钢琴课、书法课、美术课、英语课……等进了小学,母亲关心的就是你的同桌到底是不是个品行好的孩子,你的朋友圈子到底怎么样,会不会耽误你学习。等进了中学,你为了满足父母的预期,为了上本区最好的高中,不得不拼命学习,于是开始各种补习班。等好不容易进了大学,你发现自己不知所措,被管束得太久,已经不知道如何安排自己的生活,有这种感觉的还有你的舍友,于是你们开始逃课、打游戏、泡酒吧。等到毕业,揣着重点大学的文凭,却发现这个社会最不缺的就是重点大学毕业生,自己傻傻地无法融入这个社会……这就是提线木偶式的人生。

这种控制别人的心态会延续下去,就像遗传因子一样。就像人类在探求自我同一性的同时,内心也存在着想要从自身人格中逃离的矛盾心理,从这一层面上看,现代人既是玩偶的操纵者,同时也是住在玩偶之家的人。

操纵孩子，是为了塑造另一个自己

最容易建立起操纵关系的，就是父母和孩子，这种操纵模式，几乎存在于所有家庭中。

孩子和父母间的亲缘关系，决定了性格上的趋同性，也决定了一种家庭式教育的长期存在。从襁褓婴儿走向社会的过程，在一个人生命历程中最有意义。在父母的影响和干预下，孩子终究会长大，他终究会具备自身的个人人格。在长大成人的过程中，孩子会将他人看成一种独立的存在，并学习如何与他人发展双方之间的关系。在孩子与他人发展成对等的相互共鸣的人际关系的同时，他们与父母之间的关系，也会转变成为一种相互独立的关系。

也就是说，即使孩子是在父母的要求和意愿下成长的，但他们终究是不同的个体。

可是很多父母没有参悟这一变化的真实涵义，他们可能被孩子孩提时的幼嫩和懵懂所蒙蔽。在他们看来，所谓的控制，不一定是个贬义词，因为你也再不好找到一个词来阐明他们这种行为的真正意图。如果一位母亲约束一个刚刚学步的孩子，不让他跑到大街上去，我们不能管她叫过度地控制孩子的人，而是说她谨慎。她这是被孩子需要保护和引导所驱使，对孩子进行切合实际的控制。

一般来说，人格会随着角色的转变而发生变化，一旦成为父母，强迫人格的特征就会瞬间显现出来，尽管在之前，他们并没有这方面的倾向。许多父母会将自己的愿望投射到孩子身上去，让孩子代替自己实现没有达成的理想。这样一来，孩子在他们看来就只是他们的"自体客体"，就跟他们所饲养的宠物没有什么两样——"你是我的孩子，你不需要拥有自己的思想和喜好，你只能按照我说的来做！"如果家长总是硬性地介入孩子的性格成长，以自我为中心，对孩子实行纠错矫偏，这虽然在一定程度上帮助孩子摆脱了某种性格和生存上的危险态势，但也是其逆反心理和压抑感的主要来源。可以这样说，他们培养出来的，不过是一副变形的躯体和一颗扭曲的心灵。

凯蒂25岁了，她最近非常苦恼，因为大学毕业后没找到称心的工作，这让她和父母之间产生了巨大的矛盾。他的父亲还是希望凯蒂能继续学画，在这方面，他可以为她提供一切帮助。而凯蒂却很想去学习投资和管理，想做一名金融分析师。更让她难以接受的是，她找了个当老师的男朋友，而父母却逼着她嫁给一名企业家。

"为什么你们总是这样呢？好像我做什么都是错。我不当画家和爸爸有什么关系？我同谁结婚和你有什么关系？你什么时候能放开我呢？我已经是个大人了呀！为什么每当我自己作出决定的时候，你那副样子就好像是我大逆不道似的？"凯蒂终于忍不住，向父母连发炮弹，她积压在胸口的苦楚，需要找到一个释放的理由和时机。

"亲爱的女儿，你知道当你想挣脱我的时候，我是多么痛苦吗？我在你身上倾注了我的全部，我真担心你会犯可怕的错误。我是过来人，我已经走过了大半的人生，你为什么不相信我的决定呢？你对我的违逆，令我多么痛苦啊！我宁愿死，也不愿意感到自己是个失败的父亲。"凯蒂的父亲老泪纵横，道出了对女儿的失望。凯蒂的母亲则喃喃自语："这都是为了你好！"

凯蒂的父母一方面想操纵凯蒂，让她按照他们既定的思路去生活，这个生活可能是她的父亲在年轻时的梦想——做一名画家。另一方面，他们又担心他们会被凯蒂那已经开始独立的人格和思想抛弃,这让他们有莫名的惶恐,甚至让他们开始变本加厉地对凯蒂实施模式化管理。他们这样做的目的，也在暗示凯蒂："你根本没有独立生活的能力，你还需要我们的陪伴和扶持。"

这类现象在当今社会并不乏实例，过度控制子女的父母在很大程度上把自己同一种家长的角色绑在一起，因此孩子独立后他们便觉得自己被出卖和遗弃了。而这种操纵所具有阴险性的一点就是他们对孩子的统治是以"情感绑架"的形式出现的。像"这是为了你好"、"我这样做是为你"、"只是因为我太爱你"，这一类的话其实都出于一种用意："我做这一切都是为了你，如果你违背了我的意愿，那你就真是个令人失望的孩子！"

事业和婚姻成了当下父母和成年孩子间最容易产生矛盾的两大焦点问题。有些父母是在刻意规划孩子的事业线，有些父母则会对孩子的婚姻关系采取责备、挖苦和预言其失败的方式进行攻击，这些策略制造的动乱破坏了子女的婚姻关系。

而对于还未成年的孩子来说，他们的思想和人格也不是完全没有独立性的，但家长往往很"擅长"将这种独立性抹杀掉，让孩子听从自己的意愿。生活中，我们常常听到家长对孩子说："快回家吧，要不妈妈生气了！""你再不好好吃饭，奶奶生气了！"等等。大人们似乎认为，只要让孩子意识到家长生气了就会乖乖地听话。事实上，家长总是对孩子说"我生气了"，就是企图在用自己的情绪操控孩子，很容易影响孩子的心理健康。有心理研究显示，这种教育方式会让他形成消极的负面人格，产生自卑、内向、忧郁的心理，而且害怕与人相处，久而久之，就会形成扭曲的人格。

同时，父母在社会环境下的压力很容易转嫁到孩子身上，"为了以后不那么累，那么苦，你们现在就要开始奋斗！"——钢琴、书法、跳舞、表演……

而这一切，都是建立在父母自己的意愿上的。

英国著名的唯美主义作家奥斯卡·王尔德，5岁之前都是被母亲当成女孩来培养的。母亲在生下大儿子，也就是王尔德的哥哥后，特别想要再生一个女儿，为此，她早早地为还未降生的第二个孩子准备好了衣物——全是女孩穿的。然而，王尔德的出生完全打乱了母亲的计划。按理说，这个时候，正常的母亲会扔掉之前准备好的衣服，接受刚出生的孩子是男孩的事实。哪知，她还是坚持自己的想法：既然生的不是女孩，那么不如干脆把他当女孩培养吧！

在这种性别颠倒的教育之下，长大之后的王尔德，出现了极其明显的同性恋趋向。

不仅如此，王尔德的理想也被母亲进行了操控，那就是长大以后一定要出名。王尔德的母亲在年轻的时候有过非常美好的梦想，并且坚信自己会成为一个不平凡的女人。可惜的是，她最终没有达成目标。这样一来，她就将自己绚丽的梦想留给了自己的后代，并将自己的种种想法植入了王尔德的心理——王尔德从小的口头禅就是："我以后要出名。"

如果不能一鸣惊人，那么生命就是完全没有意义的。在这样的人生理念下，王尔德开始变得十分疯狂，他想尽一切方法进行创作，终于成为了人们狂热追捧的作家。不过，这些似乎还不够。为了满足母亲对盛名的渴望，他继续进行颠覆性的创作——他甚至写出了令人震惊的低俗、恶劣的作品。随着创作动机的扭曲，他的生活也陷入一团乱麻。后来，他甚至违反了当时英国的法律，被判入狱。

操纵的另一个表现形式，就是权威式的教育。这种教育方式是公开的，

第五章 | 逃不出的手掌心——强迫人格者的掌控欲

可以让你感受到的、赤裸裸的。"照我的话去做，否则我再不理你了。""照我的话去做，不然我就再也不给你钱了。""如果你违背我的意愿，你就是不孝子。"

军人家庭出身的戴维和莫西是哥俩，他们的父亲从小就按照军事化管理的方式来规定他们的日常生活：按时作息，睡前报告，床被的叠置，洗漱用品的摆放……事无巨细。莫西是弟弟，他很有艺术天赋，性情温和，可他的爸爸却对他的文艺气质感到担心，认为这是柔弱、"伪娘"式的性格体现，这就让父亲更加注重培养莫西的男子汉气概。寒冬里，凌晨5点就让莫西去跑早操，一个月下来，莫西的手被冻得裂开了口子，流着眼泪问父亲，能不能歇一阵子，可父亲说："你简直不像个男子汉。"

整个寒假，15岁的莫西感受到毫无乐趣，父亲施加的压力让他如履薄冰，这让他绞尽脑汁。终于有一天跑早操时，他强迫自己脱光上衣，在寒风中裸奔，他这样坚持了近一个小时，最后瘫软在操场上。

莫西后来被确诊为慢性肺炎，他的自虐和强迫行为，让父亲放弃了对他的一切改造计划。莫西表现出的这种极端行为，就是为了转变自己一直以来的逆来顺受的态度，从而到得到报复的快感，他身体的病痛却成了治愈他心理折磨的一剂良药。

优越的物质条件和巨大的权力，通常会让人逐渐拥有强迫人格——他们对外界的掌控欲是平常人的许多倍。这也就能够解释为什么商贾阔佬、社会名人、官家大户，这些家庭的孩子往往会变得要么放纵自我，要么过度约束自我。父母光辉的形象让孩子笼罩在他们的期许和诉求中，而那种黑暗的操纵像悬崖一样深不见底。酗酒、醉驾、吸毒、堕落、无秩序、无道德、无价值，叛逆抗拒的人格没有让他们去实现操纵者的另一个自我，而是让他们走向了另一个极端。

《好妈妈胜过好老师》的作者尹建莉曾说："被操纵的孩子不由自主地把心思用于反操纵上，他会渐渐变得毫不在乎大人的话，堕落，并且丧失理性和自爱之心。"稳定的家庭关系并非建立在相互操纵之上，而是在于，家庭成员在情感纽带的联系下，互相保持个体的独立性。

情侣间的博弈：是爱，是性，还是支配欲？

"性别之战"（Battle of Sex）也被翻译做"情侣间的博弈"。情侣间会存在博弈？这样的命题或许不会让人买账：情侣是恋人，是心仪的对象，怎么会跟对手和敌人一样呢？难道情侣是在下一盘情感的棋局，从运筹帷幄的布局到中盘的纠缠厮杀，再到最后的逼宫绝杀？

答案是肯定的，情侣间的博弈无处不在。情侣间的博弈其实更多的是生存压力的变奏，是一种不可预见的"暗箱操作"。这种博弈的存在，甚至浸濡到学术理论的界域。弗洛伊德就认为，情侣间的斗争有时是以感情和性为筹码的，两性间的融合度，也间接影响到性格的塑立。弗洛伊德最得意的门生之一阿德勒则认为，人类的诸多行为实则受到支配欲的控制，当然，也包括爱情。

爱情里的支配欲，在强迫人格的人身上表现得最为明显。希望能够掌控一切，是强迫人格者的特质，所以，他们通常不能接受任何摇摆不定且容易消失的事物。然而，爱情本身就是不稳定的，这就成了他们面对感情时的矛

第五章 ｜ 逃不出的手掌心——强迫人格者的掌控欲

盾所在——在具有强迫人格的人眼里，感情是不可靠的，是飘忽不定、稍纵即逝的，这与他们能够接受的事物恰恰相反。

如果让他们选择一种与恋人相处的方式，他们大都不会选择与爱人平起平坐，而是比较倾向于一种垂直的、单向控制的模式：非上即下；非你即我；一个是锤子，一个是砧板。他们认为，一方必须服从另一方，这才是恋人间最安全的相处方式。然而，谁喜欢当"砧板"呢？于是，感情在他们心里悄无声息地变成了一场权力斗争。这样一来，具有强迫人格的一方会将伴侣视为自己的私有财产——"你必须听我的！"

H女士的婚姻出了状况，找到律师，让他替自己拟定了一份"夫妻相处合约"。合约中规定了他们生活中的方方面面：谁打扫卫生，谁负责打理院子里的花草，家庭经济由谁管理，假期如何安排，家具如何摆放……最后甚至涉及性生活的频率，每次亲热的时间，以及亲热的地点。合约上还载明了约束丈夫的一些条款，比如，购物前必须与自己商量，不能在家里抽烟，鞋袜必须摆放在规定地点，每晚10点以前必须回到家，等等。而且合约上清楚地标明了每次未遵守这些规定而应该受到的种种惩罚：罚钱，罚做家务，罚不能进行他喜欢的户外活动。她坚信这些条条框框能够使他们的婚姻生活简单化，并且会牢牢掌控在自己手中，她认为只有这么做，婚姻才不会出问题。

结果很明显，她的丈夫拒绝了签署这份"奇葩"的合约。

她以为自己的婚姻进入这种模式化状态，一切问题就会解决。但她明显走入了一个误区：抛开了感情因素，强迫自己将婚姻关进了"笼子"里。这个例子也可以说明一点：强迫人格者在与人相处遇到问题时，往往不会选择让步，即使他知道自己并不正确，也会坚持自己的立场。这种性格特征也很容易使情侣关系陷入死局。

恋人之间的相互操控，又与其他关系不同，上司与下属、父母与孩子之间的操纵大都是单向性的，而情侣之间大都是两者默默对峙，是双向性的。职场上的对抗是缘于利益，亲人间的牵制则是因为血浓于水的亲情，这两种博弈方式大都趋于明朗化；而情侣之间由于感情本身的错综复杂，则更加令人眼花缭乱，不知所措。其实每个人都有支配欲望，都渴望将自己的意志强加在爱人身上，支配者是主动的强加，而被支配者则是委婉的强加。就像棋局中，一方是声势凌厉的"当头炮"，另一方只好顺势而为回应"把马跳"一样。

M夫人的丈夫M先生是个网络工程师，平时少言寡语，唯一的爱好就是上网打游戏。但由于他俩是在网上相识的，M夫人总担心丈夫会在游戏里又认识不三不四的女人，为了这件事他们在婚前婚后吵过几次架，而且吵得很激烈，最后M夫人提出"分床"："你去玩你的游戏吧，以后不许碰我！"结果，两周下来，老公最后"投降"，表示愿意为M夫人放弃玩游戏。

后来，虽然M先生在闲暇的时候不玩游戏了，但对M夫人的态度也冷淡了许多。即使他闲着无聊，也绝对不会与她讨论他们之前都感兴趣的话题了。

在这场博弈中，M夫人先是以性为筹码，让老公败下阵来。在他看来，M夫人的支配欲给他带来的压力是情感上的一种诉求和标注，这有关乎爱的成分在其中。当一个人表明他（她）的所作所为是在爱你的时候，你再强大的支撑也显得有点站不住脚了。这种以爱作为筹码，来控制恋人的伎俩，也是强迫人格者的惯用手段。而在上述案例中，作为被支配者的M先生，也

第五章 | 逃不出的手掌心——强迫人格者的掌控欲

选择了以"冷暴力"来回击。

在支配与被支配上,有明显的两性差异。因为种种原因,男人的支配欲望常被美化,或起码被合理化,而女人似乎只能依赖和服从。人类历史上这么多年以来一直如此。而在当下,女人在恋爱和婚姻中的支配欲渐入佳境,成了霸主和被隐喻的"女汉子"。不论是女权主义思想也罢,还是阴盛阳衰的论调作祟,现实生活残酷的写照让更多的男性成为支配欲笼罩下的傀儡,最终走向受支配的一方。

"我是找妻子,又不是找老妈,我很讨厌雪莉密不透风式的爱,她给我一种窒息的负担。和她沟通也很难,她从不认为自己有什么不妥,反而认为是我不懂得知足,真不晓得我俩到底谁有病。"马克尔对朋友道出了心中的苦闷。

马克尔今年24岁,女友雪莉和他同岁。恋爱有一年多的时间,他却始终处在与她分手或继续的犹豫中。雪莉可不管那一套,她看到男友对自己汹涌澎湃的爱意视而不见,对她频频发去的秋波置若罔闻,雪莉不仅不恨他,反而挑起了无比的征服欲:"你不爱我,我偏偏要黏着你。"

马克尔有一只手掌大小的宠物——蜥蜴,精巧的三角头,满身的鳞片。马克尔敢说,大多数女孩看见这玩意儿都会发出恐怖的叫声,而在他出差或忙碌时,喂养蜥蜴,打扫卫生,全由雪莉一人代劳。说实话,马克尔倒希望雪莉能像自己的表妹那样,看见这只另类宠物,边尖叫边骂道:"要死啊你,养这么恶心的东西!"雪莉这种"我做一切都是为了你"的态度,让马克尔感到很有压力。

最让马克尔丢脸的一次是,他的高中同学从法国休假回来,几个铁哥们儿约好给他接风洗尘。可气的是,席间,雪莉不停地指责马克尔没有尊重同学的饮食习惯，应该去吃法国菜。

"拜托，我同学去法国才一年，他可是地道的美国胃。"马克尔感到十分恼火。好友们来回飘移的眼神，使他如坐针毡。再看看雪莉那副"马克尔，我是为你好"的挑剔的面孔，他真有种挫败感。

"她的存在似乎就是为了证明我是个白痴，我所做的一切都是错误的。"马克尔抱怨道。

生活中我们总会听见有人说某某是"公主"、"少爷"，之所以这么说，是因为这些人支配欲强，有着强迫人格。有"公主病"的女生为什么总喜欢找那种对她千依百顺的男人当男友，除了正常作为一个女生希望被疼爱外，其根本原因是因为这些"公主"们从小就养成了一种支配别人的习惯。但是社会不比家里，所以许多长大后的"公主"都曾遭遇到被他人抛弃的经历。为了追求爱情中的安全感，她们会选择支配欲比自己弱的男生作为自己的伴侣。这样一来，爱情似乎就牢牢掌控在了自己手里。

而在婚姻生活中，通常当男性赚钱比较多，成为一个家庭的主要经济来源时，他的强迫人格就会显现出来：他会通过降低妻子的地位、不让她出去工作或贬低她的工作来达到操纵她的目的。他会像对待一个无法独立思考的小女孩一样对待她：他不会对她凶，反而会柔声细语，可是不论妻子怎么做，他都会给予否定。她购物回来，他会责备她"被骗了"、"下次一定要小心点"、"不应该受导购员的蛊惑"。有时为了动摇妻子的地位，他会批评她的背景，从她父母、朋友的行为中找出些许的不妥。他甚至还会批评妻子的智商："你怎么这么笨，这都做不好！"无论她如何贤惠，他永远会觉得整理得不够整齐，食物永远都煮得不够好吃——即使比饭店里美味一千倍。

这种用批评所组成的心理暗示，会达到很"不错"的效果：妻子终于觉得自己是"没用的"、"愚蠢的"、"毫无价值的",于是心甘情愿地处于被支配的地位,再也无法独立作决定,只能满怀焦虑地等待丈夫的认可。她做每件事前,都必须先听听丈夫的意见——她完全成了丈夫的提线木偶。

当情侣之中有一个人出现了这种强迫人格倾向,两者的感情就会失衡。情侣关系毕竟是建立在爱情的基础上,如果硬要以权力欲去维持,以某一方的意志为主,这种爱情必定危机四伏。

第六章 当天空失去了颜色
——绝望的忧郁人格

忧郁是艺术灵感的源泉?这一点尚无定论,但可以肯定的是,忧郁人格者在人际交往中永远处于"劣势地位"。他们害怕自转,倾向于公转,似乎一生都是为了别人而活。

忧郁人格：世界都是灰色的

现代人生活在极大的压力下，烦恼也就随之滋生：找不到好工作要烦恼，找到工作后不知道如何处理工作要烦恼；失恋了要烦恼，找到恋人之后不知道如何与之相处要烦恼……于是，"忧郁"这个词似乎已经变成了大家的心理常态。

抑郁症折磨着数以百万计的人，古希腊人的医学之父希波克拉底称之为"忧郁症"，并认为是人体内黑胆汁过多造成的，因此，抑郁（melancholy）这个词的原意就是黑胆汁。哲学家柏拉图认为忧郁是产生于内省和自我认知之中的，所以那些具有创造性的人往往会得抑郁症，因为他们总是会因为想得太多而情绪低落。其实，抑郁症已经不再是具有创造力之人的专属，现代社会，每个人都有可能陷入抑郁之中难以自拔。在德国心理学家弗里兹·李曼的人格心理学理论中，忧郁人格已经成为人格体系的一大分支。

很多人将忧郁人格归结为是由社会环境造成的，那只是一个片面的判断。那些自甘堕落、放荡不羁、我行我素、自暴自弃者，无论你给他一个什么样的环境，他们都会陷入失落和忧郁中。他们的眼中世界是一片雾蒙蒙的天空、昏暗的街道和静默如蚁的人群，他们穿梭其间，感觉到的是毫无生机的绝望与对自身的厌恶，没有让他们能够提起一点兴趣的事物存在，成功与否，得失多少都似乎变得不重要了。

忧郁人格的表现很明显：在生活中总是感到烦恼重重，老是胡思乱想，心情低落消沉，并且表现出一定程度的社交恐惧，想让别人喜欢自己，但又

第六章 | 当天空失去了颜色——绝望的忧郁人格

不知该如何与人接触,总让人感到压抑,心理对人际关系很敏感,甚至对自己心生厌恶。"世界到底怎么了?还是自己的世界出了问题?为什么任何事情都让我感到没有意义,没有迅速行动的动力,没有怦然心动的理由。"这些问题常常在忧郁人格者的脑子里盘桓。

忧郁人格的出现也是有契机的。每个人都有隐藏着的忧郁人格,通常,当发生重大变故,或者角色发生转变后,比如毕业、退休、搬家、换工作等,他身上曾经隐藏的忧郁人格就会顺势出现,从而产生一系列的心理变化:很容易情绪低落,觉得生活了无生趣,整天郁郁寡欢;睡眠质量也很差,无缘无故地会因为一点小事就哭泣,食欲不振,身体感觉极度疲乏;由于强烈的内疚感总会因为做错一点儿小事责备自己,感到恐惧、慌张、全身绷紧、背部疼痛;觉得人生毫无希望。

35岁的阿罗最近明显感到自己陷入了忧郁之中,这不仅给他带来了惊悚的梦魇、抓狂的情绪,甚至有厌世和暴力倾向。这些的问题症结都归咎在他的工作调动上。本来在一家广告公司当设计部副主任的阿罗,正值当年,并被公司老总委以重任,有希望来年就接替主任,当上部门的一把手。可就在这个节骨眼上,在阿罗朋友的引荐下,一家大规模的国际广告集团公司向阿罗投来了橄榄枝,想聘请阿罗去集团设计部工作。这让阿罗一时处于"两难"的境地。一方面,阿罗希望自己有更大的发展空间,有更丰厚的实际收益,有出人头地的抓手和机会;另一方面,阿罗在原公司已经干得风生水起,而且有上升的前兆,如果跳槽,意味着以前的打拼和成果要付诸东流,又要从头干起。阿罗征求家人和朋友的意见和建议,思虑再三,决定加入国际广告集团公司。

可事与愿违,加盟到国际广告集团公司设计部的阿罗,一开始工作就感受到了空前的压力。他在设计部没有任何职务，只是新来的普通设计人员，而且要处理一大堆的外国资料和设计样稿，这让外语水平一般的阿罗有些吃不消。可最大的问题还不在于此，设计部的人员关系复杂，汇集了国内外的各种精英，他们对阿罗的到来似乎并不买账，对阿罗的态度也是爱搭不理的，这与以前公司员工见了他都点头哈腰、笑脸相迎的情况形成了巨大的反差。这些变化让阿罗感到很痛苦，他以前本来就有的忧郁症爆发了：失眠盗汗、无精打采、思虑过重、敏感多疑、不愿交际等问题都在他身上显现出来，他的脑子里充满了混沌和绝望。他甚至想再回到先前的公司，可脑海里"好马不吃回头草"、"哪有脸面再回去"的回音，让他陷入了更巨大的苦恼中。短短的一个月的时间，阿罗判若两人，他的生活从色彩斑斓、景色怡人的麦田一下跌入了荆棘满布、豺狼横行的深渊……

如阿罗一样，当一个人的角色和地位忽然发生了变化，他没能及时适应这种变化，那么他的忧郁人格就会立即启动。如果不及早采取相应的心理疏导，阿罗可能会陷入更危险的精神藩篱中不能自拔。在忧郁人格出现的早期，这种现象如果不加以重视，势必会在忧郁人格者心中埋下潜在的危机和焦虑的种子。如果真有那么一天，一个忧郁人格者摆脱了抑郁的困扰，回过头再看那段经历的时候，他会想——"我当时怎么那么糊涂，不会换种方式，换个思路，来解决那件事情吗，哎，自己当时真的好愚蠢！"可如果他还是一个劲儿地钻牛角尖，和困扰他的问题纠缠到底的话，忧郁人格者很可能会走入思想真空地带，那里除了问题的各种表现形式和动机，就是他受制于这些问题的思想上的折磨。

大部分的忧郁人格者处于沉闷、自闭、挣扎、焦虑的边缘境地：在痛苦的经历中徘徊，在失意的打击中踌躇，在困惑的现实前迷失，在无望的前景

第六章 | 当天空失去了颜色——绝望的忧郁人格

前焦灼。尤其是那些平时就多愁善感、追求完美的女性,她们在遭遇一些变故,或者由于社会角色发生变化后,会产生许多情绪上的不良反应,茶花女、林黛玉、安娜·卡列尼娜……这些悲情的文学人物似乎都显现在她们身上一般。

试举一例:

玛丽痛苦地感到,她什么都做不好——一切都变得那么吃力,可是地板看上去还是那么脏,橱柜显得还是那么乱。

"为什么结婚后我要做这些呢?"她绝望地问自己。每天早上,玛丽总是在丈夫泡澡的时候去厨房准备早点,而楼上欢快的口哨声让她的心情异常烦躁:面包再一次烤焦,荷包蛋的形状还是那么奇怪……啊!香肠已经开始裂肚了,等她设法去拯救时,油溅到了她的手臂上。她瘫坐在椅子上,看着早餐毫无胃口,她再一次怀念婚前那个无忧无虑的自己,感到此时此刻无比的无助、绝望。她只想再次躲回自己的房中,将头埋在被窝里,就这样度过一天。

值得一提的是,忧郁人格者有时候对这些压力的释放并不是刻意的,而是通过另一些"生活的事件"来遮掩和替代,就如同产生抑郁的事件代替了他以往的心理健康期一样。随着事物的变化,生活总是在波峰波谷间游弋,而忧郁人格者的心理变化也是如此。

——"考上了重点大学,这看起来是好事,可对我来说并不是好事。应该说,简直是糟糕透了!学校里每个人都是人才,我压力太大了。而且,毕业后要是找不到足够好的工作,那简直太丢人了!"

——"真是人倒霉,鬼吹灯,放屁都砸脚后跟啊!好不容易约到了个女孩，可对方竟然放我鸽子。想上网跟朋友倾诉，结果停电了；想出门走走，结果半路上车被蹭了！"

——"女朋友跟我吹了，我也不知道为什么会这样。她说我缺乏浪漫，可我整天除了工作就是在陪她，陪她吃喝玩乐，给她想要求的一切，还要怎么浪漫啊？我身心疲惫，别提多累了。"

——"这房价也忒贵了，动辄就1平方米1到2万元，我一个月工资才3000元，这要买个房结婚，怎么着也得'啃老'和贷款啊！生活看不到未来，真是想死的心都有了。"

从这些自述中可以看出，忧郁的影子可以覆盖到他们所遇到的任何事情上，所有的事情在他们看来都是充满危机的：遇到了他梦想中的另一半，他们可能会担心对方出轨；升了职，他们可能会担心自己无法胜任岗位；换了新房子，他们可能会怀疑施工者偷工减料。不过，他们并不会正面对待这些矛盾，在他们看来，"漠然的对待"要比"较真的细察"更能让他们感到舒适。他们会牢骚满腹，但并不会采取积极的行动去解决问题。他们会选择刻意忽略当下出现的矛盾，而矛盾本身却又实实在在地折磨着他们。比如，当有人触犯了某个忧郁人格者时，尽管他心生不悦，但还是会选择息事宁人。这并不代表他真正产生了宽容之心，原谅了对方——他依然因为对方的行为而感到不快。

可见，忧郁人格者往往是把自己逼向了死胡同，这就要求他们对自己的思想进行转变。面对生活中的矛盾，不要选择模棱两可的态度，而要正视它们，并积极应对。比如，因为房价过高而陷入失落之中，那就告诉自己，只有努力工作才能还清房贷，而怨声载道则于事无补。再比如，对于对什么事都缺乏兴趣，认为任何事都难以成功而干脆什么事不做的人，可以采用"积极工作计划",即制定一个日常生活工作表,以提高和激发他们的兴趣。而做计划本身,就是暗示他们自己要开始关心自己的日常生活了,无形中就改变了他们的生活态度。

情感依赖:从别人身上获取安全感

我们已经说过,忧郁人格者的表现之一就是社交恐惧。他们不善交际,或者说根本不愿意交际。然而,这并不代表他们不愿意与任何人接触。事实上,他们在拒绝接触陌生人的同时,会与自己亲近的人产生一种非常微妙而又纠缠不清的关系——他们似乎将自己的一切都依托于自己所信赖之人身上。用心理学家弗里兹·李曼的形容就是:"如鸵鸟一般,把头埋在生命的深渊的沙子里,虔诚地相信对方是一个大好人。"这种现象也被称为"情感依赖症"。

一个人的社交圈太窄,就会将所有情感和快乐都寄托在一个人身上,情感依赖症就会乘虚而入。对忧郁人格者而言,他们更容易产生情感依赖症。他们可能会放弃自我成长,一切都以他人为中心,宁愿为了别人而活,情绪起伏也是因他所依赖的人而定——这就是他们表达爱和寻找存在感的方式。用弗洛姆的著作《爱的艺术》中的描述,就是"我需要你,因为我爱你"、"我爱你,因为我需要你"。在他们看来,依赖一个人,会产生安全感——事实上,他们的安全感往往来自别人。

女性更容易产生情感依赖症,与她们温顺、柔弱、被动的个性有关。这些女性的生活往往比较单调,交际圈很狭小,接触的新鲜事物也不多。

因此，当她们通过某个人而排解了压力，获得了愉悦的心情后，往往容易对这个人产生迷信的心态——以后每逢需要安全感，就会向对方伸出求助之手。为了保持这种情感捆绑的关系，他们甚至无条件地认可对方的一切举动。

一位已婚少妇说："我和戴维结婚十年了，他是个非常聪明的人，而且十分能干，你从我们住的豪宅和开的豪车就可以看出来——这可是他白手起家赚来的。我已经七八年没有工作过了，因为戴维能给我所需要的一切。他那么幽默，那么有风度，在精神上也能够满足我。噢，可是，怎么办呢？我先生现在和一个年轻的姑娘走到一起了！那个女孩我认识，她的确很漂亮，很迷人，我先生一下子就被她勾引了。我敢肯定，绝对是她勾引的他。我很难过，我悲痛欲绝，可是我不能责怪他。因为他本身就具有吸引力，这是让众多女孩喜欢的原因，我怎么能够因此而恼怒呢？而且，我一旦表现出不满意，他一定会认为我小家子气，觉得我跟一般的传统女人没有什么两样，只会吃醋。这样，他会不会一脚把我踢开？我只要乖乖地做他的太太就好了，就像他说的：男人嘛，逢场作戏总是免不了的，做妻子的得开看点。"

忧郁人格的人对亲近和归属有种盲目、过分的渴求。这种渴求是非理性的。为了能找到一座靠山，时刻得到对方的温情，他甚至可以放弃自己的人生观，但这种行为模式会使他自己越来越脆弱、懒惰、缺乏自主性。因为处处委曲求全，有忧郁人格的人会越来越压抑，这种压抑会进一步阻止他为自己干点什么或者有个人爱好，也就会加重忧郁人格的程度。

这种关系在情侣关系中表现得最为明显，他对恋人照顾得无微不至，并热衷于安排对方的生活；常常翻阅对方的手机短信，过度知晓对方的私人空间；恋人外出则心神不宁，时时刻刻都担心对方抛弃自己，等等，在外人看

第六章 | 当天空失去了颜色——绝望的忧郁人格

来,他有极强的家庭责任感,但恋人和家人却觉得无法忍受,并因此产生不满情绪,而他却万分委屈,觉得自己并没有错:"我为你付出了一切!"

在忧郁人格者眼中,他们始终处于一种期盼、渴求的态势,试图依赖着伴侣活下去,甚至可以完全按照伴侣的方式存活——他们认为这种方式能够创造出亲密无间的关系。于是,他们甚至可以改变自己,克隆情侣的生活模式和行为规律,把自己雕琢成和伴侣一模一样的人。在这种情感体系里,他将对方变成自己的主导,时刻揣摩对方的心意,"单方面与对方形成默契";他们知道伴侣喜欢喝什么样的饮料,讨厌什么颜色的袜子;他了解对方对待事物的观点,并且完全赞同对方的任何意见;他理解并试图参与对方的嗜好,以此达到共同的生活模式。

然而,这种忧郁人格者攀附依赖的心态会使两性世界走向两个极端:如果伴侣能接受这样的情感寄居,那么他们的确会十分和谐;相反,如果伴侣对这种感情模式无法接受,就会产生厌烦的情绪,那么结局必然是悲情和绝望的。

茉莉非常依赖自己的比尔,所有的事情都要和比尔一起做,和比尔同进同出,时刻不愿分开。最后到了什么程度呢?茉莉的朋友们渐渐开始疏远她了,因为她们感觉跟茉莉的空间和时间全部被剥夺了,茉莉的世界里只有比尔,这让她们感到没必要再和茉莉交往下去了。茉莉一有空就去找比尔,想到什么事情了,就立刻去找比尔商量,而且非常听比尔的话,几乎到了言听计从的地步。每次出去买东西,茉莉一定要比尔陪同她,因为如果身边没有比尔,她就无法做决定。所有要买的东西,都需要让比尔过目,如果比尔觉得喜欢,茉莉就决定买了。最终,比尔还是和茉莉分手了,比尔说,他实在受不了茉莉给他的压迫感,他感觉失去了自由。

微人格心理学

忧郁人格者的依赖性和同理心使他们成为了精神上的柏拉图：他不需要距离，他的爱情能够穿越一切阻隔，冲破一切世俗的观念和物质的桎梏，融合成为一种共享的情感，"你中有我，我中有你"。他们可以付出、奉献一切，一心一意为对方考虑，就像菟丝花一样，依赖对方，缠绕寄生。这类人沉重的爱情背面，是隐藏着的侵略性。这种温柔的压迫，往往使伴侣喘不过气来。

"我爱你，这与你无关"，听着是一句深情的告白，但却可能会令人窒息。尽管在意识层面，你的出发点是善意的，但往往只是为了满足自我的需求和制造安全感。所以，反思自己平时给予别人的爱是否适合别人，是别人真正的需要，还是你自以为是的付出。否则，你就成了一个让人既爱又恨的人，谁都不情愿永远生活在你的阴影里。

即使忍受痛苦，也绝不轻易说"不"

丽萨和一个男人结婚了，这让她很苦恼，因为她并不爱这个男人。

她和这个男人是在咖啡馆认识的。那个男人看起来文质彬彬，也很有礼貌，他主动过来找她聊天。他似乎能够一眼看穿她的性格特征——柔弱、忧郁、容易依赖、拖泥带水。他跟丽萨讲述自己的遭遇：离异，独自养育一个孩子，特别希望有个女人可以陪伴他。他的境况的确一下子唤起了丽萨的同情心，她开始关心他。后来，他对丽萨产生了依赖，不断要求与她见面、约会，不久后，又向她求婚了。

这令丽萨始料未及。为了不伤害他，她从来没有拒绝过他的请求。但事实上，她很清楚，自己并不是真的爱这个男人，她只是不想让他失望罢了。她能感觉到，这个无助的男人是多么需要自己。她开始有点后悔了："如果我当初及时拒绝他，可能就不会发展到进退两难的地步。"然而，直到与他结婚登记，她也没能说出那个"不"字。

忧郁人格的人，有着严重的"利他主义"倾向，他们总是习惯于设身处地地为他人着想，忽略自己的立场，不能理性地看待问题，甚至经常同情心泛滥，所以，他们对周遭的人和事通常不会拒绝。即便遭受一次次"苦了自己"的经历，他们还是一如既往，不会发出拒绝他人的信号，甚至连拒绝他人的方式方法都从未尝试过。"拒绝"在他们的语言系统和行为体系中是空白的，尤其是在掺杂了情面、世故、人际关系的事情上，更是让他们表现出彻底的顺从。这种看似和谐的互帮互助的人际关系里，暗藏的却是虚妄和怯懦。

还记得1995年春晚的舞台上，郭冬临主演的小品《有事您说话》吗？郭冬临饰演的小品主人公为了讨好领导，小到帮邻居扛大白菜，帮单位同事守夜买卧铺票，大到答应单位领导搞定火车车皮，他都有求必应，即使自己挨冻受罪、被老婆唾骂指责，他也没有拒绝任何人的请求。这种忧郁人格的人内心总是犹豫不决，如果拒绝人，他们常常会觉得不好意思，对不住对方。其实这也从一个侧面反映出他们的内心的卑微和懦弱。他们时常纠结在痛苦和承担的两个对立面上，置身于一种紧迫感的氛围内而不能自拔。那种"好人"的姿态和所谓的大义之举，被理想化的感情糖衣包裹着，催生了恶性循环的应答条件。在这种模式中，忧郁人格者的这种弱点很容易被他人利用。

莉莉和老公结婚5年了，两人感情很好，可由于她颇有姿色，身边的一

微人格心理学

些男人总是对她有非分之想,甚至发展到动手动脚。莉莉开始只是一味地躲避,不知道该如何从语言和行动上给予拒绝和回击,因为那些男人不是她的同事,就是她的领导,为了不与他们撕破脸面,莉莉一忍再忍,始终没爆发出来。在工作中,她有时候还不得不对这些男人故作姿态、笑脸相迎。时间一长,莉莉的这种不会拒绝他人骚扰的情况渐渐被骚扰他的男人们谙熟。

这次,莉莉所在部门的经理要莉莉跟他去外地出差,而且他不怀好意地说:"就我们两个啊,你做好准备!"莉莉当时就感觉有点蹊跷,想找个理由回绝,可看着经理的眼神,脑海一片空白,唯唯诺诺地答应了。出差的第二天夜里10点半,经理用酒店的电话打到莉莉房间,说他有点无聊,想来莉莉房间坐坐。莉莉有点担心,平时经理就爱对她动手动脚,这次要是独处一室,还真不知道他会怎样呢。莉莉担心经理对她心怀不轨,绞尽脑汁地拼凑了一些拒绝的话,却如鲠在喉,却不知该如何吐露,她最终还是没能拒绝经理——"好吧,经理,待会见!"不过,这个故事的戏剧性在于,莉莉虽然不太会拒绝人,可她并不傻,她随手就给酒店餐饮部订了个夜餐,让他们做好立马送上来。

一会儿,经理来了。他看莉莉站在门口,就把手搭在莉莉肩膀上,示意莉莉进去。可还没等莉莉反应过来,经理随手很快就把门给关了。他一下子把莉莉按到了床上……

尽管莉莉大声说"我不是你想的那种女人",可经理还是按着不放,并且越来越过分,用力抱紧她,莉莉使出了全身的力气还是没办法摆脱。经理一边进行着无理的举动,一边用甜言蜜语诱惑莉莉,那一刻,莉莉甚至差点放弃了抵抗。这时,莉莉忽然觉得对不起自己的丈夫,觉得自己很卑贱,她开始痛恨自己的软弱给自己带来的恶果。就在那一刻,酒店服务员送夜餐来了,一场危机就此化解。

第六章 当天空失去了颜色——绝望的忧郁人格

不会说"不",这是人际交往中心理脆弱的表现。尤其对具有忧郁人格的人来说,这些人在拒绝别人方面存在心理障碍。他们担心拒绝了朋友会伤害对方,失去友谊。所以,总是委屈自己,成全别人,即使他人侵犯了自己,他们也通常会选择让步,放弃对自我的保护。

"每次别人找我做什么事情,明明自己不情愿,不想揽事,但是别人一问:'你很忙吗?'我就哑口了,就不知道怎么拒绝别人了,而且总是这样。每每事情过后才想起,会有一些理由来拒绝。"小F在对自己的无法拒绝进行反省。

"现在家里住了个不是很熟的人。是这样的,很久不联系的一个朋友,来我所在的城市玩,带他来的那个朋友有事,就把他寄宿到我家。我确实有时间陪他,但是我真的只想在我家里看看书,看看电影,不想出去。他在我家吃我的,用我的,而且很不讲卫生,几天不洗澡,都快把我臭死了!我又不知道怎么跟他说。好想现在把他送出去啊,我家又不是避难所!可我要是这样,肯定会伤害他的自尊。我这种不懂拒绝、委曲求全的人格,真是把自己给害苦了!"小J则认为是自己的人格有缺陷。

听听这些人的内心自述,就知道,他们已经深陷于不懂拒绝的泥沼中。在人际交往过程中,有些人是为了结交好友,显示自己的能力,为了博得别人的好感,而硬着头皮去答应做一些事情。而忧郁人格者则是心中存有的一些不理性的信念,诸如"如果我拒绝他的要求,我就会伤害他"、"他会不会因为我的拒绝而疏远我"等导致了不敢拒绝的心理。这种心理的后果则是过分地苛求自己,对于他人的请求,即使并不情愿,也会不顾一切拔刀相助,这对他们的心理施加了不必要的压力,会使他们郁郁寡欢,严重者还可演变成心理疾病。

活着就是为了死吗？

忧郁人格者一旦在困境下走向极端，会使他的生活完全停顿，使他了无生气，不再对现在与未来产生兴趣，表现为情感低落、思维缓慢、丧失意志。这种情况下，这类忧郁人格者很容易更进一步，转变为忧郁症患者，甚至产生厌世心理。这种担心不是没有必要的。美国某心理学机构的一项研究表明，具有忧郁人格的人一旦发病进入忧郁症状态，就会产生自杀倾向。尤其是近些年，随着现代人压力的增大，总会有人上吊、服毒、割腕、跳楼，引发这些悲剧的，通常是极端的忧郁症。

在人类历史的长河中，不乏名人英才也都出现过忧郁人格的特征，有的人也因此而凤凰涅槃，脱茧而出；有的人却由此落寞消沉、一蹶不振，甚至赔上身家性命。赵匡胤、林肯、罗斯福、丘吉尔、巴顿、戴安娜、牛顿、贝多芬、达尔文、爱因斯坦、玛丽莲·梦露等人都曾经受到过抑郁症的折磨。而梵高、海明威、徐迟、三毛、阮玲玉、顾城、张国荣、海子、陈宝莲、李恩珠等都是因为陷入抑郁而自杀。根据2008年的统计，中国每年有25万人死于自杀，另外有将近200万人自杀未遂，而这些人中，绝大多数都是抑郁症患者。所以，忧郁症被冠以"世界上第一号心理杀手"。

比利是加州的一名警察，他最近情绪总是容易失控，因为工作压力太大，工作任务太多，突发性事件也很多，而凡事他总喜欢亲力亲为。加之对社会

第六章 当天空失去了颜色——绝望的忧郁人格

一些丑恶现象的憎恨，他出现了焦躁的情绪，脾气也开始变得暴躁，还开始过度抽烟、酗酒等。他虽然只有30岁，但感觉自己的心理年龄已经60岁了。他喜欢独处，喜欢安静，一点动静都让他紧张不安。由于失眠，他开始服用安眠药。一次，他试图服用大剂量的安眠药，幸亏被家人发现后制止了。

"我当时就想睡过去，再也别醒来了，或许只有这样，烦恼才能连根拔除！"比利事后说。

我们先不说比利的职业，单就他的心理来进行分析。他的厌世情绪的滋生，正是对于忧郁人格未给予足够的重视和疏导，从而在外界事物一天天的重压下，导致了更严重的忧郁症。在他看来，死是对活着的一种解脱，这里的"活着"对他而言并不是美好的，不是充满正能量的，而是导致他不安紧张的阴暗势力，需要一种决绝的力量来剔除。因此，死就成了另一种生的理由。在这种极端厌世的状态下，比利处于迷茫、空虚、痛苦之中，他感觉生命的肉体还在，但心已经死亡！所以，他后来做出的一种死的决断，也正是由于这些忧郁元素的积累自然而生的。

在世界这面巨大的镜子后面/发现奇迹的人/一个看见了自己所钟爱的女人松垮的阴部的人。

诗人戈麦的诗作《厌世者》，体现出忧郁人格看待世界的一种独有的情结。这首诗采用了无比诡异而晦暗的意象，并以诗歌特有的象征手法揭露了诗人心中无法排解的矛盾和冲突——他爱这个世界，但世界总是让他感到绝望。这很能够说明一点，在忧郁人格者眼中，世界是灰色调的，是无比丑陋的，它碾碎人们的希望，没有任何美好和温暖可言。戈麦最后自杀了，他的

微人格心理学

死缘于他"内在的秘密"——他忧郁人格笼罩之下的梦想的灰烬。

周星驰说:"人如果没有梦想,那和咸鱼有什么区别?"但对于忧郁人格者而言,梦想或许就是一株救命稻草,如果抓不住就意味着万劫不复的黑暗。梦想太过遥远,就会超出忧郁人格者的心理承受范围。梦想的破灭,也预示着希望的泯灭,而一旦失去希望,忧郁人格者就会陷入无边无际的黑暗中。

对忧郁人格而言,年龄已经不再是一个界定。厌世心理在当下社会,在不当的教育机制和家庭因素等的综合作用下,忧郁人格者的年龄越来越趋于年轻化。

W的女儿今年8岁了,现在上小学二年级。她的性格比较外向,有礼貌,而且十分勤奋,学习也不错,是个很自信的小女孩。W最近将女儿转入了一个重点学校,奇怪的是,在进入这所学校之后,女儿忽然变得不太说话了。

W记起来,女儿好几次对自己诉苦,说过她们的老师很凶,几乎天天骂她们,有时甚至推搡她们,拍她们脑袋等。W听到这些后不以为然,还十分肯定老师的教育方法:"老师这样,都是为了你们好。"

可最近,女儿的情绪出现了严重的问题。有一回上床睡觉的时候,她对自己说:"妈妈,我不喜欢我自己,我宁可是个小狗、小猫,我觉得还不如死了的好,死了的话就不用这么烦了。"她还说:"妈妈,你以为我很大胆,其实我的胆子很小。"

后来她还提到了自己的同学。她是班里的卫生委员,她说她让同学们做卫生的时候,大家都不听她的,尤其是班长,从来不干活。她把这事儿告诉老师,结果老师也很偏向班长。这样一来,她就和班长结下了梁子,班长在班里到处诋毁自己,让她一个朋友都没有。女儿还说起她们班的一个女同学。那个女同学有一回骂她是"老巫婆",她气得痛哭不止。

第六章 | 当天空失去了颜色——绝望的忧郁人格

了解到这些情况后，W很吃惊，女儿在学校遇到的不公待遇导致她认为自己是一个不受欢迎的人，因此产生厌恶自己，甚至厌世的念头。

从以上的例子可以很明显地看出，一个积极乐观的人，在不良环境的影响下，也可能会激发自己表现出忧郁人格的特征，甚至引发忧郁症。

大卫最近总是有自杀的冲动萦绕在脑海里，他几次三番想上吊或跳楼，可又几次三番因为害怕死亡和舍不得离开儿子而退缩。大卫的婚姻出现了严重的问题，和妻子的矛盾日益激化，可是为了6岁儿子的成长，他一忍再忍，不论是妻子的谩骂和对他人格的侮辱，还是砸摔家庭物件，他都默默忍受着。他反复告诉自己：为了能给儿子一个完整的家庭，就是自己忍辱负重，也要挺过来。可是，最近妻子的脾气反复无常，一会说他是窝囊废，不会赚钱；一会又说他不会教育孩子，简直一无是处。大卫的精神近乎崩溃，在谴责中，他产生了深深的无力感。他想离婚，可他又不能这么冲动："难道要让年幼的孩子在支离破碎的家庭环境下成长吗？"在无限的绝望和矛盾中，他几乎崩溃了！

在忧郁人格者的厌世情绪里，掺杂了多种的诱因和不稳定因素，而之所以有些忧郁人格者会选择自杀的道路，与内心的承受力过小和外因的逼迫有着很大的关联。所以，忧郁人格者需要加强抵抗干扰的免疫力，塑造健全、完美的人格，不断提升人生的精神境界，避免陷入忧郁症中。

在对抗忧郁症时，比较常见的是精神疗法。忧郁症患者在看待这个世界时，往往会产生扭曲的认知。为了改变这种错误的认知，精神专家提出了"三A法"，即"明白"、"回答"、"行动"。因三词的英文字母均以A开头，故称

"三A法"。

明白：首先要承认自己精神上忧郁，只有正视自己的内心，才能应对这些症状；其次要注意自己的情绪变化，言行举止有无异常，有没有出现情绪低落、思维迟钝、语言动作减少等现象。

回答：每产生一个错误观念，都必须及时发现，并记录下来。先写下自己的错误想法，然后试着从客观的角度来看待这个问题。比如，写完之后，询问自己："真的会是这样吗？"然后再问自己："如果换个角度来看，会不会跟我想象中一样那么糟糕呢？"

行动：采取积极的行动，能够由内而外地驱赶忧郁的症状。如果你在工作中不能得心应手，抱怨是没有用的，不如修一门课程来提高自己的技术水平，或者寻找新的工作。

隐形攻击：温柔的迫害

在现代家庭生活中，忧郁人格者在家庭中扮演的角色往往具有一定的欺骗性和隐蔽性。这倒不是说他在一人分饰两角，而是从恋人的角度而言，忧郁人格者的内心世界有隐形攻击和潜在报复的心理，他们就像安静的蝎子，平时并不会张牙舞爪，而一旦触怒了他们的敏感神经，他们的还击却冷漠如铁、痛彻入骨。忧郁人格喜欢非暴力迫害，这与他们对阴暗的看法和自我保护的意识有关，他们对于不满的事情，不会直截了当地说出来，而会和对方进行一场"看不见硝烟的战争"。在现今的家庭中，这样的现象屡见不鲜。

第六章 当天空失去了颜色——绝望的忧郁人格

维拉在5年前出轨了，这件事后来让丈夫杰米知道了，他没有暴跳如雷，没有对维拉恶语相向，甚至连指责都没有。他们没有选择离婚，而是继续生活在一起，然而，这对维拉来说，比离婚更痛苦——在之后的5年中，她如同活在地狱一般。维拉每天眼浸泪水中，为自己的过失忏悔，也想竭力挽回这场婚姻，可杰米似乎看她哪里都不顺眼。他们的儿子不到5岁，由杰米的母亲帮忙照顾。杰米很少回家，他总是托辞说工作忙，只是周末才回来看一下儿子和母亲，基本不与维拉交流。过了一阵子，孩子被送到外婆家，家里只剩他俩。杰米每周回来2—3次，一回来就躲进书房，或者干脆蒙头睡觉，第二天一早就走了，依然不愿和维拉交流。这种冷暴力让维拉感到万分痛苦，她无法忍受这种冷漠，最终还是选择和杰米离婚。

显然，杰米是对维拉的出轨产生"心结"。如果说一般人在遇到这种事情时，会抓狂，会愤怒，甚至会对对方拳脚相向，那么忧郁人格者则恰好相反，他们通常会选择一种悄无声息却更为尖刻、冷冽的对峙方式，用以惩罚那个触犯自己的人——这就是他们表达愤怒的独特方式。在上面的案例中，杰米就产生了这种忧郁人格的心理反应，他没有选择明朗化的对抗和反击，没有对妻子使用过激的言行和实质性的态度来报复，但也不能从内心彻底化解妻子出轨带给他的打击和痛苦，而是采取一种隐形的攻击来维护自己的心理。虽然他还是和妻子保持着夫妻间的同床共枕，但他的心中早就长满了冰棱，使人无法真正靠近。这种两败俱伤的局面，通常就是忧郁人格者的目的。

研究分析表明，忧郁人格者具有更具伤害力的"冷暴力"，让他人"痛在心里"。这主要表现为，在与他人产生矛盾时，不是通过暴力或激吵的方式进行和处理，而是对对方表现得比较冷淡、轻视、放任和疏远，漠不关心对方，将语言交流降到最低限度。在婚姻关系中，还出现停止和敷衍性生活、懒于做一切家务的情况——这是忧郁人格者采取的对于"拳脚相加、头破血流"而相对温柔的报复和迫害。

琳达最近对丈夫弗兰克的行为产生了猜忌和怀疑：平时弗兰克由于工作繁忙，根本无暇顾及自己的仪表服饰，总是琳达在帮他操心打理，可最近，弗兰克莫名其妙地开始打点起自己的外表来，刮胡子，抹护肤品，甚至还给外套上喷古龙水。这让琳达忧心忡忡，担心弗兰克是有外遇了。可弗兰克给出的理由是，公司最近搞了个联谊活动，和兄弟公司合办了一场公益活动，为此他才特意打扮一下，没有其他想法。琳达对弗兰克的解释很不屑。她的忧郁人格开始作祟，并设计了一个检验弗兰克的计划——对弗兰克进行"性管制"，不让他碰自己。2周下来，弗兰克有点受不了了，他叫嚣着，认为琳达是在折磨他。

对忧郁人格者而言，这种疏远和冷淡的态度，往往加大了夫妻之间的"离心力"，这是失败的反击。这种拒绝式的折磨，看似是回避，其实是一种愤怒情绪的表达，是一种被动攻击。这种愤怒一旦产生，就要寻找宣泄的出口，而忧郁人格者最擅长这种温柔的反击。琳达用"性管制"的方式来表达对弗兰克的愤怒，虽然这种愤怒看似风平浪静，其实暗流涌动，对家庭生活的杀伤力不可低估。

小宁5岁了，爸爸每天早上要送他去幼儿园。可每天早上几乎都成了他和爸爸进行"战斗"的最佳时间。从起床穿衣到整理书包，喝水撒尿，小宁都慢慢悠悠，不慌不忙，这让还要赶去上班的爸爸心急如焚，异常焦虑。小宁的爸爸本来性子就急躁，看到小宁这种表现，就对他加以训斥——"你就不能快点吗？我还要上班啊，快点，快点，快！！！"可越是这样，小宁对此越无动于衷，他还是我行我素，用他那习惯性的动作蹬上鞋子，慢吞吞地给鞋带打结。小宁的爸爸气得真想给他两脚，小宁却说："你干嘛不停地催啊？没看我在穿吗！"

可后来的一天，由于小宁妈妈有事要提前出门，就去送小宁上幼儿园，小宁却表现得异常迅速果断，三下两下穿好衣服，刷牙洗漱完毕，跟妈妈一起出门了。这让小宁的爸爸大惑不解，为什么同样是去幼儿园，会有这样大的行动反差呢？

任何人被攻击，都会生气，如果他不能用主动的方式还击，就会采取被动攻击的方式。小宁的慢，就是对他爸爸经常训斥他动作慢的还击——你说我慢，我偏偏慢给你看！研究证明，性情急躁的父母，往往会有一个慢性子性格的孩子。这些孩子的慢性格，是在长期对父母的指责产生出一种逆反心理和无声的抗拒之后养成的。当然，最大的悲剧是幼小的孩子把遭人指责和埋怨在心里，把对父母的愤怒转化为痛恨自己。他害怕被遗弃，没有安全感，他深知，如果采取明显的反抗，会更加危及自己的处境。于是，他只能用这种隐形的攻击来作为自己愤怒情绪的排气阀。而这种行为，会使他们长大后更容易产生忧郁人格。

忧郁人格者的隐形攻击总是在潜移默化的过程中，逐渐凝聚成一种能量，在它需要爆发的时候，会以一种特有的缓慢而冷漠的方式进行对自我的救赎。这类人对自我形象的定位是：我是一个经常被人误解、否定的人，没有人会公平地对我。这就是我的命，我这辈子就注定是个倒霉蛋了！同时，他们又会觉得自己精神上比别人更高一等，他们不会采取激烈的攻击行为，而会以他们特有的"高冷"态度进行还击。

第七章
我只想蒙着面纱看世界
——无法摆脱的恐惧感

同样是去大街上走一圈,同样是乘电梯上21楼,正常人不会有太大的感觉,而恐惧症患者会认为,那是地狱般的煎熬。稀奇古怪的恐惧症可多了,"恐狗症"、"恐猫症"、密集恐惧症、废墟恐惧症……

那么,他们到底在怕什么?

社交恐惧：如何面对一个羞涩的你？

你是一个害羞的人吗？如果是，那你害羞时的反应是怎样的？如果不是，你为什么会在公众场合演讲或者与陌生人说话时会手心出汗、心跳加快、词不达意呢？

害羞好不好呢？"害羞"一词用来形容人的性格，它是一个中性的词语，它不同于"勇敢"、"乐观"、"胆小"、"暴躁"等偏向性比较明显的性格。简单说，害羞的性格没有好坏之分，只是一个度的把握问题。如果过度害羞，那么就有问题了。举个例子：

唐晓出生在一个书香世家，父母都是高级知识分子，在父母的影响下，唐晓从小就品学兼优，是深受父母宠爱的乖女儿。平时父母对唐晓的管理比较严格，久而久之唐晓也变成一个性格内向、胆小、孤僻、不善与人交往的孩子。

每天只有上课、学习的日子里，唐晓过得倒也轻松，上完课被爸爸接回家，第二天接着上课，循环往复。单调的生活让唐晓除了看起来太过安静之外，行为上并没有什么与众不同的地方，只是比较内敛，不怎么和男同学说话而已。总之，唐晓在别人眼里就是一个内向的好学生，这也一直是让父母引以为豪的事——淑女不就应该这样吗？然而上了大学之后，唐晓却出现了异常。

唐晓不敢和男生说话，也不会和男生来往。有一次唐晓在课堂上被老师

第七章 | 我只想蒙着面纱看世界——无法摆脱的恐惧感

点名上台演讲,因为紧张一时口误,惹得周围同学哈哈大笑,男同学笑声尤其大,有的男生还对她做鬼脸。从此之后,唐晓只要见到男生就紧张、脸红、手脚发抖,不敢看对方的眼睛,总觉得他们还在因为那件事情嘲笑她。平时走在路上,如果对面走过来一个异性,她也会觉得对方在注视着自己。

因此,她尽可能不出席任何活动,学生社团她也不参加,只要一发现别人看着自己,她就神经紧张,表情尴尬,在别人面前说话都不利索。她自己意识到这种反应是不正常的,但是越克制,紧张感越强烈,最后她只好尽量躲避人群,一个人独处。

唐晓意识到自己的问题,于是壮着胆子和学校预约心理学老师咨询。结果,学校给她安排的是男老师,唐晓勉强坐下来,还没说两句话就脸红脖子粗。没办法,她只能找个借口因故先离开了。两年多来,唐晓只和同宿舍的女生关系比较好,基本没有其他朋友,学习成绩也因此下降。

父母百思不得其解,还以为是唐晓在学校谈恋爱了,导致成绩下降。在父母的质问下,唐晓不得已说出实情,这时父母才意识到自己的孩子在社交沟通上出现了障碍。

唐晓的事例为我们引出一个问题,当你身处社交活动中时感到害羞怎么办?其实害羞不可怕,可怕的是过度,害羞和恐惧之间往往只隔了一句"你好"的距离。

每个人的一生中都有过害羞的经历,先来看看一场足球赛中发生的事情。

现场上万名球迷神情紧张地盯着场内剑拔弩张的比赛。终场前,随着客队后卫在禁区内一次恶意铲球,裁判响哨判罚点球。全场欢呼沸腾,所有主队的球迷都等着他们热爱的球队为他们留下这场胜利。这种关键时刻的点球一般都是用队中经验最丰富的队长操刀主罚，但这一次队长居然走到前锋A的面前并示意由他来主罚。A措手不及，虽然他是队中的主力前锋，但今天拼得太凶，双脚已在抽筋的边缘，而且这种关键时刻的点球平时都是理所当然地由队长来罚，今天队长突然将此重担交给自己，完全出乎他的意料。他想和队长说明自己的情况不适合罚点球，但是他最后还是没好意思跟队长说。最后，点球打偏，抱憾以平局收场。比赛结束，队员答谢球迷环节，A始终觉得全场所有的球迷都在盯着自己，还在为那个点球耿耿于怀，于是手足无措，浑身颤抖……更让人意想不到的是，接下来的几场比赛，他都不敢参加了。

让我们的镜头从球场切出，切换到一出演唱会现场。

为了这场演唱会已经准备了许久的著名歌手B，因过度劳累在开场前两天累倒了，严重感冒加发烧。医生建议他休息两天，这两天时间配合治疗，不要排练，等恢复再开始工作。

但是面对跟着自己一起熬夜加班的团队，B始终没有说出自己生病的事情。接下来排练过程中，工作人员都发现B有些不太正常，纷纷问他缘由。他不愿意因为自己的身体原因耽搁整个团队的排练，他害怕别人因此而责怪他，于是，他总是强颜欢笑搪塞过去。

等到演唱会大幕拉开的时候，全场歌迷齐声高呼歌手B的名字，但却迟迟未见他的身影。全场哗然，最后工作人员在舞台侧幕找到浑身发抖、不断冒着冷汗的他，他害怕表现不好得到观众的批评，他不敢在那么多人面前"出丑"，最终他恐惧表演到无法登台！

第七章 | 我只想蒙着面纱看世界——无法摆脱的恐惧感

训练有素的运动员不能踢进近在咫尺的点球，经验丰富的表演者害怕登上舞台，这似乎比我们通常认为的"害羞"严重得多，那这又是为什么呢？

再往下看！有些人特别怕在公众场合说话，有些人特别怕犯错误，有些人总在逃避和异性接触，也有一些男性在公共卫生间小便时一定要等到旁边没有人，还有一些女性出去逛街时一定要拉上自己的闺蜜才踏实……

不知道你发现没有，以上这些问题（障碍）出现都有一个共同之处：这些人在别人的注视下完成一些事情，而且在某种程度上还要接受别人的"评价"时，都会感到不安和巨大的压力。这些人在私底下做这些事没有任何困难，只有在别人注意的时候，他们的行为才会发生障碍。

这就是我们所说的"社交恐惧症"！

社交恐惧症主要表现是，在社交场合中几乎不可控制地出现焦虑情绪，并对社交性场景持久地、明显地害怕和回避。具体表现为患者害怕在有人的场合出现，一旦发现有人注意到自己，就会表情尴尬、发抖、脸红、出汗或行为笨拙、手足无措。因此，他们会尽量回避这些场合，不敢在餐馆与别人对坐吃饭，害怕与人近距离相处，尤其回避与别人谈话。

不要小看了社交恐惧症，普通群体中有高达 13.3% 的人在一生中会有某种程度的社交恐惧症，使得它成为继抑郁症和酗酒之后排名第三的心理疾病。这和现代人面临的生存压力越来越大有关。特别是网络时代为人们带来了新的社交领域，若长期沉溺于网络上虚拟社会的社交活动，则会减弱与真实社会中人与人的直接交流的社会技巧。

让我们再回过头看看唐晓的例子，她的社交恐惧症是从何而来呢？研究者们已经确定，人们幼年时期的经历，比如一些父母对孩子的教育方式不当，可能导致社交恐惧症的发生：

1. 对孩子进行了过度保护，缺乏信任，缺乏情感上的支持；

2. 对孩子的穿着是否整洁，行为举止是否得当，表现出过度的关注；

3. 干涉孩子的社会交往，从而妨碍了他们学习社交技巧来控制自己对社会的恐惧。

唐晓的父母正是犯了以上的错误，从而导致唐晓患上"社交恐惧症"。父母在教育孩子的时候应该学会给他们性格自由发展的空间。当然，黑锅也不能全让天下的父母来背，还有很多外部环境会对人的社交能力产生较大影响。问题出现并不可怕，只要积极配合治疗，还是会得到明显改善和治愈的。

常用的资料方法很多，比如，认知疗法，催眠疗法等。其中，常见且简单可行的，是情景疗法。假设你身处一个令你感到不安的公共场合，许多人关注着你。你必须一直练习重复这个情节，心理医生不断告诉你这种恐惧是非常正常的，并鼓励你面对这种场面，让你从假想中适应这种产生焦虑紧张的环境，从而转移到现实生活中的社交场合，这就是情景疗法。

如果你的社交恐惧症状还保持在可控的正常范围内，可以采用以下方法给自己疗伤：不否定和苛求自己，不要沉湎于过去的失败中，培养自信心，试着对遇到的每一个人露出诚挚的微笑，勇敢地吐露自己内心的痛苦，你也会收获到同样的友谊。

对特定事物的恐惧：把心放在哪里才会安全？

晋朝有一个叫乐广的人在河南做官，他有一个很好的朋友，但不知何故，在一次聚会饮酒之后，这位朋友很久都没有再次来访了。乐广感到很奇怪，以为自己上次哪里招呼不周怠慢了客人，于是找到好友问明原因。不问

第七章 | 我只想蒙着面纱看世界——无法摆脱的恐惧感

不知道，原来上次朋友来家做客，乐广好酒招待，好友正端起酒杯要喝酒的时候，突然看见杯中有一条蛇，心里一个激灵，但当着乐广的面又不好失态，于是强忍着惊恐喝了那杯酒，喝完回家就生病了。乐广听后哈哈大笑，再次请好友来家做客。同样的位置，同样的好酒，同样的杯子，好友端起酒杯再次看到上次那条蛇，表情痛苦，难以下咽。乐广微笑不语，朝好友头上指了指，好友抬头一看，自己也笑了出来，原来正当好友的头顶上，悬挂着一张弓，弓背上有一条漆画的蛇，好友是把酒杯中倒影的"蛇弓"当成了真正的蛇，因此吓出病，连乐广的家都不愿意进了。疑团揭开，好友的心情豁然开朗，长期困扰他的病也就不治而愈了。

这个就是我们从小就学习的一个成语——"杯弓蛇影"。这个故事在传统观念里，一般被认为是讽刺那些胆小怕事的人，但其实在心理学日渐被人们研究、开发和学习的今天，这个故事有了新的诠释——"对特定事物的恐惧"。

什么叫"对特定事物的恐惧"呢？先来看下面这个例子。

小艾今年26岁，是一个跆拳道黑带的武林高手。有一天她和男朋友在回家的路上，路过一家小餐馆，突然从门内窜出一条恶狗对着他们狂吠。说时迟那时快，小艾"啊"的一身尖叫，以迅雷不及掩耳之势躲到男友身后，双手紧握男友的衣服、浑身发抖、神情紧张，待男友驱赶掉恶狗后，她才战战兢兢探出头来，确定安全以后她才慢慢恢复。但接下来走路的姿势明显不自然了，而且速度也比之前走得慢了。又有一次，因为男朋友有事不能陪小艾，她之后独自一人回家，还是那家小餐馆，还是那条恶狗，还是那个姿势突然冲出来对着小艾狂吠，出乎意料的是这次小艾居然异常淡定，只见她射出两束透着寒光的犀利眼神，一跺脚，一身怒吼，恶狗瞬间变成"史努比"，蔫蔫地退回去了。

这两幕截然相反的局面,全部被餐馆老板看在眼里,他十分纳闷,同样的人遇到同样的狗为什么结果却天壤之别?一个武林高手,在独自遇到恶狗时是毫不畏惧的"女汉子",但在有男朋友陪伴的时候却变成了一个风吹折腰的"软妹子"。这是为什么呢?

原来,小艾曾经有一次和男朋友一起在外面散步,突然遭到飞车党抢了小艾的包,因为包是斜挎在身上的,所以小艾被拖出去摔了一跤,肩膀重重地摔倒地上。此后的三个月,她的手都打着绷带,而且前一个月都是伴随着疼痛入睡。从此,小艾对"和男朋友在一起遇到危险(或者潜在危险)"的场合就异常敏感,肩膀就剧烈作痛。

餐馆老板不死心,继续追问,她和男友上次只是遇到一只恶狗,并不是歹徒,为什么也会害怕呢?小艾被问住了,她也不知道为什么。

这种没有明确理由的对特定物体(或场合)感到恐惧的症状就是对待特定事物恐惧症。

人类都有趋利避害的本能,当危险(或者潜在危险)即将发生时,正常人都会本能躲避远离它,所以就会出现对恐惧的相应场景或者事情产生抵触的情绪和回避的行为。当恐惧感无限放大后,抵触和回避也越来越强,特定事物恐惧就此诞生了!

较为常见的特定事物恐惧症有恐高症、动物恐惧症(比如恶狗)、声音恐惧症(一些特定的尖锐刺耳的声音)等。除此以外还有一些比较少见特定事物恐惧,比如气流恐惧(空气流动、风)、尖锋恐惧(小刀)、异性恐惧、接触恐惧、孤独恐惧(独自一人的情景),等等。

如果你觉得你也有以上的情况,先不用担心,因为我们每个人在生活中都或多或少的对不同事物和情景产生恐惧感，但这并不是你对某种事物感到恐惧就是心理学临床意义上的恐惧症。只有当你对某种特定事物产生的恐惧已经严重影响到你的正常行为，乃至破坏到你的正常生活，这样才能被判定为真正的恐惧症。

即使你感觉自己对某种特定事物恐惧已经达到恐惧症的程度了，也没有太大妨碍，因为通常这类患者有办法避免恐惧，就是避免自己面对或者进入特定的事物或者情景。比如恐高症患者只要避免接近高层建筑的窗户就可以安然无恙；一个害怕坐飞机的人只要尽量选择地面交通工具就可以高枕无忧；对游泳产生恐惧的人只要不靠近泳池就和正常人一样……

如果患的特定事物恐惧症很难避免，比如异性恐惧、接触恐惧、气流恐惧、密集恐惧症等，这些恐惧的特定情境都是和平常的生活息息相关的，无法进行回避，那就需要专业的心理学知识进行干预治疗。我们通常采用的方式是系统脱敏疗法。

系统脱敏疗法，顾名思义就是通过系统的心理干预治疗从而让你脱离神经敏感的特定事物。说得详细一点，就是通过心理诱导方式让你暴露出导致焦虑、恐惧的特定事物或者情景，然后让你在放松的状态下模拟再现情景，通过反复呈现达到消除焦虑和恐惧的情绪，也就达到了治疗特定事物恐惧症的目的。

听不太明白？没关系，我们来让小艾现身模拟一次治疗。

第一步，给恐惧分等级。

采用五分制计分法，让小艾把令自己产生恐惧的情景由低到高分成五个等级，分别计 1—5 分。比如：

和男友一起散步——1 分

和男友一起散步进入一个陌生的环境——2分

和男友一起散步在陌生环境想到可能的危险——3分

和男友一起散步碰到恶狗——4分

和男友一起散步碰到陌生人盯着自己——5分

第二步，学会放松。

先让小艾靠在沙发上，按照自己感觉舒服的姿势坐着，双手自然放在扶手上，通过深呼吸放松自己的身体。然后脑海里想象着让自己放松愉悦的画面或者情景。如果小艾的想象力有限，我们可以给她一些引导，比如"躺在海滩上，温暖的阳光洒在你的脸上，微风吹拂你的身体，这个时候你感觉很放松、很舒服。现在微风吹拂你的头，你感觉头很放松；现在微风吹拂你的脸，你感觉面部及五官都很放松；现在微风吹拂你的手，你感觉手很放松（一直下去，直到她全身放松）……"

第三步，系统脱敏。

先从分值最低（1分）的恐惧开始，想象自己和男友在一起散步的情景，如果出现轻微的紧张和慌乱，告诉自己，这是没必要的，有男友在保护你，你很安全。如果1分可以轻松应对了，就进入2分阶段，方法还是一样，想象自己和男友一起散步进入一个陌生环境，告诉自己没什么，每天都可能进入一个陌生的环境，陌生不代表危险。当自己完全不害怕2分阶段时，再往3分阶段进发……如此往复、不断练习，终有一天小艾可以告别"和男友在一起可能遇到危险"的恐惧。

一个人最大的敌人是自己，最难战胜的也是自己。战胜了内心的恐惧感，那么外界的事物就不会对我们产生杀伤力。

幽闭恐惧：四面墙都藏有杀机

　　刘彬在一家世界五百强的广告公司任策划一职，因表现优异，被调到中国区总部任职，年收入上调到几十万。升值是一件该高兴的事情，刘彬虽然开心，但麻烦也随之而来，那就是他每天必经的一条路——电梯。

　　电梯为什么会成为他的麻烦？他所在的公司位于市中心黄金地段的写字楼38楼，每天上下班人很多，几乎每层都有人进进出出，这样刘彬就得在拥挤的电梯里待上几分钟。短短的几分钟，但在刘彬看来却是度秒如年，在这个拥挤的小空间里，他会不自觉的手心、额头冒冷汗、胸闷气短，有强烈的逃离冲动，如果不是自控能力够强，他甚至要大叫出来。实在坚持不下去的时候，他就随便按停一层先出去透透气，等情绪舒缓了再换一趟电梯上下。

　　时间久了，乘电梯对他而言就像一种酷刑，每天上下班就像是上刑场一样。为了避免这种煎熬，刘彬改乘电梯为爬楼梯，每天提前半小时到公司爬楼，他还自我安慰"权当锻炼"了，但时间一久问题还是出现了。因为做广告策划这个行业，需要经常在上班时间出门拜访客户，和客户进行沟通、提案和落地等工作。这样一来，刘彬就没办法躲避了，总不能让客户和同事先等自己半个小时爬楼梯吧！他只能硬着头皮坐电梯，那又是一场煎熬和折磨。客户见到他：神情紧张、目露憔悴、四肢僵硬、额头好像还有汗珠……这样谈判的结果可想而知，刘彬的业务一落千丈，在公司的职位自然也岌岌可危，为此，刘彬苦不堪言。

刘彬不是一个人在遭受煎熬，蔡晴恐惧的不是电梯，而是一般人出门都会遇到的东西——交通工具。让蔡晴坐上挤满人的公交或者空间很小的轿车，那简直就跟要杀她一样痛苦。她每天只能自己骑电瓶车出行，倒也相安无事了一段时间。但是当她有了孩子以后，问题就来了，生活中不可避免的有时需要带孩子出门，蔡晴只能骑电瓶车接送孩子。遇到沿海酷暑和风吹雨淋的日子，孩子无法承受，而且这样也很不安全。没办法，接送孩子的这个事情只能交给丈夫，丈夫是一个大型公司的部门经理，每天加班是常事，没办法每天准时接送孩子上下学，弄的孩子也是饱一餐饿一顿的。时间久了，两人因为孩子接送这个问题开始出现矛盾，蔡晴从小父母就去世了，丈夫的父母前两年也相继离世，没人能帮到他俩。蔡晴很苦恼：为什么自己就不能克服对交通工具的恐惧呢？

看到这，相信你大概知道了刘彬和蔡晴的问题症结在哪——幽闭恐惧症。这个词大家并不陌生，因为近些年的影视作品中经常会出现对这个心理疾病的描述。比如前两年很火的《杜拉拉升职记》中，男主角王伟就患有幽闭恐惧症，即使每天工作在十几层的办公室里，他也坚持要走安全通道爬楼梯上下班。在一般人眼里，这些太过平凡甚至不值一提的小事，在幽闭恐惧症患者这里却似天塌地陷一般的灾难。这时我们不禁要问：这样的恐惧是如何产生的？

关于幽闭恐惧症，其实它是属于特定事物恐惧症的一种。在这里我们做一下知识延伸。特定事物恐惧症的成因一般分为三类：创伤性事件、替代经历和被告知的经历。"创伤性事件"引起的恐惧症在我们之前已经介绍过了；"替代经历"是指看到别人受伤的经历或是表现出强烈的恐惧，使自己对同样情境产生了恐惧心理，发生恐惧转移，比如小朋友A看到小朋友B在打针

第七章 ｜ 我只想蒙着面纱看世界——无法摆脱的恐惧感

时发出撕心裂肺的惨叫，这种恐惧感会容易"传染"给A，让他从此对打针产生恐惧和抵触心理。"被告知经历"是指有时候被别人不断警告有潜在危险的时候，也会让一些人产生恐惧症。比如一个对下雨有严重恐惧症的女性，她就是小时候被家长一再警告不能淋雨，淋雨就容易发烧，发烧脑子就会不好使，就会变笨，因此她一直恐惧下雨，甚至大晴天也要打着伞出门，她的恐惧是被告知的经历所导致的。

而幽闭恐惧症它是属于因"创伤性事件"导致的特定事物恐惧症，之所以我们不在特定恐惧症的论述中介绍，而是单独分列出来介绍，是因为患有这种恐惧症的患者，在生活中很难去避免恐惧源，这种恐惧源已经不是特定的了。在他们的眼里，对任何的空间都可能产生恐惧，比如电梯、交通工具、甚至是建筑物，抑或是人群拥挤的环境。只要是任何能让他们感觉到封闭的环境（这种感觉非常主观，且很不稳定），他们就会表现出心慌、心跳加速、呼吸急促、浑身冒冷汗、手脚发抖、肌肉抽搐甚至是晕厥。一旦离开这个让他产生恐惧的环境，他就会慢慢恢复。

很多幽闭恐惧症患者错误地将恐惧、惊恐的反应，看成是自己的内心脆弱，怕说出来引人嘲笑，羞于问医，或者认为是自己的性格问题，不需要治疗。因此，有调查发现，只有23%的幽闭恐惧症患者会主动接受治疗。我们知道，任何病患如果消极对待、任其发展，非但不会有任何好处，反而容易增加其严重程度。像一些"极端"的幽闭恐惧症患者平时睡觉的时候门窗都必须要打开着，无论春夏秋冬，可以想象，夏天的蚊虫叮咬和冬天的彻骨寒风对其会造成什么样的困扰和折磨。所以，对于幽闭恐惧症，我们还是应该正确看待，进行积极的治疗。而且这种心理疾病还是有比较多的方法可以治愈的。

这里介绍两种幽闭恐惧症的治疗方法。

暴露疗法是被看做治疗幽闭恐惧症最直接、最快速的心理疗法。心理医生一般会将患者直接暴露在使他产生恐惧的情境中，比如强迫他们进入电梯或者狭小的房间，要不就通过影像放映一些此类场景的图片、视频，让患者直接面对恐惧，并且不让他逃离现场。在患者经历各种紧张、不安的情绪后发现，让他们担心的结果并没有发生。当他们的冲破内心恐惧的关卡后，焦虑感反而会消退，恐惧症状也就相应的消除了。

但这种疗法对于心理承受能力脆弱的患者来说，是存在一定风险性的，可能会导致患者心理崩溃，引发更为严重的心理疾病。所以就引出了另一个相对比较温和的疗法——系统过敏疗法。

系统脱敏疗法在上一篇章已经介绍过了，这里简单阐述一下。依然是先将恐惧分为1—5个等级，然后在患者放松的状态下，由低到高模拟让患者产生恐惧的情境，让患者逐步接受恐惧刺激，强化他的心理承受力，从而最终达到治愈的效果。相对暴露疗法，这是更加安全和循序渐进的疗法。

总之，我们不能让内心之门被关闭，挣脱让你产生恐惧的枷锁，走出去，拥抱阳光。

创伤后应激障碍（PTSD）：不断重复的噩梦

一个月黑风高的夜晚，一栋破旧的房屋，忽明忽暗的灯光，一位双眼充满恐惧的年迈妇女，带着一名小女孩，极力躲避着什么。就在她们躲在窗户附近的时候，窗口突然出现一位披头散发的年轻女人。年迈的妇女拼尽自己的努力要保护小女孩，带她远离那个年轻女人，然而，沉重急促的

第七章 | 我只想蒙着面纱看世界——无法摆脱的恐惧感

脚步声回响在长长的走廊，带锁的屋门怎么也打不开，阴影逐渐逼近。她终于打开一间房间，却发现里面坐着一个光头男人，一身正装，拿着一份报纸，男人和她交谈起来，她看到男人的报纸后惊呆了，原来这是一份几十年前的报纸，她极力保护的小女孩已经在那一天去世，那个让她恐惧的年轻女子就是年轻时的自己，而这个小女孩就是自己的女儿。这时，随着这个男人的一个指示，妇女醒了过来，这个光头男人是个心理医生，正在为妇女做催眠治疗。

真相大白，原来妇女年轻的时候，因为自己的疏忽造成自己的孩子离世，这件事让她深受打击，并造成精神障碍。她始终相信自己的女儿还活着，天天晚上做噩梦，梦见那个年轻女子（也就是她自己）要来害自己的女儿。通过心理医生的治疗，她终于接受了女儿去世的事实，并且揭开心结，放下困扰自己多年的内心包袱。

熟悉《催眠大师》这部电影的观众都知道，这是电影中的一个桥段。这个由徐铮扮演的光头心理医生名叫徐瑞宁，擅长催眠治疗，深得业界赞扬，因此他也变得心高气傲，就连在公开演讲的场合，面对学生的质疑，他也是自信满满地反击回去。但他却在一次偶然的情况下遭遇了自己职业生涯最棘手的案件，那就是恩师方教授推荐给他的女病人任小妍，她声称自己有"阴阳眼"，能看到鬼魂，并且非常坚定自己没有心理问题。治疗中，骄傲自负的徐瑞宁发现，这个病人任小妍的思维逻辑很强，在对她实施催眠的过程中，他想找出导致任小妍行为异常的根源——身世。但是没想到的是，在她的"梦境"中出现了一些场景（比如车、水）让徐瑞宁莫名其妙出现了异常的恐惧情绪，他想挣脱，但越挣扎越心绪混乱，最后乱了阵脚，给了任小妍可乘之机，居然一不小心被任小妍反催眠了。随着任小妍对他的"梦境"进行引导，渐渐牵扯出一个惊人的秘密！

微人格心理学

　　原来任小妍是徐瑞宁的大学同班同学，他们都是名列前茅的高材生，也是要好的朋友。一次普通的小型聚会后，徐瑞宁因为自负逞能，坚持酒驾送自己的女友和任小妍的男友回家，没想到中途出了车祸，车子撞出护栏，栽入河中，他的女友和任小妍的男友都死于这场车祸，而他活了下来。他深深自责，因为自己导致两条生命离去。他深藏自己的痛苦和恐惧，通过专业知识对自己进行了催眠，让自己忘记了车祸，忘记了任小妍，忘记了自己的女友，忘记了一切和那场车祸所有相关的记忆，让自己过上了"正常人"的生活。一切看似恢复了平静，但是他平时生活中一些小的举动还是让他的大学恩师看出了异样。比如一旦有人坐在他车的副驾驶上，他就会紧张、冒汗、找借口劝别人下车；见到泳池他也会出现慌张的情绪、呼吸急促、痛苦万分。他每天承受着难以描述的痛苦，表面越是若无其事，内心越是痛苦不堪。最后，任小妍通过反催眠打开了他的心结，让他学会原谅自己，原谅自己的过错，并相信自己的女友也已经原谅了自己，放下内心的包袱，走出内心的阴影，过上真正的正常人生活。

　　年迈妇女和徐瑞宁的案例，为我们展现了一个心理疾病——（PTSD）创伤后应激障碍。

　　创伤后应激障碍，顾名思义，就是指在目睹或遭受重大事故（比如死亡威胁）后，对自己内心造成巨大伤害，从而导致的精神障碍。在外部事件的刺激下，患者会表现出情绪激动、紧张和恐惧，整夜不能入睡，夜夜做恶梦，梦见自己仍在遭受创伤的场景。当患者在生活中碰到类似的场景或者回忆相关信息时，会从紧张、出汗、心跳加速，慢慢演变为极度恐惧：浑身哆嗦、坐立不安，身体表现出逃离的姿态。

　　每次重大自然灾害和人类战争爆发之后，都会有很多人患上PTSD。比如第一、二次世界大战中，那些遭受蹂躏的民众和士兵，地震、海啸中的灾民。距离"9·11"恐怖袭击事件过去已经十多年了，现在还有一些美国民众依然表现出PTSD的长期症状，只要听见突发的巨响，脑子第一反应就是"哪爆炸了？"2008年汶川地震，因为当地环境比较恶劣，导致救援工作推进异常艰难，缓慢的救援速度导致了一些灾民和救援人员产生幻灭、绝望的情绪，一点点风吹草动，他们都会陷入惶恐："又震了吗？"

问题来了，正常情况下，一般人在经历重大灾难后，都会出现紧张、恐惧的反应，那么如何分辨是否患有创伤后应激障碍呢？

大多数人随着时间的冲淡和生活状况的改变自行痊愈，如果灾难发生后一个月甚至更长时间，以上的症状仍持续出现，则可以诊断为创伤后应激障碍（还有一类症状延迟出现，下面会提到）。

这里要强调的一点是，重大创伤性事件是PTSD发病的基本条件，而这种条件具有极大的不可预测性，患者病情的判断也存在很大难度。

说条件不可预测是因为，很多重大事故人类往往很难预测，比如战争和地震、海啸等，还有一些存在于不同地域和环境中，比如种族歧视、家庭暴力、交通事故等。这些事故往往你不知道它什么时候就在何处发生了，每个人对创伤的承受度和自愈能力也不同，你不知道谁可能会产生创伤后应激障碍。

说患者病情判断存在很大难度是因为，PTSD的发病期和潜伏期差异非常大，有些人可能在灾难发生后就表现出相应的症状；而有些人可能因为不好意思，觉得说出自己内心恐惧是脆弱的表现，又或者是患者出现错觉，低估了灾难对自己造成的伤害，导致精神障碍延迟出现的可能。就像上面例子中的心理医生徐瑞宁的表现一样，他错误地低估了因自己酒驾导致车祸丧失女友这件事对自己内心的创伤，认为自己可以调节恢复，却反而给自己内心上了一副沉重的枷锁，导致自己情绪变得焦虑、急躁、易怒，而且在生活中

"无意识"地逃避相关场景。

针对这一类"隐藏"得比较深的患者，可以根据他们的病情特征，通过观察发现一些蛛丝马迹。首先我们来看看，一般人对应激事件有一个惊吓、否认、调整、接受的心理过程。而PTSD患者往往都对否认这个环节表现的过于强烈，比如不肯接受亲人死亡的事实；记忆一直驻足在灾难发生的时间段，无法正常生活；精神过于紧张，"风声鹤唳，草木皆兵"。因此患者都尽可能避免提及曾经经历的灾难，也不会选择故地重游。

对于PTSD患者，有一种较为有效的治疗方法——认知行为疗法。认知行为疗法帮患者确认并扭转恐惧问题的思维方式，告诉患者因灾难导致亲人离去已经成为事实，不要过分自责，学会原谅自己。比如任小妍在拯救徐瑞宁时，就是采用了这种方法，告诉他"没有人能原谅你，只有你才能原谅自己"，让患者脱下沉重的内心枷锁，释放自己的压力，重新面对生活。

PTSD告诉我们一个道理：很多轻描淡写的事，比我们想象的要严重得多！灾难固然可怕，但更为可怕的是因自责而无法释怀的心！

第八章 将自己锁在笼子里
——人格障碍

"为什么没人认可我呢?我明明是最优秀的。"

"我总觉得他对我心怀不轨,他一定又在说我的坏话。"

"这就是我的活法,我就是要让大家关注我。"

"我有时候很善良,有时候很邪恶,我也控制不住自己。"

"世界跟我有什么关系?我想怎么做就怎么做!"

让我们来看看,说出这些话的人,都是什么样的人格障碍患者。

自恋型人格障碍：我行我素，只爱自己

小E在一家外贸公司任部门经理，月入2万元，今年31岁，未婚。她性格豪爽，对自己自信心"爆棚"，对同事和下属喜欢颐指气使，唯我独尊，不能接受别人的批评，别人的批评对她来说简直就是"以下犯上"！平时公司的同事和下属也拿她没办法，因为她确实能力出众，她从名牌大学毕业，又去了英国留学研读硕士，回国后被公司当成重点人才引进，期间也做成过几个案子，效果还都不错。虽然平时受气，但同事们也只能忍了。

转眼春去秋来，在父母的威逼利诱下，小E开始了漫漫相亲路，但结果都以失败告终，男方不是被她"强气压"吓跑，就是无法忍受她的傲慢无礼。但终于还是碰到了一个"不畏强权"的，这个人叫阿D，28岁，性格忠厚，有些唯唯诺诺，大学毕业后，在一家小公司做了5年，凭借自己的努力升职做了小领导，倒也算"优质股"。刚开始接触的时候，阿D非但不觉得小E"以自我为中心"，反而觉得她很有主见，她的很多观点也让平时老老实实的阿D有了耳目一新，一段姻缘就这样开始了。

没多久两人同居了，但矛盾却渐渐显露出来，不管生活的任何方面，阿D都要听从小E的指挥，稍有不慎就会被小E讽刺甚至谩骂。小E心情好的时候，每天要问阿D不下30次的"你爱我吗？"不开心的时候，就会拿阿D出气，觉得阿D根本配不上她，这让阿D男人的自尊心很受伤。有一天，阿D加班到很晚，拖着疲惫的身体到家后就瘫软在沙发里，此时的小E正对着镜子精心的贴面膜，见阿D回家立刻兴奋地冲到他面前，脸上顶着一张面膜

第八章 将自己锁在笼子里——人格障碍

仰望45°角，问："阿D子，你觉得本宫今天美不美？"阿D刚躺下，脑子还在想着晚上加班的事情和明天到公司要怎么安排，看着眼前一张"白饼"实在提不起兴致，就随口应了一个字"美"。小E不会这么轻易放过他，继续追问："哪里美？"阿D面露难色，因为他实在看不出有什么不同，只好继续回答："哪都美，说不上来，和平常一样美。"这小E可就不高兴了，上去就揪住阿D的耳朵，怒不可遏地批评道："你一点也不关心我，一点也不爱我，你没发现我今天面膜不一样吗？今天面膜有精华乳，有美白功能！"阿D赶紧讨饶："亲爱的，对不起，我今天太累了，没看仔细，我错了！""说一句错了就行了吗？你这么不关心我，我太伤心了。我还以为在你眼里我是最美的呢！"阿D已经很累了，却还要与女友这样周旋，他感到不知所措。

阿D就在这样无止境的折磨中度日若年，后来他都害怕回家了，宁愿找个理由在外面应酬，甚至是在公司上网也不愿早回家。如此日复一日，到了谈婚论嫁的阶段，婚礼准备过程中，所有的内容都要符合小E的要求：每个请帖、宴席、手提袋上都要有自己的照片，婚礼誓词要阿D当着所有嘉宾的面说："亲爱的，遇到你是我这辈子最大的幸运"，连佩戴戒指阿D都要单膝跪地对着不同摄像机位摆拍好几组照片。试婚纱几乎跑遍了城内所有的婚纱店，也没有达到她的标准的。阿D呆呆地坐在店外的橱窗旁边，两眼无神，一想到婚后几十年，每天都要在这样的情景中度过，顿时头皮都发麻了。

终于到婚礼的这一天了。小E身着高贵华丽的一席白纱裙候场，想象着自己出场时惊艳全场的画面，沉浸在万众瞩目的美妙感觉中。时间一分一秒地流逝，阿D却没有出现，这一场本该完美的婚礼就少了一个新郎。新郎落跑，小E深受打击，她伤心的不是失去心爱的人，而是当着那么多人的面自己被抛弃，太丢人了——她这么优秀，怎么能被别人抛弃？

微人格心理学

看完这个故事，有的人可能会觉得小E活该，有的人可能会为小E打抱不平，但是这不是重点。重点是小E为什么会"逼走"幸福？让我们来看看心理医生给出的解释：小E患上了一种心理疾病——自恋型人格障碍。

什么是自恋型人格障碍？让我们再看一个例子。

《白雪公主》的故事我们都听过，在我们小时候听到这个故事时，统一的反应几乎都是在惊艳于白雪公主美貌的同时，痛恨蛇蝎心肠的皇后阴狠毒辣。但你有没有想过，皇后为什么会这样？有人会说是因为嫉妒白雪公主的美貌，但这只是表象。现在，让我们从心理学的层面来看看这个问题。

我们知道，皇后有一个重要的"助手"——魔镜，它能知道全世界最美的人是谁。故事里经常出现的一个桥段就是在皇后心情愉悦的时候对着魔镜问："魔镜魔镜告诉我，谁是这个世界上最美丽的女人？"而无辜的白雪公主每次都会成为炮灰。（这里插个题外话，这么牛的宝物，放在现在就是一台"人肉搜索"超级电脑，皇后居然每天只拿来问"谁更漂亮"，足以见得她的心理认知已经歪曲了。）

皇后淋漓尽致地为我们展现了自恋型人格障碍的症状。自恋型人格障碍与我们平常生活中常说的"自恋"可不同，日常生活中的"自恋"，大多情况下只是对自己的一种认可，这并不是一种心理障碍。遗憾的是，对自恋型人格障碍的诊断，我们目前尚无完全一致的标准。但可以确定的是，它的核心症状是以自我为中心，它的基本特征是对自我价值感的夸大和缺乏对他人的关注、对外界的感知能力，它主要的表现有：

接受不了批评，面对批评会表现出异常的愤怒、羞愧；
骄傲自大，以自我为中心，过分欣赏自己，并要求他人也要欣赏他；
坚信自己独一无二，全世界都应该因为认识他而感恩戴德；

喜欢指使他人，别人为自己服务应该感到荣幸；

对美丽、成功、权利和爱情充满理想化的幻想；

持久渴望关注和赞美，忽略周围人的感受；

缺乏同情心，有强烈的妒忌心。

因此，自恋型人格障碍患者情绪通常"忽冷忽热"，身边的人无法理解他的热从何来冷又因何而起。这也增加了治疗的难度，因为自恋型人格障碍不会轻易听取心理医生的劝告，也很难让他们相信自己有心理疾病。他们往往瞧不起任何人，更不能容忍别人对他们指手画脚。而且他们情绪飘忽不定，对心理辅导也造成了较大障碍。

如果发现自己被自恋型人格障碍困扰，就必须摆正自己的认知，做到以下两点：

一是要解除"自我为中心"的观念，时刻告诫自己，要通过自己的努力获得别人的认可，而不是凭空索取别人的赞赏和付出；做决定之前先换位思考站在别人的角度想一想，要明白自己和平常人一样也会犯错；要虚心接受别人的建议和批评。

二是要学会欣赏别人。每个人都有自己的优势和长处，要学会发现、欣赏别人的优点，学会爱别人，付出才有回报，从"我爱因为我被爱"转变为"我被爱因为我爱"。

做到以上两点，就可以不药而愈。爱就像"回旋镖"，你只有先扔出去它才能回得来。你要相信，当你把自己爱的"回旋镖"飞出去以后，终会在你最需要爱的时候回到你的手中。

偏执型人格障碍:"我凭什么相信你?"

你知道吗?我们生活中有这样一种人:当你的眼睛看向他,他会觉得你在心理盘算陷害他;当你的眼睛投向别处,他又会觉得你心里有鬼;你对他笑,你会觉得你虚伪;你不对他笑,他会觉得你充满敌意;你和他说话,他会觉得你话中带刺;你和别人说话,他会觉得你在和别人密谋着对他不利的事情……

无论你以何种状态和这样一种人交往,他总会对你充满怀疑和敌意。可能你毫无意识的一句话会深深刺痛他们的心,你的一个无伤大雅的玩笑可能让他足以揣测你的"叵测居心"。这种人非常敏感和多疑,他们固执地相信这个世界对他充满敌意,危险无处不在,这种病态的人格问题被心理学家称为偏执型人格障碍。

来看一个例子。

杰西是一个年轻的小伙儿,正在读大三,正值风华正茂的年纪,但他却觉得快活不下去了。他觉得他活在一个危机四伏、充满虚伪的世界里,他不相信任何人。这得从小时候的一件事说起。

小时候,爸爸妈妈都很疼杰西,他在一个轻松快乐的环境中成长。但有一次,爸妈不知道因为什么原因发生了争执,而且愈演愈烈,最后升级成一场火药味十足的骂战,各种粗俗的语言和恶毒的诅咒像一根根针一样,深深扎进了小杰西的心里。他从来没见过爸妈这样,他吓坏了,在一旁哇哇大哭,

第八章 将自己锁在笼子里——人格障碍

但歇斯底里的父母并没有理会他。那一个下午，他们都在无休止地争吵，杰西哭着哭着，直到哭得累了，他才渐渐地止住了哭泣。眼泪干涩地留在眼角，顺着眼角还有两行泪渍凝结到嘴角。他呆呆地看着父母和杯盘狼藉的周围，他幼小的心无法承受这样的突变，他无法理解平时恩爱和睦的爸爸妈妈此刻居然成了不共戴天的仇人，觉得自己被什么欺骗了，他的幸福感好像水晶一样在那一刻破碎了。从此以后，他变得少言寡语、性格孤僻。

他对父母产生了厌恶之情，每当父母表现出对他疼爱的情感和举动时，他觉得父母都是假仁慈。平时和小朋友出去玩，妈妈叮嘱他别乱跑、注意安全，他觉得妈妈是嫌弃自己没有其他小朋友乖；爸爸偶尔带他去儿童乐园玩，他觉得爸爸认为自己烦，想带他出去丢在公园里；妈妈说多吃蔬菜有营养，他觉得妈妈是不舍得花钱买肉；读高中时，爸妈把他送去寄宿学校，因为那里教学条件更高，但他觉得爸妈想扔掉自己这个"包袱"。总之，自那次争吵以后，父母就没见过他笑过，他就像个刺猬一样，阻挡甚至伤害一切父母付出的关爱之心。

到了大学，杰西还是一样敏感和多疑，他会注意到老师面部微小的扭曲，或者同学嘴角一边微微扬起，他认为这是他们不喜欢自己的表现；有时候，夜里寝室楼道路过一只猫，或者外面几个晚归同学的嬉笑吵闹的声响，他会视为精心策划的针对自己的骚扰；再比如看到两个同学窃窃私语，不经意间一个同学的眼神往他这里瞥了一下，他立刻会警觉是不是对方正在说自己的坏话。

如果这个时候你要劝他："你怎么会这么想呢，其实我们（他们）不是你想的那样！"他会立刻暴跳如雷，即使不对你破口大骂也会用极其不屑的眼神斜视你。因为偏执型人格障碍患者是非常排斥任何反对的，就连反对在他们看来也是对抗自己的一部分。

微人格心理学

其实通过这个例子，你大概可以看出偏执型人格障碍的表现和成因。这类患者往往表现出固执、敏感、多疑、记仇、心胸狭窄、容易嫉妒，他们拒绝相信客观的事实，拒绝批评，受到质疑时会立即争论反抗，甚至发起攻击性。除了自己，别人都无法和他们和谐相处，他们当然也不会觉察自己的心理问题，他们只会觉得这个世界是阴冷的，每个人都是不怀好意的！

杰西的例子就反映了偏执型人格障碍的一个成因——后天生活环境影响。家庭环境对孩子人格的形成至关重要，所以偏执型人格大都是在儿童期、青春期的成长环境中形成的。家庭成员关系的不和谐，比如父母经常吵架、撒谎、酗酒等行为，都会给孩子的人格造成不可估量的伤害。

偏执型人格形成的另外一个原因，是由于个体本身的外貌、身高、身体素质以及生理上的缺陷还有疾病带来的自卑感。他们担心遭到别人的嘲笑、歧视和议论，所以他们先从内心将别人屏蔽在外。他们的内心早就形成了这样的认定："我是被别人看不起的。"

另外，研究发现，偏执型人格障碍还与遗传有关。人格障碍患者的亲属中人格异常的发生率和血缘关系远近成正比，血缘越近，发病率越高。而且人格障碍患者的子女即使寄养出去以后，人格障碍的发生率也会比较高。

患上偏执型人格障碍后怎么办呢？对于这种心理疾病的治疗方法有：认知提高法，在建立互相信任的基础上，让他们意识到自己的问题；交友训练法，鼓励他们积极进行交友活动，学会信任；自我疗愈法，难以相信别人就先自我剖析；敌意纠正训练法，减少降低对外在世界的抗拒。其实发现偏执型人格本身不可怕（治疗方法并不少），可怕的是许多偏执型人格者往往并不觉得自己的心理有问题。所以，如何能找到治疗的切入口才是关键。

下面来看看一个患者的治疗案例。

第八章 将自己锁在笼子里——人格障碍

这是一位女患者，她总认为身边的朋友在为难他，觉得每个人都心怀鬼胎。

医生：你很紧张，好像身处险境，能和我聊聊发生什么事了吗？

女患者：他们总是在我背后窃窃私语，肯定是在密谋要害我。

医生：除此以外呢？

女患者：他们还经常当着别人的面嘲笑我。

医生：还有吗？

女患者：没有了，难道这样还不够吗？

医生：像你刚才说的，他们其实并没有对你采取什么攻击行为，只是在背后窃窃私语讨论你，对吗？

女患者：那他们还没这个胆量。

医生：你觉得他们这种状态持续多久了？

女患者：从我认识他们那天开始。

医生：所以他们从一开始就这样，他们以后还是会这样对吗？

女患者：肯定的。

医生：那我们看看这样行不行？反正他们会一直这样下去，我们来分析分析他们真实的危险性如何？

女患者：那就试试吧。

医生：你之前提到朋友总是在背后议论你，但他们从来没有真正攻击你，对吗？还有，你说他们嘲笑你，那你应该也见过他们嘲笑别人对吧，其实并没有对你造成重大伤害。另外，他们这种状态已经持续很久了，从你们认识的时候算起，应该也有好几年了。也就是说他们这种可能加害于你的诡计最多也只能让你在朋友面前显得有点尴尬，对吗？但是哪个人没有尴尬的时候呢?那么总结来说,即使他们对你心怀不轨,也做不了什么真正伤害你的事情。

女患者:好像有点道理。

医生:那好,那我们就不用过于担心,让我们来聊聊如何避免和消除这种情况的方法……

从上面的片段可以看到,心理医生并没有一上来就否定患者的想法,也没有急于断定患者的病态心理,而是当成朋友一样的聊天,顺着患者的观念,加以引导,让他从一个钻牛角尖的死胡同走出来,试试别的路能不能走通。

表演型人格障碍:到处都是我的舞台

偏执型和自恋型人格者,在社交方面多倾向于冷漠、孤僻。现在我们来介绍一种与这两者相反的人格——表演型人格。这一类人,他们非常需要朋友,热衷于出入各种社交场合,因为他们需要舞台表现自己,需要朋友肯定、赞美自己。在一群人中,他们总是不由自主地就成了话题的主导者,好像话题就是围绕自己一个人转的,不管别人愿不愿听。他们觉得自己是美神维纳斯的宠儿,天生就应该且必须向世人显示自己的美。如果没能让别人欣赏到,那真是一种遗憾!

钱超就是这样一类人。

想象一个场景:你在一家悠闲恬静的咖啡厅坐着,一杯卡布奇诺,一本

第八章 | 将自己锁在笼子里——人格障碍

自己喜爱的书，冬日午后的阳光总是恰如其分地透过玻璃窗爬过你的肩膀瘫软在你的腿上，温暖而舒适。咖啡厅其他顾客也在安静地做些自己的事，气氛融洽。偶尔进出一两个顾客，门口的风铃会发出几声轻微的"叮咛"声，除此以外，咖啡厅内就只剩下令人舒缓放松的背景音乐了。

突然门口风铃怒吼一般地发出一阵杂乱的"哗哗"声，所有人的目光都被吸引向门口，来者不是别人，正是钱超！只见他身穿一身黑色呢子大衣，脖子上围着一条白色围巾，一顶黑色小礼帽，一副墨镜，打扮得极有派头。摘下帽子，他将墨镜推至头顶，环顾了四周一眼，然后手插在口袋里跺了跺脚后跟，你这才注意到他锃亮的皮鞋上赫然嵌着一个金属的"H"。他径直走到你旁边的位子坐下，脱去外套，你再看他就像T台上的模特，满身都是各种名牌。

这时，你们四目交接，你出于礼貌对他微笑点点头，他突然就像小孩得到糖果奖励一样，无比高兴，伸出一只手向你挥舞，并用美声般的声音说了句"你好！"这一声又吸引所有顾客朝你们看过来。因为打扰到别人，你显得有些尴尬，对其他人回应抱歉的眼神。但钱超可不同，他像又得到一块糖的奖励一般，向所有人投去欣喜的笑容，还对着所有人说："你们好！"这次比上一声更洪亮了。顾客们有些没有做出回应，回过头继续做自己的事，有些礼貌性地点头示意。你再看钱超，他脸上的笑容已经到了让你感觉十分夸张的地步了，好像这辈子最幸福的时刻就凝结在这了。

终于又恢复了之前的安静，每个人都做着自己的事，只剩下舒缓安静的背景音乐，你也低下头继续看书，品玩时光了。10分钟后，一个黑影从你的桌子上掠过，你抬起头，钱超正坐在你的对面。"抱歉，打扰你一下，不过我想等我们聊了一会后，你就不会介意我现在的冒失了，因为我会让你变得更快乐。"出手不打笑脸人，你只好拿出自己的一点时间和他聊聊，虽然你并没有和他聊天的兴致。

"您好,认识您真是太高兴了,我先正式介绍一下自己,我姓'钱',单名一个'超'字。钱是钱钟书的钱,超是梁启超的超,虽然我没有他们那么大的学问,但我也有很多其他的本事,比如我会变魔术,会唱歌,最近我还在学习国画,而且我的老师是一位著名的画家,他非常肯定我的天赋,我明年大概就可以开画展了!对啦,我做饭的手艺也不错哦,如果有机会欢迎您来我家做客,让我做一顿正宗的粤菜给您尝尝,一定会让您觉得不虚此行的。我还喜欢旅行,我喜欢用脚丈量人与人的距离,我喜欢用相机记录城市的痕迹,天呐!我已经迫不及待想给您展示一下我拍的照片了,噢,在给您看照片之前,我想我还是先给您变个魔术吧,请注意看,我的两只手什么也没有,待会你就会看到奇迹的发生……"

整个下午,你就被他昏天黑地地海侃一顿,你没多少机会插话,因为他有太多的东西急于向你展现,并时刻期盼你的肯定和赞赏,甚至在你还没有反应过来时,他会通过自言自语来自我肯定,比如:"……我做得不错吧?大家都这样说,但是我还是觉得没有发挥好……"

这种不管你能不能完全接受,神经质般一股脑儿地把自己表现在别人面前的,且非常在意别人评价的表现,就是表演型人格的典型特征。

如果你认为钱超的状态你还勉强能接受从而低估表演型人格的"杀伤力",那下面这个案例你就不会这么认为了。

艾丽今年29岁,是个典型的表演型人格者。她从小就渴望得到别人的赞美,在家待不住,因为无法忍受爸妈出去上班时家里空无一人,她需要时时刻刻得到关注。长大后,她接触到酒吧,在这她找到了属于自己的舞台。

第八章 将自己锁在笼子里——人格障碍

她急于表现自己，不管谁与她搭讪，她十分乐意地同对方喝酒、跳舞、聊天，甚至拥抱。她发现自己只要打扮得越美丽，就会得到越多人的赞美，所以她花费大量的时间来涂脂抹粉、描眉弄眼，打扮得非常妖艳。起初她非常满足，觉得只有酒吧里的人才懂得自己的美，才会毫不吝啬地赞美自己，于是她几乎每晚都去酒吧。时间一久，她发现那些夸赞自己的人都是男人，而且都是对自己意图不轨的男人，她很苦恼，她只是单纯地希望得到别人由衷的赞美，而不是假意的殷勤。后来，她又发现她去的越频繁，别人看她的眼神越别扭。

人言可畏，很快，她在朋友圈的名声一落千丈。迫于舆论的压力，她不再打扮得妖艳妩媚去酒吧招摇，但她也失去了很多快乐，因为生活中再听不到那么多人夸自己了。

终于，她遇到一个真心欣赏自己的男人，并和他一起步入了婚姻的殿堂。新婚燕尔，艾丽觉得自己就是全世界最幸福的人，因为她经常能听到老公爱的赞美。但好景不长，随着时间的推移，初时浓情蜜意被生活的琐碎和压力消磨殆尽，老公对艾丽的关心越来越少了。以前，即使艾丽只是换个新的发饰，他都能第一时间发觉，并送去赞美之词；现在，即使艾丽换上新买的衣服在他面前转体一圈，他也未必能发现。他并没有觉得有多大问题，因为很多经过激情归于平淡的夫妻都是如此。但在艾丽这里，这可是天大的问题："你不再爱我了吗？我要失去你了吗？"有时候艾丽也会否定这样的想法："他只是太忙了，他每天工作那么多，压力那么大，其实他还是爱我的。"即便她这样想，但还是难以忍受别人对她的忽略。她越来越痛苦，无奈之下，她再次走进了酒吧，并且打扮得比以前更冶艳，每天沉溺于酒吧，这可是丈夫不能接受的，他们开始争吵。这种争吵一旦开始，就变得不可收拾，因为艾丽无法接受批评和指责，他们最终只能分道扬镳……

通过钱超和艾丽，我们来总结一下，表演型人格障碍这类患者通常的表现是：

表现欲强，表情夸张，像演戏一样；
情绪很容易受他人影响，十分在意别人对自己的评价；
经常渴望收到表扬和同情，时刻希望提高关注度；
过度频繁参加各种社交活动，并表现得非常活跃；
需要别人经常关心自己，为了得到别人得关注，不惜哗众取宠；
夸大其词，掺杂幻想情节。

你大概已经看出来了，这一类人格的人，在人际交往中通常不会得到什么甜头，而且总会引起他人的反感。要避免自己成为表演型人格者，首先要提高患者的自我认知，正视自己人格中的缺陷，避免自我膨胀；同时要顾及别人的感受，让身边朋友能够接受的方式来交流，在表现度上要适度，不要太夸张；最后，要建立自信心，自己给自己安全感、存在感，不要活在他人的评价里。

悄悄提醒你：如果你身边有这类表演型人格的朋友，建议你"将计就计"，鼓励他们去从事表演方面的文艺工作，因为这类人在社交上的缺陷往往能够成就自己在表演上的才华，通过与观众的互动也能够让他们的情绪得到释放，这不失为一种巧妙而可行的应对方式！

边缘型人格障碍：极度不稳定的濒危人格

"边缘"一词，在汉语里的解释是周边部分、临界的意思，是指沿边的部分。同理，在人格中，"边缘型"通常指的是正常人格和各种非正常人格的沿边部分，正因如此，"边缘"所以存在较大的危险性。想象一下，一个大圆圈四周环绕很多小圆圈，这个大圆圈就是正常的人格，四周小圆圈就是各种非正常的人格（比如前面说过的自恋型、偏执型、表演型人格障碍等），每一种人格"圆圈"越靠近中心就越稳定，越往外越激烈，边缘型人格障碍就是正常人格和非常人格的边缘部分。所以，边缘型人格障碍经常处于极端和不稳定的状态，你弄不清什么时候，因为什么事情，就让他们变得愤怒、消极甚至自残。

先来看一则案例。

薛明是一所医院的主治医生，32岁的他在同事和领导眼中都是成熟、稳重、有前途的好医生，各种疑难杂症都难不倒他，因此也获得了病人的极大信任，声名远播。

然而，在世人面前他是救苦救难的白衣天使，面对自己他内心却住着一个自我折磨的恶魔。他医术高明，但不善与人沟通，与同事和病人讨论病情时都言简意赅、少有笑容，这倒不会引起别人的注意，因为这和他职业相关，这种不苟言笑的性情反而会让病人对他产生敬畏感。内心的纠缠非但没有给他的工作带来阻碍，反而无形中提升了和家属交代病情时的沟通效率，所以他并没有意识到自己的心理有什么毛病。但该来的总是逃不掉，最终心理问题将薛明逼上了绝路。

一个寻常的一天，薛明消失了，没去医院上班，电话也打不通。同事电话打到家里，妻子说他从昨晚就没回来了，还以为他是在连夜给病人动手术。家人和同事找遍了他可能去过的地方，可他好像人间蒸发了一样，没有任何音讯。他们在家中的卧室枕头下、办公室抽屉里还有领导办公桌上的文件夹里分别发现了一封薛明留下的亲笔信。原来，薛明忍受不了内心的痛苦，离家出走了，在出走之前的两周时间里，薛明每天下班后，通宵未眠，分别给妻子、同事和领导写了3封"控诉信"，整整7万字。

他给妻子的信中回忆了他们从相识、相知、相交到相爱的整个过程，他记得妻子每次笑、每次哭的情形，字里行间都透露出浓浓的爱意，直到他决定离家出走仍然是深爱着妻子的。但在信中另一部分却截然相反，他表达了对妻子不理解自己的不满和责怪。比如前年，因为病患很多，薛明有一段时间在医院连续工作了数月，高强度连轴转累垮了他，医院决定给他放假半个月，让他好好休养。正好他一直想找机会去希腊，于是回家后他兴致盎然地和妻子提议去希腊度假，可等到的却是妻子冷漠的回复："工作太忙了，没时间去，你还是在家待着休息好了。"薛明在信中就这件事情长篇累牍地控诉了妻子对自己的不了解，然后又大谈特谈了去希腊旅游对自己的重要性，他小时候在书本中读到关于希腊的介绍，于是从那个时候他就日夜期盼有朝一日可以去希腊看看，以前因为经济和时间原因无法实现，这次终于条件都具备了，但是却没有得到妻子的肯定和支持，他非常失望。

妻子看完很无奈，当时她明明是认为薛明工作太累，想让他在家里好好静养，就随便找个借口说自己忙不想去，没想到竟遭到了他的误解。这只是信中提到的大量"控诉事件"中的一件，薛明还详细地罗列了许多妻子的"罪状",而在她看来,几乎所有事情都是薛明的误解。令她更为不解的是,薛明误解的这些事情,明明可以通过沟通来得以解决,他却从来没有提过一句。只要他提出来,很多误会可能当场就烟消云散了,但他全部积压在自己的心里,只在这一刻才爆发。

他在给同事的信中,表达了对他们工作能力和态度充分的肯定和欣赏,身为其中一员,他感到自豪。但信的内容过半时,话锋一转,他开始控诉同事在与病患沟通时缺乏技巧,他开始一一列举某同事在与某家属沟通时的某一句话、某一个语气、某一个顿句存在某个问题。说到激动处时,他甚至言辞激烈地说他们是在间接杀人。

同事看完信哭笑不得,他们没想到平时正常的与病患的沟通,薛明却看得十分谨慎。事实上,他在信中举的例子,现实中病患的情况都是好转的,他们也没觉得医生哪句话表述不对了。

在薛明给领导的信中,他首先感谢了领导这些年对他的栽培和重用。之后,通篇都是在强烈地自责,他把所有经他手的病人所患的疾病都归咎于自己,认为都是因为自己给他们带来了病魔和痛苦,他每天都生活在深深的自责之中不能自拔。

领导看完这封信以后也开始自责了,自责的是为什么没及早发现薛明的心理问题,他这是产生了边缘型人格障碍,如果早发现早治疗,也不会演变成今天这个局面。

在警方的介入下,最终在另一个城市马路边的一个破旅馆找到了已经醉得不省人事的薛明。他在离家出走以后,隐姓埋名,到了一个陌生的城市,拿着离家前取的一笔钱住进了一件小旅馆,终日用酒精麻痹自己。但后来,酒精已经不能满足他了,他开始自残,用烟头烫自己的手臂,用刀片割自己身体,终日活在阴暗的痛苦之中。当警察找到他时,他已经体无完肤、命悬

微人格心理学

一线了。

这是一个悲剧，但也说明了边缘型人格障碍的危害性。那么，这究竟是一个怎样的心理疾病呢？

根据目前的医院研究发现，导致边缘型人格障碍患病的原因主要有四个：遗传因素、脑病理学、生化因素和社会因素。遗传基因会影响到人格障碍的发病率，这一点前文已经提到过；脑病理学主要是指因为脑结构的功能不良，比如，研究发现边缘型人格障碍的患者海马和杏仁核容积比正常人要小，因为这种因素是不可控的，这里就不做介绍了；最后一类是最常见的原因，就是社会因素，当人在青春期遭受创伤性经历或者重大事故后，造成心理阴影，比如情感忽视、虐待、过分溺爱等，就很容易导致边缘型人格障碍的产生。

边缘型人格障碍者一般会有难以控制的情绪，极不稳定的人际关系，自我身份识别障碍，被抛弃的极端恐惧，冲动及自残自杀倾向和行为。这里，我们对"自我身份识别障碍"作一下解释，简单说就是患者经常会混淆，弄不清自己是谁，工作上、生活上、感情里都找不到自己的准确定位，容易迷失自己，长期发展下去可能会演变为精神分裂症。

总的来说，边缘型人格障碍患者主要是认知上出现了问题，自我主观上认为被外界"边缘化"。所以，我们在对待这类患者时，需要付出更多的关心和耐心，慢慢地疏通患者的心结。

反社会型人格障碍：走向极端的"保护者"

"ISIS"，是继本·拉登恐怖势力之后，又一个让全社会谈之色变的极端组织。该组织于2014年通过视频接连向全世界发布他们枪杀伊拉克政府军和美国记者的画面，一时让他们成为全球最恐怖的黑暗势力。一时间，这个先前看似比较"低调"的极端组织汇聚了全球的关注的焦点。当我们进一步了解，就会知道，仅在2014这一年中，"ISIS"就犯下了众多惨绝人寰、令人发指的反人类罪行。

2014年1月8日，"ISIS"武装分子在叙利亚枪杀了50名左右的人质，而这些人质中很多还是手无寸铁的积极分子和记者；6月14日，"ISIS"武装人员使用AK47集中射杀大量俘虏的伊拉克安全部队士兵；10月18日，"ISIS"武装人员处死一名17岁男孩，并将其尸体钉在十字架上曝尸3日，处死他的理由仅仅是因为这名男孩拍摄了他们的据点；10月20日，有人在死去的"ISIS"分子手机中，发现有女婴被按倒在地，以刀架喉咙的照片，照片中女婴因惊吓过度正嚎啕大哭，据称这名女婴的一家因为宗教信仰而招致杀身之祸，最终连婴儿也难以幸免；11月2日，据《每日邮报》报道，一张"ISIS"狂热分子鼓励婴儿踢一名叙利亚士兵头颅的残忍照片引发强烈关注；同月，"ISIS"武装分子又向全世界公布了一组斩首美国记者的直播画面，立即引发全世界的强烈谴责……

人类是群居动物，具有社会属性，当某些人在社会属性上出了问题，那么相应的，就会在他们的行为中表现出来，就像上面介绍的"ISIS"恐怖组

微人格心理学

织一样，他们背离了人类社会的社会属性，扭曲了人类的正常的行为动机，所以他们的存在威胁着大部分正常人的生命安全，他们也被判定犯了"反人类"的罪行，不能被这个社会接受。

当一群"反人类"的人汇集到一起，就变成了恐怖组织，但如果是单个个体呢？这就是今天要介绍的一种人格障碍——反社会型人格障碍。

M从小就是在街坊四邻出了名的"刺儿头"。父亲性格暴躁，有酗酒的恶习，经常醉醺醺回家，回家还经常撒酒疯动手打骂妻子和孩子。母亲身体不好，家里经济也很拮据，一个人操持整个家务，做得不好还要遭到父亲的责怪。于是，家对于M而言，没有其他小孩温暖的感觉，反而让他产生反感、厌恶。所以他经常往外跑，整天不回家，渐渐地染上欺善怕恶、小偷小摸的恶习。

读中学以后，M因为违反校纪校规，不停被学校劝退和开除，以至于后来没有其他学校敢招收他了。这倒也好，反正他也不愿意被管束，索性就退学了。退了学以后的M变本加厉了，他组织了一批和自己一样在社会上游手好闲的人，成立了一个"混混"组织，整天到处破坏小商铺的生意，然后强迫他们交"保护费"，弄得民怨载道。不过M也没逃得过法律的制裁，他因为小偷小摸、好勇斗狠还有违反治安安全罪多次被监禁，但他屡教不改，每次出来后要不了多久就会再犯。

再后来，等到M成家立业了，恶习一个没改，新毛病倒是增加了不少。他也开始酗酒、夜不归宿，动不动就动手打自己的妻子。刚开始的时候他很痛恨自己，他曾经那么厌恶自己父亲，没想到等到他长大以后也变成了跟父亲一样的人。他也想过克制自己的情绪，但是最后都以失败告终，于是他又像当年放弃学业一样，索性放任自己的性格朝着一个歧途走去了，并且越走

第八章 将自己锁在笼子里——人格障碍

越偏。

有一天,M又喝醉了,醉醺醺回到家,妻子已经睡下。M门都没关上就嚷嚷着让妻子过来给他脱鞋、放水洗澡。妻子因为已经习惯他这副模样,就没有去搭理他,自顾自睡觉了。这可惹怒了M,他伸手抄起一个酒瓶就向妻子砸去,妻子当场头破血流。平时忍受丈夫的拳脚,能忍也就忍了,但这次妻子终于忍无可忍了,拿起行李箱收拾衣物就准备摔门而去。M一把揪住妻子的头发往墙上砸去,还质问她要去哪,嘴里在质问,手可没停,妻子被撞昏迷,晕倒在地,地上一片狼藉、血迹斑斑。

隔壁邻居听到动静,见门也没锁,本来想进来劝劝他们不要吵架,这一进门立刻就被眼前的景象吓傻了。看着M妻子晕倒在血泊之中,邻居急忙拨打了急救电话。M以为邻居要打报警电话来抓他,立即冲出来恐吓邻居,让他放下手机。邻居好心劝他醒醒酒,告诉他,再不打急救电话,他妻子就撑不下去了。他不管三七二十一,冲上去就掐住邻居的脖子,直到邻居断气。

当警察赶到时,现场只剩下M妻子和邻居冰冷的尸体,M畏罪潜逃了。三年后,M终于落入法网,但在三年间,他又杀害了5个无辜民众。在审讯M为什么杀人的时候,M给出了令人毛骨悚然的答案:"因为我对杀人上瘾了。"之后经鉴定,M是反社会型人格障碍患者。正是这种人格障碍,让一个人变成了恶魔。

在人格障碍的各种类型中,反社会型人格障碍是心理学家和精神病学家所最为重视的。这种人格障碍表现出来的症状是:

高度攻击性,易冲动,缺少自控力;
无社会道德观念,丧失底线;

行为无计划性，随心所欲；

不适应社会公共环境，不能从既往的经验中获益。

    反社会型人格障碍的发病原因，除了遗传和大脑发育不良，最主要的原因还是家庭和社会环境所造成的。很多调查表明，在童年和青少年时期若是遭受心理创伤，其后果是无法估量的，不和睦的家庭环境、不正确的家庭教育、不健康的社会环境对青少年时期的人格塑造是决定性的。这也透露了防御这种人格障碍的最佳方法。

    反社会型人格障碍的治疗难度和危险性很大，与其采用"亡羊补牢"式的治疗，不如早些对它进行预防。由于家庭环境是反社会型人格障碍主要诱因，所以如果我们能在源头上将这种病因扼杀在摇篮之中，那患这种人格障碍的发生率则会明显下降。父母才是孩子最好的启蒙老师，如何采取有效措施，预防和矫正儿童、少年的品行问题才是至关重要的。

第九章
每个人的心里都住着撒旦

——人格的阴暗面

再善良的人也会有坏心思！再保守的人也会"享受"罪恶带来的刺激感！"虐待他人"、"肢解动物"、"折磨恋人"、"施展暴力"等这些变态行为都是为了发泄某些情绪，表达心中的诉求，获取心理和生理上的快感。你敢深入了解那个"邪恶"的自己吗？

微人格心理学

施虐者的快感——为什么人会有阴暗心理

几乎每个人的年少时期，都曾有过恶作剧的行为。先别急着否定，如果你已经忘记了，那么现在请跟随我们的镜头，回到你的童年时期。

下雨过后，你和几个小伙伴背着书包走在放学的路上。那时候的路面可不怎么平坦，到处都是坑坑洼洼的。这对大人来说可真是头疼的事情，但是对你来说，却是乐趣所在。你和小伙伴们捡起路边的石子，使劲儿朝向远处的水洼扔过去，溅起的水花、泥巴调皮地散开，你们觉得好玩极了。

这时，来了一个老奶奶。老奶奶拄着拐杖，眼睛好像看不见。机会来了，你们开心地跑过去，说："老婆婆，要不要我牵着你过去啊？"老奶奶可不是傻子，她太了解你们这群"捣蛋鬼"了，她急着想要逃走，又苦于看不见路。你们不由分说，拉起老奶奶的拐杖，就牵着她走到了"水洼"里。老奶奶左踩一脚，是水，右踩一脚，是泥，慌乱而又恼怒地骂道："小兔崽子……"哎，这你们可不乐意了。你们捡了几颗小石子，朝她脚下的水洼扔过去。很快，你们看到她新换的布鞋也湿了，身上都是泥，那可笑的场景，让你们忍不住乐开了。

老奶奶慢慢走远了，你们却已经来了兴致。这时，又来了一个骑着自行车的女人，你们的注意力很快转移到了她身上。瞧，她穿着漂亮的白裙子，怕被泥水溅到，小心翼翼踩着踏板。你们可不管这些，你们拾起身边的石子，趁她路过的时候，用力地把石子扔向她轮子下的小水坑。如你们所想，水和

第九章 │ 每个人的心里都住着撒旦——人格的阴暗面

泥巴溅了她一身。她的脸都气红啦，委屈得快要哭出来，怕你们再做出什么坏事来，只好快速地骑着车离开。看到她这样，你们更开心啦！

……

类似的恶作剧，许多人都有过。小时候，谁都有过因为淘气捣蛋而被父母教训的经历。回想一下，当时你是感到恐惧和愧疚，还是感觉到刺激和雀跃呢？事实上，大多数孩子并没有感到这样的"坏事"有什么不妥，他们觉得很快乐。

这些都是常见的恶作剧，也是因为童年时不懂事而形成的。在这个时期，恶作剧的孩子会因为看到他人受苦、恼怒，而感到兴奋和欢快，他们没有什么明确的坏心思，只是不知不觉就那么做了。然而，有一些人，在成年之后，也会有这种心理，他们乐于看到别人的痛苦，他们会在别人受灾的时候感到愉悦，他们甚至会制造这些灾难。诸如"杀人成瘾"这种异常行为，也是这种心理的极化形式。

暴力行为也是如此。为什么人会产生暴力呢？试着回想一下，许多人在小时候（尤其是男性在小时候），都有过欺负比自己年纪小或者个头小的孩子的经历，他们会从这种行为上感受到自己的强大，并且因此而自信心"爆满"，热血沸腾。长大以后，随着社会道德的约束，我们会将这种心理埋藏起来。然而，事实上，它并没有真正消失，在自控力和道德感低下的人身上，这种隐藏的快感还是会显露出来。对于他们来说，欺辱、虐待别人会产生一种心理和生理上的快感，这会让他们感觉自己有控制别人命运的能力，这种快感甚至会像毒品一样，让他们上瘾——他们乐于成为一个施虐者。

施虐者的存在，一定意义上取决于一种受虐者的心态。从某种程度上而言，施虐者在施虐过程中会产生一种暂时的快感，在那些支配行为的操纵下，感官刺激和受虐者的表现成为施虐者快感的原动力。对于成人来说，常见的暴力行为有两种，一种是"性暴力"，一种是单纯的家庭暴力。

法国人萨德说："因为这类性爱行为是为人伦不齿的，所以会在性行为者心中萌生一种违反传统道德的罪恶感，而罪恶感在他们看来是快感的源泉。"简单来说，就是越罪恶，越快乐。曾有报道，有一例患"施虐症"的丈夫曾将老婆的衣服全部扒光，一丝不挂地捆绑起来，用皮鞭抽打，然后用电流向老婆满身通电、用小刀在老婆的胸前刻上她的名字。在这一系列的"变态"过程中，老婆越是痛楚地喊叫、哭泣，这位丈夫就越是高兴，越是满意。

我们再看一则案例。

花姐，35岁，单身，是一个戴着眼镜、相貌端庄的女人。她在一家私营企业任财务总监。你看到她文静而清秀的外表，绝对不能想象，她还有一个特殊的身份——施虐者"白猫女王"。这个名号是她在网络中的虚拟代号，因为她是那些所有愿意被虐待者眼中的女王。当然，她也在施虐中得到心理上的某种满足，并深陷其中，不能自拔。一些知识分子和城市精英，通过网络平台和花姐取得联系，并约见进行所谓的"施虐游戏"。而游戏中，花姐大多数充当的是支配者。游戏的道具大都由施虐者提供，花姐的道具大都是从成人商店购买的，那里出售各种绑缚身体的装置，最常见的就是鞭子、绳子、手铐等用具。这些物品具有一定的强制力，从而体现施虐者的支配欲望。"丝袜项目是400，捆绑是500"。花姐的施虐行为还有明码标价。但钱对花姐来说，这并不是最看重的，因为她从中得到的愉悦感让她几乎成瘾，而且花样也随着心理的变化而复杂多样。她很享受这种施虐的快感。

除了性虐行为，罪恶心理笼罩下的人，还存在着以暴力施虐而带来征服

第九章 | 每个人的心里都住着撒旦——人格的阴暗面

的快感。这无疑是罪恶状态下的完全施虐行为。这种施虐从表象上是嚣张跋扈的激烈冲突，是不留情面的以暴施虐，是无所顾忌的占有和征服，但在施虐者的内心却是愉悦的，是享受这一施虐的过程的。

在日常生活中我们通常会对一些人保持警惕：那些陌生人，那些来主动与你搭讪的人，那些推杯换盏要和你聊聊的人，会引起我们的警觉——整理衣襟，拉好皮包的拉链，甚至可能打算躲得远远地。可现实中真正带给我们伤害的人，往往并非陌生人，而是那些我们熟悉的人。当某个人对自己最亲近的人产生了暴力倾向（与性爱无关的），就形成了家庭暴力。

迪诺和莎莉婚后颇过了几年平静美好的生活。迪诺作为莎莉上研究生时的导师，是一名有过婚史、懂得嘘寒问暖的成熟中年男性，在追求莎莉时，可谓占尽天时、地利、人和的优势。远离家乡小镇的莎莉最终接受了迪诺的求爱，她为自己找到了一个既有才华、又懂得疼人的丈夫，感到十分幸福。两人关系紧张是在2010年前后，当时家里发生两件事，一是迪诺在竞聘中没有当上副院长，感到很没面子，天天怒气冲天，不停地抱怨有人捣鬼；二是莎莉所在的行业经营不景气，莎莉想自己创办广告公司。迪诺坚决反对莎莉主动辞职，说女人图的是安稳，重心应该在家庭。而在办广告公司一系列审批手续时，迪诺因莎莉屡屡晚归和张罗饭局，还经常动用家里钱财，烦不胜烦。开始，迪诺惯用的伎俩是动辄生病，让莎莉在家里看护，后来就由口角而发展到动手。迪诺常常是一边动手一边咆哮："你还想当女强人？看我不打死你这个该死的女强人！"莎莉记得最清楚，也是迪诺打得最厉害的一次是2010年10月，她的公司刚走上正轨就为一家大型企业承办20周年庆典，并且取得成功，利润也十分理想。为了庆祝这次旗开得胜，那天晚上她召集所有的员工去酒吧痛痛快快地玩了半宿。半夜，莎莉回到家，还没来得及和迪诺解释什么，迪诺劈头就是几个耳光，接下来就是拳脚相加，边打边骂："你给我滚出去，有你这样不顾家的女人吗！"

在迪诺看来，他的世界完全乱套了：他事业上不顺，而妻子在事业上则顺风顺水。迪诺原本在夫妻关系中始终处于居高临下的地位，他已经习惯了妻子对自己的崇拜与顺从，可现在，局势发生了根本的变化，整个颠倒过来了，他一瞬间就处于下风。而莎莉也"变坏"了，不再是以前那个唯唯诺诺、百依百顺小女人，而是有了自己的主见，能够独立了。这样一来，迪诺的情绪自然会变得焦虑、狂躁，他只能将怨怼发泄在妻子莎莉身上。在这种暴力中，他得到了"以强压弱"的快感，他惟有用此才能掌握局面。

作为家庭暴力中的施虐者一方来说，之所以成为施虐者，主要原因在于个体的人格障碍和人格缺陷，心理健康状况处于较低水平。在心理和行为方式上，施虐者有四个较为典型的特质：强烈的权利意识和控制欲，由自卑偏狭导致的无端猜疑，发生矛盾时会产生"外部归因"的思维，情绪两极化与分裂型人格。这种病态人格特征大都是由少年时期受到家庭环境的不良影响引起的，由于不良的家庭教育和生活环境，导致他们在认知、情感和意志等方面出现了偏差与缺陷，他们小时候的"恶作剧"心理没有被埋藏，反而被激发了。这种病态人格的施虐者往往控制欲和占有欲极强，又缺乏自信心，大都心胸狭窄、敏感多疑，有的甚至已经发展成为了偏执型人格障碍者（请参考上一章对于此类人格的描述），或平日里表现正常，在某些时刻，会出现阵发性强烈情感爆发。

第九章 | 每个人的心里都住着撒旦——人格的阴暗面

被肢解的小猫——阴暗情绪的出口

从心理学和社会学角度看,人的任何行为背后都有动机,动机其实是一种需求,因为有了某种需求,才有了相应的行为。除了基本的吃饭睡觉等行为外,人的任何语言和行为,都是有背后动机存在。而这种动机一旦带有罪恶性,成为满足人的罪恶心理的一种冲动,那么无论多么夸张的行为,也就成为了一种罪恶动机的使然。

一个人行为的动机或多或少都与他的社会价值观有关系,大多数正常人,都会对自己进行约束,藏起某些阴暗的心理,表现出自己的社会属性。然而,有一些人,当他们的社会价值观出现扭曲,或者行为不能自控,就会出现一些变形的动机,从而产生极端的行为。比如,同样是杀人,有人杀人是出于自卫,是不得已的行为;有人则是为了从杀人行为中得到解脱,获取快感,他们能够在这种罪恶行为中寻找到情绪的出口。

少年H,由于从小母亲就去世了,他被姨母养大。姨母喜欢混迹于酒吧,并且性情粗暴,H年幼的时候就不断遭受到姨母的虐待。有一次,醉酒而归的姨母忽然大发雷霆,用一把水果刀刺中了H的胳膊,这让H感到痛苦而愤怒。从那以后,他也开始毫无理由地发脾气,并且开始沉溺于那些奇怪而血腥的游戏:他会从街上把那些流浪猫带回家,然后用水果刀扎它们,将它们折磨至死。他的这种变态的虐杀行为,让其他小朋友毛骨悚然,大家也就逐渐地疏远了他。而他发现自己只能在这种行为中找到快乐,找到情绪的出口,他无法停止虐待小猫。一年中,他总共杀死了六十多只猫;不久后,他甚至已经无法在他家附近看到有猫的踪影了。

女孩I,大学刚毕业,正在四处找工作之际,却遭遇了家庭变故,父亲出轨,母亲离家出走,让原本一个和睦的家庭分崩离析。I一面到处找工作,一面四处打听母亲的下落,然而父亲对这一切却不管不问,并依旧跟情人鬼混,这让I愤怒到了极致。那天晚上,她在家里给父亲打电话,可父亲死活不接,她直接发疯了,拿出柜子上的白酒,一口气喝下1瓶。

带着酒意的I走进卫生间时,看见她养的一只小猫,怒火中烧的她失去了理智,抓起小猫塞进旁边的一个盛满水的胶桶里,将小猫淹死了。"不受控制"的I并不作罢,她把怒气发泄在了死猫身上,拿起菜刀把已经死去的小猫肢解了——头、四肢、骨头和四溅的血液,现场惨不忍睹、极度恶劣,而I居然还将这些拍了下来,发到了自己的微博上。I那晚就在小猫的尸体旁睡着了。等她第二天醒来时,她也为自己的行为感到震惊和懊悔……

其实,在家庭遭遇变故前,I很爱自己的小猫。这只小猫是她从集市上花400多元买来的,她还为它精心布置了小窝,给它挑选最好的猫粮,还买来了动物杀虫水等物品,甚至还给它准备了玩具。可自从父母感情出了问题,母亲离家无音讯后,I对待小猫的态度发生了变化。她心情好的时候,对家里小猫照顾得很周到;心情不好时,就会一脚踢过去。其实,是小猫对她的那种信任眼神和祈求怜悯的样子,让她看到了现在孤独无助的自己。她恨这个懦弱自怜的自己,转而变为憎恨小猫。

就如同虐待动物等这些常人无法理解的行为,其背后也有着"看似合理化"的动机,也是表达了人们的心理诉求,因为这样的行为使他们发泄了心中的不快，获得了满足感。这种行为还可能在数次行为中获得强化，形成一种连结，从而缓解自己的替代臆想和失控情绪。

虐杀小动物一般有两种情况，一是承受压力过大，无意间发现虐待动物可以缓解自己的压力，偶然的行为成为一种习惯；另外一种就是个人承受了暴力或者冷暴力，不能够对施暴人进行反击，所以选择对弱于自己的生命下手。除了虐待动物，还有人虐待儿童和老弱病残，都是一种心理不健康的表现。

实施虐待行为的人，本身没有有效的渠道排解自己的负面情绪，有意或者无意接触到虐待这一行为，并感受到了实施虐狗虐猫后的一种刺激和愉悦体验，感受到了个人力量的强大。有的人还会将之分享出来，让更多人了解到自己的"能耐"。而外界的指责并不会激发他们的内疚，反而是获得一种异样的兴奋，指责声越大，他们越兴奋。借助这样一种方式来疏解自己的心结，当然不会起到真正的作用，在兴奋之后，他们往往会陷入失落和痛苦。当虐待行为不能再满足自我需求，他们会陷入更痛苦的境地。如果在偶然中发现其他可替代的方式，他们就会开始新一轮的自我沉陷。虽然有些虐杀动物的人给出的借口着实让人难以接受，但在他们看来，这是能对他们这种违背道德准则行为的一种开脱。

50岁的老K，在公司混得并不好，都这岁数了，还是公司的普通职员，这让他郁郁寡欢。可就在前两天，他又因为晚送了报表，被比他岁数小很多的上司一顿臭骂，差点没把老K气得背过气去。老K气不打一处来，回家后看到妻子把中午吃剩的披萨饼又端上了饭桌，一下火了，骂道："我一天在外辛苦受累，挨骂受气，回到家居然吃这种东西！连狗都不吃的东西……见鬼去吧！"

妻子被老K骂得不知所措，委屈地跑进厨房哭了起来。恰好，这时儿子下班回来，跑进厨房，也没看妈妈的脸色，就说："晚上有什么好吃的吗？"结果，老K的妻子终于找到了出气口，对着儿子一顿数落——"你都多大了，还一天到晚想着吃。想吃，自己做去！"儿子被训斥得莫名其妙，气得转身跑回自己的房间。这时，他养的吉娃娃狗跑过来向他撒娇，他一把抓起吉娃娃狗，打开窗户，从7楼扔了出去……

这一连串的连锁反应，就像在"扔包袱"一样的传递着，结果最后扔出去的不是"气囊"，而是一只活生生的小狗。根据弗洛伊德精神动力论的本能学说，人的死之本能是表现为生命发展的一种对立力量，代表着人类潜伏在生命中的一种破坏性、攻击性、自毁性的驱力。当其能量向外投放时，则表现为破坏、攻击、挑衅等，当其向内投放时，则表现为自我惩罚，自我毁灭等。

施虐者已失调的本能将通过本我这一部分来满足，潜意识中，他们想对一切可以加以虐待的东西进行破坏。但他们又通过社会规范约束了他们的行为，使他们认识到，如果不分对象，对人进行虐待，除了将遭受到良心的责备外，还将受到法律的严惩。最终，他们遵循现实原则，调节了自己的行为，即对小动物进行虐杀，以代替更坏的行动。

他们又要实现自我的动机，又必须应付外界的舆论，因此会感到十分焦虑。这就要求他们采取某种既能满足自我要求，又能符合道德规范的行为，去控制这种情绪。我们将这种方法称为自我防御机制。

你可能会认为，虐杀小动物这种行为已经足够变态，并不属于合理范畴。然而，在施虐者看来，这种行为比其他更过分的行为（譬如杀人、自虐等）要好得多，他们认为这种自我防御机制属于合理化范围，并且能够接受自己的这种行为。他们会在内心为自己的行为找理由进行开脱，比如，他们会认为"既然大家都吃肉,那么大家都在杀动物。那么我杀几个动物,也没什么大不了"或者"我杀的是我自己养的小动物,我有这个自主权,没人能因此而责备我"。这时候,他们通常会无视自己行为的本质——这种以虐杀别的生命来获得快感的行为,与普通的屠宰动物是完全不同的。如果你因此而指责、攻击他们,他们可能会觉得自己满怀委屈:"那么多坏人、杀人犯,你们不去指责,为什么要抨击我?"在他们看来,自己是绝对无罪的,并且人格也没有什么问题。

从某种程度上说,这些施虐者毕竟还存在着一定的良心和道德感(否则他们杀的就不只是动物了),因此适当的引导和调节,可能会康复成为一个心理健康的人。然而,如果任其发展的话,那些杀人恶魔可能就会是他们的趋势。几乎所有变态杀人犯人格形成的初期,都会有折磨、杀害小动物的经历,这决非危言耸听。

潜藏的罪恶感:得不到爱,所以选择伤害

罪恶感更多的是在人们的内心深处涌现,即便是瞬间的爆发,也是因为积淀太过深厚所产生的结果。就如同人们所说的,有无缘无故的爱,但没有无缘无故的恨。在罪恶感的潜伏期中,感情上的伤害往往间接地催生了罪恶感的萌发,在那种"人潮人海中,有你有我,相遇相识相互琢磨"的人际关系中,在那种"没有爱也没有存款"的现实压力中,在"去你妈的"的复仇心理和角色对峙中,总有一种让人无法解释的对抗存在着。

《圣经》里,哥哥该隐将弟弟亚伯杀害了。因为亚伯得到了上帝的爱,

而该隐失去了上帝的爱，于是他对弟弟动了杀机。然而他不明白的是，他杀掉弟弟没有任何好处，反而会使上帝更加疏远他。那么，他为什么会做这么愚蠢的事情呢？

我们先来看一个男孩的独白。

"我的父亲从小给我的印象都是不苟言笑的，现在回忆起和他的事情都是不愉快的，比如吃饭不小心打翻了碗或是走路不小心踩到了水塘里，他不会骂我，也不会打我，而是用一种很可怕的眼神盯着我不说话，那种眼神给我的感觉就是，他非常厌恶我。"

"他从来不关心我喜欢什么。印象最深的就是，小学时我很喜欢打篮球，我鼓足了百分之两百的勇气对他说我想要个篮球，哪怕是最便宜的。然而，他认为我不务正业，所以不由分说就拒绝了。诸如此类事情在我的童年时期有很多，慢慢的，我越来越怕他，越来越逃避他，久而久之，我们在家里也基本不说话了。现在我25岁了，但我和他之间的相互了解相当有限。"

"不论我取得什么成绩或者值得高兴的事，从来听不到他一句正面的表扬。为了得到他的认可，我加倍努力，结果还是一样。都说父爱是深沉的，但是我父亲对我的爱实在是深沉到我很难真切地感受到。因为一直以来和他的关系紧张，尤其是在我的性格形成期，对我造成了很大的负面影响：价值取向不确定，成年后对人缺乏信任感，敏感多疑，胆小怕事，没有安全感。我自己能意识到，可是很难改变了。"

"每每看到别的父子之间的那种天伦之乐，各种情绪滋味交织在一起，让我对他产生了深深的恨意。我甚至想着他早点离开这个家，干脆早点死掉吧，这样我才能解脱！我才不在乎他的死活呢，早点见上帝去吧！"斯利普最后的言辞充满着恨意。

第九章 | 每个人的心里都住着撒旦——人格的阴暗面

斯利普没有得到父爱,继而产生了逆反心理和弑父心理,这样心态下,他的自我价值的颠覆其实是从孩童时期父亲给他造成的阴影导致的。父亲成了厌恶、憎恨和逃避的代名词,父子间的亲情被无情地冻结着,没有一方愿意用真诚和关爱去融化冰墙,反而是"冰冻三尺",选择伤害来成全这种家庭关系。斯利普主观地认为父亲本来就是讨厌自己的,他已经习惯了这样的状态,因此,他索性选择与父亲对立,成全自己怨怼的态度。同样,《圣经》里的该隐否定了上帝对自己的爱,他认为自己是被上帝抛弃的,于是他干脆杀掉弟弟——他的目的并非获取上帝的爱,而是出自于一种报复心理。

"他说爱我,说要等我两年。我当时在矛盾中挣扎,因为我母亲不同意。可是当我已经决定跟他在一起并说服母亲接受他后,他却跟另一个女孩好上了。"阿咪回忆起前男友小伟带给她的伤害,不禁泪花涟涟,"我知道,他并不是喜欢那个女孩,他只是想报复我罢了。他现在就是恨我。"

阿咪犹豫不决的表态和若即若离的表现,给男友阿黎的心理造成了一种被羞辱的感觉,他感觉对阿咪的爱是一场错爱,可四年的感情,对他来说也不是那么轻易说断就断的。阿咪妈妈曾经用言语挖苦,让他下定决心要离开阿咪。可这种离开并不是简单的分手,他要用一种伤害的方式离开,并以此来教训阿咪和她的妈妈,让他们知道自己不是他们说的那么无能。

只要是自己想得到的就认为应该是自己的,而得不到就去伤害或者毁掉,这就是个人主义极端化所产生罪恶心理。这种人的心理已经发生了扭曲,个人主义越来越多的倾向于极端化。这类人一般都认为整个世界都只能服务于自己的人生,他们容不得一丁点变故,恋人的离去,亲人的冷落,朋友的疏远，这些对他们来说都是无法接受的事情。因此，他们可能会做出一些愚蠢而可怕的事情，得不到爱，就选择伤害。

有一些罪恶心理的诱因并不是很具体的，它们有的来自情感的寄托，有的来自身体的欲望，有的来自对爱的理解，所以，有些理想化的观念和现实带来的落差，会助长那些潜伏在阴暗处的罪恶心理。爱和伤害是对立的，又是可以转化的，我们该如何把握自己，从而不陷入自我否定的价值观中，不给自己造成伤害呢？是的，比起终日叹息、顾影自怜不被认可，不如下定决心做好自己，坦然接受这些事实。因为有时候，承认自己的软弱，比故作坚强有用的。摆正心态，我们的心灵才不至于会扭曲，从而远离"因爱生恨"的现象。

解密杀人狂的心理：为了刺激而杀人

"变态杀人狂"、"连环杀手"这样的词语，相信如今的人们都已经不再陌生。除了新闻报道以外，还有大量的文学及影视作品曾经以此为题材，让人们对这一特殊群体有所了解，《德州电锯杀人狂》、《月光光心慌慌》等影视作品更因此成为票房大热电影。但是在观看之余，人们不禁要问：到底是怎样的原因，才会让一个人变得如此残忍，以至于能够对别人做出如此残忍的行为呢？

变态杀人狂亦被称为淫乐杀人狂，95%以上是男性。罪犯选择攻击对象时多数会有性别取向，绝大多数是以陌生人或非朋友类的一般熟人为对象。他们袭击对象的动机说出来一般人实难理解，那就是满足变态的欲望——杀人和虐待人的欲望，或者特殊的性欲。他们很熟悉的人，诸如家庭成员、亲戚、同事、同学，即使与这种罪犯有过矛盾，也不大可能成为他们变态杀戮的目标。因为，只有对不熟悉的人，这种罪犯才可以做到眼中只有对象的生物属性，而没有对象的社会属性。这一点，在知名电影《沉默的羔羊》之中曾有过生动刻画。

电影中，一名女议员的女儿被变态杀手"公牛"绑架，女议员在电视上被采访时，对杀手进行了一番自白，并在此期间不停地提到自己女儿的名字。当时的警长看到这短短录像之后就指出，她不停提到自己女儿的名字，是为了让那个杀人狂把自己的女儿当做是"人"。因为一般来说，只有将一个人当做单纯的生物或物品的时候，凶手才会更无所顾忌地实施虐杀行为。随后的影片中也证实了这一点：凶手一直对自己绑架的女孩称作"它"（it），而不是"她"（she）。

在《沉默的羔羊》之中，共出现了两名深入刻画的变态杀手，一名是上文中绰号"公牛"的年轻人，他杀人的目的是希望"制作一件拥有女性生理特征的马甲"。另一名变态杀人狂则是电影主角汉尼拔医生。汉尼拔医生拥有高等心理学学位，本身就具有心理学医生和变态杀人狂的双重身份，他杀人的原因，则是因为他嗜吃人肉。

如果查看全世界有关变态杀人狂的资料，就会发现，每一个人都有着自己杀人的理由：伦敦杀人狂始祖"开膛手杰克"据传憎恶妓女；绰号"罗斯托屠夫"的俄罗斯杀人狂只有面对尸体才会有性欲；恶名昭彰的杀人狂组织"曼森家族"的首领查理·曼森的屠杀行为扎根于自己的邪教理论……问题是，这些欲望真的会促使一个人去杀人吗？

准确地说，我们每一个人在潜意识之中都有可能会拥有一些阴暗的欲望——那些恐怖片、凶杀片和惊悚片的热卖说明了一切问题——希望去尝试

微人格心理学

一些出格的事情寻找刺激。不同的是，大多数人只是拥有这种潜意识而已，想想也就算了，或者最多多看一些自己喜欢的电影。植根于每个人心中的道德标准会阻止我们做出违背道德的事情。确实，道德在这个社会中就是有着这么重要的作用。

而对于变态杀人狂来说，他们的道德感往往是缺失的。

有心理学专家曾经说过："一个变态杀人狂为什么杀人，我们并不了解太多情况，这个人到底怎么样，他的生活经历怎么样，我们往往并不清楚，但是从他所做的事情来看，杀人狂往往拥有精神病水平的病理型人格障碍。"

这一类人有一个共同特点，就是"良知功能"发育不好。良心不仅仅是一个道德概念，而是一种功能。良心不是与生俱来的，良心发育的起点大概在3到5岁的时候。

良心包含着很多内容。有良心的人知道什么叫公平，这个人会比较可靠，能够理解道德伦理，让自己遵纪守法，他还有理想和追求，同时他还想要做一个诚实和守信的人。如果上述的这些他没有做到，他会感到内疚或羞愧。

正常人是不会允许自己做这种事的。就像电影里经常演的复仇情节，面对一个杀了自己全家的坏人，甚至都开不了枪、下不了刀，就是因为那是杀"人"，正常人会感到内疚、感到痛苦。而这些严重的病理型人格障碍的人却可以非常容易地去杀人，杀人对他们来说没有内疚、罪恶感的阻拦。

而变态杀人狂，在童年良知功能发育时期，往往得不到正确的教育和引导，最终产生"良知障碍"。因此我们可以看到，绝大多数的变态杀人狂，在幼年时期都遭遇过不幸，如亲人的忽视、离弃，或者其他各种形式的迫害、虐待。

号称"史上杀人王"的亨利·李·卢卡斯，自小就被母亲虐打，其中一

第九章 | 每个人的心里都住着撒旦——人格的阴暗面

次更造成他一只眼睛失明,另一次则严重得令他脑部受创。我们无从得知这次重创是否对他的大脑机能产生其他影响,但可以肯定的是,童年的虐待使得他的心理异常,道德感缺失。到了他23岁的时候,他便出于报复刺死了他的母亲,被判入精神病院40年。

然而获得假释后,卢卡斯却死性不改。他开着他的轿车在美国各州的公路上游荡。对于他将要下手的目标,他几乎没有什么标准。小到10岁,大到79岁,只要是孤身一人在公路上和卢卡斯相遇,几乎都难以幸免。卢卡斯最喜欢猎杀的目标是公路上汽车抛锚的单身女性,她们孤立无援,毫无反抗之力,而且几乎每天都能遇到。看到抛锚的车辆,卢卡斯会停下车,以帮忙的借口接近受害者,然后用刀子疯狂刺杀。

或许卢卡斯的一句话可以充分说明他的"良知功能障碍"。他在法庭上为自己辩解的时候,是这样说的:"我喜欢杀人就好像其他人喜欢散步罢了,只是嗜好不同。如果我需要猎物,我只需到街上去随便找一个。"

通过这件事,或许我们能够得到警醒,在一个人还是孩童的时候,就要去培养他的道德感,而且直至成年甚至老年,也不要忘记自己的道德准则。每个人都有一定程度的欲望和猎奇心理,但健康人能够克制自己的行为,仅仅将这些"出格"的思想留在心里;而那些将极度欲望和变态的猎奇心理行之于外的,则会迷失自己,并误入歧途。

邪恶与暴力也能产生美？——巴塔耶的"罪恶哲学"

K男，30岁，未婚，在一家物业公司烧锅炉，每周几乎要上3至4天的夜班，这样的工作已经持续有3年了。

有一次，单位同事上完夜班邀请他去洗澡，他想想，这一身的炉灰到家也得洗，自己还没去过洗浴中心，跟上去洗洗也好。可没想到，洗浴中心的"风景"让K男算是大开了眼界，各种环肥燕瘦的姑娘穿梭其间，浪笑嗲语。K顿时血脉喷张，把持不住了。

这之后，K成了洗浴中心的常客，而对色欲和肉体的沉迷，让K对性的渴求到了一种痴迷的状态。每当他在烧锅炉时，看着那熊熊燃烧的炉火，他却在臆想着那些苟且之事。这种提前的想象让他欲火焚身，无法自持……

到后来，K出入洗浴中心，不仅仅是想从小姐的身上获取快感那么简单了。从先前的火急火燎、先入为主渐变成调情、挑逗、戏谑、借助某些工具，尽可能从性工作者身上寻求某种刺激。每次结束之后，他都有一种释放罪恶感后的轻松，心灵好像都"纯净"了。

许多时候，性的外力是人们无法控制的，很多人会因此而堕入声色犬马的生活，这也跟人格的阴暗面有关。法国思想家乔治·巴塔耶认为，这个世界是一个以"疯狂"为轴心，由色情旋转而成的令人迷惑的神秘世界，性就像毒品，让你欲罢不能。乔治·巴塔耶的哲学思想意味着"离经叛道"、"不为圣贤，便为禽兽"的堕落主义和充满了色情、死亡、邪恶、暴力的罪恶哲学，所以他也被冠以色情作家、后结构主义者、神秘主义者等诸多名号。法国诗人安德烈·布勒东咒骂巴塔耶是"下流"、"肮脏"、"污秽"的诗人。

巴塔耶对死亡的研究也同样着迷，他曾经竭力研究过阿兹特克族的活人献祭仪式，他认为在研究死亡的过程中，他也能够感受到死亡的诱惑力："我自身的死，正因为它是下贱的，所以它能够勾起令人毛骨悚然的欲望，并且永驻于我的脑海。"

从常人的角度看，巴塔耶的这些理论无疑是病态的，是充满邪恶的，并且是危险的，当然，这也是诸多思想家如此厌恶他的原因。然而，如今的心理学家、社会学家通过深入研究，已经抛弃了以往的保守思想，开始正视巴塔耶的学说。他们发现，他的"罪恶哲学"的确能够作为研究那些"变态事件"的理论依据，能够真正剖析一个罪恶之人的心理。

我们先来粗略了解一下巴塔耶曾经的经历，这对了解他的理论很有帮助。

巴塔耶的父亲患有梅毒，在巴塔耶出生时，父亲已经双目失明，不久后病入膏肓，极度痛苦。目睹父亲的痛苦，年幼的巴塔耶也深受震撼，但是对此也无能为力。他极爱自己的父亲，甚至曾帮他排便。他对父亲那对失明的双眼是如此描述的："他小便时候的眼神是最令人作呕的，什么也看不见，眼球却'咕噜噜'地转动……硕大的眼球始终睁开着，那双大眼睛早已经变得完全煞白，脸上浮现出一种精神错乱一般的表情，让人不忍直视。"

他还写道："病毒再次扩散，侵蚀了父亲的大脑，他开始有了妄想症。有一次，他听到母亲在和医生说话，他以为他们做出了什么不耻的事情，于是嫉妒得快要发疯，不断地咒骂、咆哮。"听到父亲下流不堪的咆哮声，青春期的巴塔耶开始憎恨自己曾经深爱的父亲。以后，每当父亲发出凄惨的呻吟声，他都会感到某种愉悦之情。

微人格心理学

受不了丈夫的折磨，巴塔耶的母亲患上了抑郁症，曾经有数次自杀经历。为了逃避这个混乱的家庭，巴塔耶进入了寄宿学校，并接受了天主教的洗礼，在对上帝的信仰中找到自我。他的人生看起来就快好起来，然而，第一次世界大战爆发了。为了躲避战乱，巴塔耶和母亲丢下病重的父亲，逃走了。等到接到父亲的病危通知，他们赶回家时，父亲已经入土了。这在巴塔耶的心里留下了残忍的伤痕："我们'抛弃'了父亲。"他说。

战争的暴力和死亡无疑让他对生命有了崭新深刻的认识。1920年他作为一名牧师被派往英法海峡怀特岛上的科尔修道院，在冥思苦想数月之后，神秘般地宣布自己"突然失去了信仰"。

后来，他与一位女孩恋爱了，但当女孩向他求婚时，却遭到了他的拒绝。他认为他的生命里不应该有爱情，他极力赶走女友，因为他害怕"生出更不健康的孩子"。巴塔耶渴望被爱，但又拒绝了爱情，他渴望着纯洁和高尚，却又不得不承认自己是邪恶的、丑陋的，是不会得到任何爱的。这也成了他后来的"罪恶哲学"的情感基础。

巴塔耶后来转到了巴黎古文书学校，并被任命为国家图书馆司书，这也成为了他的终身职业。他开始阅读尼采，并与诸多超现实主义者来往，但始终与超现实主义保持着距离。31岁时，他与当时著名的电影演员西尔维亚·马科莱丝结婚，并以罗德·奥修为笔名，偷偷地出版了他"臭名昭著"的小说《眼球的故事》。这本色情虐恋文学史上的重要著作，并没能够在他有生之年真正"问世"，因为它一直只能在黑市袖口中传播。然而，小说中所论及的人的欲望和死亡，成为了巴塔耶一生探寻和追求的两大主题。

在巴塔耶的时代，这些人性的阴暗面被看做禁忌和避讳，一直是人们讳莫如深的，更没有得到应有的剖析。可它确实是存在于我们的人格深处的，

第九章 | 每个人的心里都住着撒旦——人格的阴暗面

只是被我们用意志力和控制力所屏蔽着,一旦在外因的刺激或人格的扭曲下,那种罪恶的力量会如日中天,泛滥成灾。

在法国作家萨德的小说《于利艾特的故事或恶性的走运》中,女主人公于利艾特是一个年轻貌美的贵族小姐,她生性风流,十分放荡,流转于各种有钱的男人之中。这些男人中,有一个人十分特别,他就是卢瓦瑟。卢瓦瑟是个非常冷血的人,并且有个很"变态"的爱好——他喜欢通过折磨他人来取悦自己。他有一名年轻美丽的妻子,然而他却经常在妻子面前与其他女人风流,甚至还会把妻子交给其他男人,任他们折磨。他能够从中获得快感。值得一提的是,卢瓦瑟十分仇恨于利艾特的父亲,甚至设计陷害了于利艾特的父亲,导致他最终自杀。然而,当于利艾特得知真相后,并不因此而憎恨卢瓦瑟,相反,她被卢瓦瑟的邪恶性情所吸引。她甚至与卢瓦瑟同流合污,为卢瓦瑟设想各种施虐场景——卢瓦瑟对妻子的各种折磨,就是她想出来的。

巴塔耶在《论萨德》中,对萨德作品的评价是:"萨德作品的变态流露了一种厌倦,但正是这样的厌倦构成了作品的意义。基督徒克罗索斯基说,他无尽的小说更像一本祈祷书,而不是娱乐之作。隐藏在作品背后的熟练技巧是'一个僧侣在神的秘密面前,将灵魂安置于祷告之中'的方法。"从某个角度考虑,巴塔耶对于自己罪恶哲学的出发点,也在于此——不是单纯地为了描述罪恶,而是为了从邪恶中找到人性真正的出口。

不顾正常人的心理承受限度,将不可删除的"异质"释放出来,是巴塔耶"罪恶理论"的特点。对于巴塔耶来说,"异质"是他思想中显示出来的概念。而对于现代人来说,"异质"正以多变的形态在罪恶心理中起着诱发的作用,这超出了哲学的范畴,渐变为一种潜在的社会隐疾。

第十章 令人匪夷所思的癖好
——变态人格导致的怪异行为

爱上丝袜，爱上门把手，爱上"柏林墙"……

爱上他人的隐私，爱在门缝里偷窥……

男人爱上穿裙子、踩高跟鞋……

不想穿衣服，并不是因为天气热……

所有的异常行为，都是出于心理异常导致的人格变态；所有的"癖"，都是为了寻求某种不为人知的快感。

所有怪癖都是因为"行为成瘾"

秋风萧索，吹落几片闲叶，落在寂寞的麻雀旁边，它振翅飞去，落在另一个建筑顶端。突然一阵"当当"的钟声响起，吓得麻雀扑腾凌空飞去。镜头一转，从建筑顶端摇下，定格在二楼的窗口，这是一间教室，刚响起下课的铃声。透过窗口，可以看到学生们正在嬉笑谈天，从他们稚气未脱的容貌，大致能看出他们是大一的新生。

窗口传来一段对话。

A：你看看C，一个大男人，非要把自己打扮得跟女生一样娘，说话妖里妖气的，天天还和女生混在一起，"闺蜜"满天下，兄弟没一个，我敢肯定，他肯定是同性恋！

B：我不这么认为，他确实很爱打扮，你可能不知道，他宿舍里光护肤品就有十几种。别的男生桌子上放的一般就是书、笔记本电脑或者一个礼拜没洗的臭袜子，而他桌子上放满了各种瓶瓶罐罐，毫不夸张地说，他关于护肤的知识即使与全校女生相比，都是拔尖的。所以与其说他整天和女生厮混在一起，不如说是女生天天缠着他求学。他是不是同性恋我不确定，但我可以肯定，他一定是"化妆品控"！

这是来自A和B的对话，讨论的正是他们班上的C。C是全校出了名的大众闺蜜，每天只要有他出没的地方，必定会有三五成群的女生围着他有说有笑，这可羡煞其他男生。但他偏女性化的性格和行为同样也招来了一些男

第十章 令人匪夷所思的癖好——变态人格导致的怪异行为

生的非议，就像A和B讨论的内容一样。这不，对话还没结束呢。

小A："化妆品控"？拉倒吧，有这种"控"吗？还不如说他是"化妆品癖"呢！

……

"控"一词在2011年风行于网络，它来源于英语"complex"，意为"情结"的意思，而日语中对"情结"的发音大致为"控"，随着近些年国内一直风靡的哈韩、哈日潮流，"控"这个词也顺理成章地成了年轻人的口头禅。

再来说说"癖"，中文里对这个字的解释是因长期的习惯而形成的对某种事物的偏好。而心理学上对于"癖"的定义则是指向性很强的，它通常需要满足的一个条件是，对某种物体的嗜好程度处于失控状态，并且影响到了正常的生活和社交，比如洁癖、偷窥癖和异装癖等。再严重的，则是会因为对某种物体或者行为的嗜好使自己产生性兴奋，而引起性兴奋的对象是千奇百怪，甚至很多都是你无法想象和理解的，比如恋物癖、恋童癖、裸露癖等。（说到这，有必要友情提示一下：以后在日常生活中还是少开玩笑说自己有"XX癖"了，否则容易被人误认为"变态"。）

世界之大无奇不有，怪癖之多无所不包。这些怪癖是怎么形成的呢？它们有些什么共性呢？

"怪癖"之所以形成，主要都是源于心理问题，而对于这些"怪癖"形成和预防的研究工作正在不断前行的过程中，目前仍有许多谜团没有解开。关于"怪癖"的成因，目前比较主流的观点认为，除了基因遗传的因素，大部分是由于青春期受到虐待、压抑和扭曲价值观等因素的影响，简言之，家庭环境对孩子健康心理和性格培养的重要性。

让我们来看一个例子。

小K成长在一个单亲家庭，小时候的她每天都目睹父母无休止的争吵和咒骂，他们还经常拿她出气。父母离婚后，小K由母亲抚养，但是母亲每天都在小K面前诋毁和诅咒她的父亲，并且断定他曾经出轨，最后迁怒于所有男性，挂在母亲嘴上最多的一句话就是"天下乌鸦一般黑"！

母亲的观念对小K产生了极大的影响，这也给进入青春期的她带来困惑，一方面她渴望接近异性，另一方面她又惧怕受伤。在她看来，恋爱只是一个幸福甜蜜的开始，但结局总是会走向失望痛苦的欺骗。就在这种纠结的情感中，她也谈过几次恋爱，但都"如她所愿"地以失败告终。因为她无法忍受自己爱着的男人接触异性，就连在大街上走不小心碰到迎面而来的女性的衣服，她都会感觉恶心，觉得男友变得脏了。如果她发现男友多看了别的女生一眼，她的反应就像发现了男友出轨一样，立即表现出强烈的反感和厌恶，拒绝与男友有任何身体接触，还会找洗手间不停地冲洗自己的双手。在洗手之后，她则会感到轻松许多。

试想一下，你能忍受这么"爱吃醋"的女朋友吗？其实经过专业心理医生的诊断，小K患的是感情洁癖，正是因为童年不幸的家庭环境影响，导致了她对男性条件反射式的排斥和无以名状的厌恶感。

关于"怪癖"形成的因素介绍过了，下面来说说"怪癖"难以治疗的原因。其实一句话就能概括："怪癖"患者对于自己癖好的事物和行为，能让自己产生一种快感，中枢神经刺激产生如梦如幻的强烈快感一样，这是会令人上瘾的一种体验，我们称之为"行为成瘾"。这也就是病灶难以根治的原因。因为性格和情感受到长期的压抑，可能一次偶然的机遇，让情感通过某种行

第十章 令人匪夷所思的癖好——变态人格导致的怪异行为

为得到发泄后，就会让人体产生快感。比如案例中的小K，可能偶然的一次，她发自己能够通过洗手这种行为来发泄自己的压抑情绪，洗手就让她产生了解脱的快感。此外，一些人能通过窥视他人的隐私来排解郁闷情绪，并获得欲望的满足，产生心理快感；有的人则会通过偷窃他人的物品来产生快感，这种偷窃行为通常并不是为了获得物质满足，而是为了寻找心理上的刺激感和满足感。这种"行为成瘾"会让患者欲罢不能，而患者也会在一次次快感体验之后，不断增加发泄次数和缩短间隔时间。

这种行为在别人眼里一般是不能被接受的，会被当做异类，而人类与生俱来的社会属性和动物属性决定了他们对于异类的本能警觉和排斥，因此，患者会感觉受到排挤和孤立，从而更加压抑了内心。如此往复，恶性循环，如果得不到及时的治疗和疏导，有些患者可能会通过自杀或伤害别人等极端手段来达到发泄效果。

目前医学界对于这类疾病还没有很好的药物治疗方案，常见的是通过心理治疗、家庭治疗和行为矫正等方法达到减轻和消除病患的目的。有一种相对有效的行为矫正方法被称为"厌恶疗法"，就是当患者在进行让自己产生兴奋感的"怪癖"行为时，通过电击等手段，将这种行为与某种不愉快的或惩罚性的刺激结合起来，让患者产生厌恶情绪，从而分离快感产生的刺激源（这种疗法在后续的文章中会详细介绍）。比如，"恋食癖"的患者在吃东西的时候，可以在他的食物放风油精，从而减少他对食物的依恋。

微人格心理学

偷窥癖：以窃取他人的隐私为乐趣

在遥远的十一世纪，英国的西米德兰郡有一个名叫"考文垂"的城市，这里的领主是利奥弗里克伯爵，这可是一个实实在在的"暴君"，他在自己的封地横征暴敛，弄得民不聊生、怨声载道。

幸运的是他不像中国的商纣王一样身边有一个误国误民的苏妲己，恰恰相反，利奥弗里克伯爵的妻子戈黛娃是一位心系民生救民于水火的伟大女性。她看到民众受到的痛苦于心不忍，于是去请求丈夫减轻赋税。利奥弗里克伯爵可听不进去这样的劝言，但又不忍心断然拒绝妻子的请求，于是就想了个"馊主意"。他开玩笑和妻子说："减轻赋税不是不可以，除非你答应我一个条件，这个条件就是你要赤裸着身体骑马在城内绕一圈……"

利奥弗里克伯爵的本意是想让戈黛娃知难而退，打消替民请命的念头，没想到她竟然答应了。不久，全城都传开了伯爵和夫人的这个约定，等到伯爵夫人戈黛娃兑现诺言的这天，全城的老百姓体谅她的良苦用心，纷纷自觉地紧闭门窗避免尴尬。戈黛娃最终用长发遮蔽一丝不挂的身体，骑着白马来到街上，街上没有一个人影，臣民用自己的行动表达了对她的尊重。

一切剧情似乎都按着最好预期发展。然而，一个叫 Tom 的裁缝，却违背了之前的约定，在戈黛娃路过的时候偷窥她的身体，最后遭到了上天的惩罚——他的眼睛瞎了。自此以后，英语里面对"通过偷窥他人隐私获得性快感的人"称为"Peeping Tom"，意思就是"偷窥的汤姆"，中文里通俗的解释就是"偷窥狂"。

第十章 | 令人匪夷所思的癖好——变态人格导致的怪异行为

偷窥这种现象在我们日常生活中并不陌生，时不时会从新闻中看到因偷窥而被舆论唾弃、指责的人。然而你很可能没有意识到，我们每个人每天都或多或少地参与了偷窥活动。比如你在看某明星被"狗仔队"偷拍爆出"劈腿"、婚外恋等娱乐新闻时，你可能会更进一步，想要了解"狗仔队"所偷拍的画面，也许是在义愤填膺，也许是在扼腕叹息，甚至是在幸灾乐祸，总之你并没有发现这种行为有何不妥，因为大家都是这么做的，中国有句俗话叫"罚不责众"，所以你也就"理所当然"地参与其中了。但如果冷静下来认真思考一下，这也是以侵犯别人隐私为代价来满足自己内心对快感的需求，我们成为了"偷窥者"的帮凶，或者说某种程度上，我们也成为了"偷窥者"。

偷窥癖者在偷窥别人的时候，自己可以看到对方，对方却看不到自己，正是这种没有互动性的单方面行为刺激了偷窥癖者产生强烈的兴奋感。比如，男性在偷窥女性裙底、内衣和洗澡等行为时，会通过幻想自己和被偷窥者之间发生的苟且之事，使自己产生兴奋，从而满足自己生理和心理的快感需求。

接着来看一个故事。

G是一家报社娱乐版的新闻记者，也就是传说中的职业"狗仔队"。他每天的工作就是和同事拿着"长枪短炮（拍照的专业设备）"到处跟踪偷拍一些当下很红的明星，希望从他们身上拍到一些劲爆的新闻，比如谁谁谁出轨啦，谁谁谁家暴啦，谁谁谁吸毒啦，等等。不过这个工作还是要靠一些运气的，有时候跟拍一位明星几个月没有一丝"料"可爆，有时候走在大街上时却会不经意间看到某个当红小生正在和谁约会。

这份工作G已经干了6年了，从最开始胆怯羞涩的"菜鸟"变成现在"随

微人格心理学

风潜入夜"的业内前辈，很多报社和网络媒体都想高薪挖他过去。在别人看来他已经成为"成功人士"，但G却越来越忐忑不安，因为他发现自己对偷拍这件事的态度正在悄悄地发生变化。刚开始，他只是将偷拍这种行为当成一种谋生的手段，就和一般辛勤工作的白领没什么两样。但后来他渐渐发现他对这件事开始上瘾了，他莫名地喜欢上了躲在暗处偷窥别人的状态。时间久了，他变得也不爱说话了，喜欢独处。于是他越来越多地主动申请一个人的偷拍任务，而且偷拍的对象中，女性越来越多。

这次他又主动申领了一个"美差"——偷拍人气女星小R。两周下来，什么可用信息也没有，主编电话一遍接一遍地打过来，催他出稿，但G却一点也不急。虽然没料可爆就意味着他这段时间付出的精力就白白浪费了，但是G却得到了另一种满足。G用报社的经费在小R家对面租了一间房间，小R每天回家后都要洗澡，浴室的窗口正对着G的高倍望远镜，这正成为他每天晚上享受的保留节目。看到兴奋的时候他还会一边意淫着和小R行亲密之事，一边抚摸自己，他已经完全把偷拍的工作抛诸脑后。

时间久了，他开始出现幻觉，他单方面地把小R当成是自己的女朋友，每天通过单孔望远镜看着小R生活的点点滴滴，将自己带入情景之中，就好像他也在小R的家里一样。直到有一天，一个陌生人出现在小R的家，彻底打乱了G的幻想。这本来是一个挖掘八卦新闻的好机会，但是G却乐不起来，他觉得这个陌生男人抢走了他的"女朋友"，他既愤怒又伤心。他想看清这个陌生男人的脸，但是男人总是背对镜头，无法辨识容貌。一天天过去，看着那个男人频频出没在小R的家中，G就像热锅上的蚂蚁焦躁不安。

有一天，他通过望远镜看到小R出门时忘记关门了，于是一种难以抑制的欲望促使他潜入小R的家中。他拿起小R经常喝水的水杯亲吻，并幻想和小R接吻的画面；他来到小R的卧室，翻出她的内衣开始出现性幻想。而这

第十章 令人匪夷所思的癖好——变态人格导致的怪异行为

个时候,小R突然出现了,她因为想起自己忘记锁门,所以返回了,没想到居然发现一个陌生男人正在自己的卧室里亲吻自己的内衣。最后警察过来带走了G,第二天的新闻头条爆出的不是小R的绯闻,而是一猥琐男潜入小R家中欲图谋不轨。

G的经历让你看到偷窥癖的危害。或许在你看来,他的行为很愚蠢、不可理喻,而作为有偷窥癖的人来说,这样的异常行为却有着无穷的诱惑力。他们明明知道如果被人发现会遭到谴责甚至受到法律的惩罚,但还是无法控制自己对欲望的贪婪之心,甚至利用一些高科技的设备进行偷拍,比如藏在包里的高性能相机偷拍女性裙底,用针孔摄像头偷拍女厕。

目前,偷窥癖的成因尚未完全清晰,但研究发现,它是由内心扭曲演化为变态行为的心理、精神疾病,是为了满足自己的心理欲望和寻找刺激感而产生。不过这里要区分一下"偷窥"和"偷窥癖"这两个概念。年轻人在青春期出于好奇而产生偷窥异性的心理并不属于异常心理,这是荷尔蒙的作用结果,在一定范围内属于正常的生理和心理反应。但是如果你发现自己每天都有难以抗拒的偷窥欲望并付诸行动,在偷窥的过程中还能达到生理或心理上的兴奋,那你就要认真审视一下自己的心理问题,约束自己的变态行为了,不要让自己变成"偷窥的汤姆"。

恋物癖:疯狂爱上一些稀奇古怪的东西

2015年1月,网络上有人爆出在日本出现的一种怪癖,有这种癖好的

微人格心理学

主要是一些年轻女性,被称为"门把少女"。通过名字你大概已经猜到她们"癖"好的对象了,对,就是日常生活中常见的门把手!通过网络上的一些图片,能看到这些少女正跪在地上亲吻门把手,表情很享受的样子。你没听错,她们正在享受与门把手的亲密行为,而且确实会感受到愉悦的快感。

这在正常人听起来实在是太不可思议了,门把手天天会被多少人触碰,上面会有多少细菌,居然有人会亲吻它!但是现实生活中确实存在这样一类人,他们属于性偏好障碍的一种,这种心理障碍还有一个学名叫"性倒错",它是指迷恋非生命物体,以此作为刺激物唤起性幻想和生理冲动。这是一群什么样的人?心理学上把这类人定义为"恋物癖","门把少女"就是其中之一。

艾丽卡的故事将会为我们展现一个更鲜活、生动的"恋物癖"形象。

艾丽卡·艾菲尔是德国人,她从事的工作是塔式起重机操作员,之前她还曾是一名优秀的弓箭手。不过让艾丽卡出名的是一部英国人拍的纪录片《与埃菲尔铁塔"结婚"》,在这个纪录片中,艾丽卡公开承认自己是一名"恋物癖者",而她爱恋的对象就是闻名于世的法国埃菲尔铁塔。在此之前,她还做出了一个让世人震惊的举动——和埃菲尔铁塔完婚。纪录片中的一组镜头让艾丽卡和这部纪录片以及导演都受到非常大的争议,那就是艾丽卡与埃菲尔铁塔发生性行为……这个"骇人听闻"的举动一经播出就造成了轰动,埃菲尔铁塔的工作人员表示无话可说,整个社会的舆论也给艾丽卡带了巨大的压力和困扰,她感觉自己和"爱人"正在被全世界拆散。

其实埃菲尔铁塔还不是艾丽卡的"初恋",在她运动生涯时期,她就承认爱上了自己的弓,因此她也失去了所有的赞助商。也因为承认自己是恋物癖者,艾丽卡和她的母亲脱离了母女关系。因为《与埃菲尔铁塔"结婚"》这部纪录片,又让她成为了舆论指责的焦点,"……拜媒体所赐,我经历了

第十章 ┃ 令人匪夷所思的癖好——变态人格导致的怪异行为

人生中最伤心的事情……我不知该如何用语言来表达那种心碎的感觉，但那使我崩溃了，正是最后这个沉重的打击使我不得不撤退了。"艾丽卡不得不被迫"失恋"。

和大多失恋的人一样，艾丽卡选择去找一位旧友倾诉和寻求安慰，而她的这位老朋友，也绝对让人大跌眼镜，它就是大名鼎鼎的"柏林墙"。她对柏林墙的深厚友谊在别人看来也是无法理解的："人们曾讨厌'他'的存在，我却很同情'他'。他又不能决定自己的位置。人们对这堵墙充满怨气，而不是墙后的政治。我感觉我那时也受着同样的煎熬，由于我的取向，我被许多人拒绝。"（拓展小知识：柏林墙作为标志性建筑，不仅闻名于政治世界，在恋物癖的世界中，它也是像明星一样，受到很多人的爱恋）。

在老友"柏林墙"的抚慰之下，艾丽卡又振作了起来，重新面对生活。艾丽卡找了一份塔式起重机操作员的工作，而她也开始一段新的恋情，这次她的"男友"正是她驾驶的塔式起重机。"我花了好长时间才想通，或许开启一段新的恋情也是可以的……我曾想我不会再恋爱了。但是身为一名塔式起重机操作员，没有人能够质疑或者阻止我去了解这样东西。我感觉我们正在共同修建的房子就像我们的孩子一样……"

看完艾丽卡的例子，是不是觉得很吃惊？她的恋爱史如此丰富，却没有一个人类。其实对于恋物癖者来说，这个世界上所有的物体，几乎都有可能成为他们的恋人。除了艾丽卡，还有更多离奇的"恋物结婚"的例子。比如一位来自中国珠海市刘先生当着同村的100多个客人面"迎娶"自己，婚礼上他和自己的"剪纸"形象完成了结婚仪式；再比如一位来自瑞典的艾佳丽塔·柏林墙在1979年和前面提到的"柏林墙"结婚，当她7岁第一次在电视上看到柏林墙时，就深深地爱上了"他"，当1989年柏林墙倒塌时，她恐慌了，再没回去过，而且还造了一个假的仿制品。除了这些，还有一个日本男子和一款电子游戏中的女主角约会，一个美国女人要和一列童话列车结婚，一名韩国男人和一个贴有女人照片的大头枕相爱并结婚……

看完这些例子，我们暂且先抛开他们爱恋的对象不谈，就单拿他们的情感体验和与"恋人"的互动来说，他们与我们正常人应该是一样的，他们也需要精神和生理上的爱。但奇特的是，为什么恋物癖者爱恋的对象不是人类，而是非生命的物体呢？这是怎么形成的呢？

上面说过，这种恋物癖是属于"性倒错"（又或者叫"性偏好障碍"），这种心理疾病多见与成人群体中，因为年轻人的性观念还未形成。但调查研究后发现，这种心理疾病形成的时期往往是在青少年，因为青春期正是"性"萌芽的阶段，这个阶段很容易受到某些外部因素的影响从而扭曲正常的性观念。比如，心理医生曾为一个对女人的鞋、袜子形成恋物癖的患者进行分析诊断，发现他的病因是因为小时候一次偶然的机会，他透过浴室门的钥匙小孔窥视女性洗澡，由于钥匙孔很小，他只能看到女性的鞋、袜子和一小部分身体，而这恰好引起了他的快感。从此以后，他在心理上产生了某种关联性条件反射，看到女性的鞋和袜子就会引发兴奋感，这样就形成了"恋物癖"。

这个就像巴普洛夫著名的条件反射试验：他每次在给狗喂食的时候敲响铃铛，一段时间以后，只要听到铃铛的声音（没有食物），这只狗嘴里就会分泌口水。但人的内心发生质的变化并不简单，换句话说，并不是在青春期产生性兴奋时，只要看到非生命物体就会引发恋物癖，这里面存在很多偶然性和未知因素。

既然成因还需要继续探索和研究，那么怎么判断一个人是否患有恋物癖呢？目前比较主流的诊断依据有两个：首先，他至少6个月以来，反复多次以非生命物体（例如女性的内衣）来激起自己的幻想和行为；其次，

第十章 | 令人匪夷所思的癖好——变态人格导致的怪异行为

这种幻想或行为，产生了临床上明显的痛苦和烦恼，或在社交、职业和其他重要方面的功能缺损。（备注：这里所说的"非生命物体"不包括可以增强性快感的"情趣用品"。）

关于恋物癖的治疗，这里介绍一种前面提到过的疗法——厌恶疗法。回想一下，恋物癖者患"癖"的原因是人在产生某种关联性的条件反射后，所引发的兴奋感和愉悦感，那么如果我们通过外在干预分离这种关联性，就会达到治疗效果，因此厌恶疗法也就应运而生了。它的原理很简单，就是让恋物癖者手持自己所"恋"的对象，在产生兴奋感和幻想的时候，立即给予患者厌恶性的刺激，比如电击、皮筋弹手腕、注射催吐剂等。这种方法能够使患者心中的"被恋物体"与某种不愉快的情绪结合起来，引导患者主动排斥这种物体，从而分离患者"恋"和"物体"之间的关联。

异装癖："谁说男人不能穿裙子！"

"我本是女娇娥，又不是男儿郎"，看过电影《霸王别姬》的观众应该还记得这是其中的一句经典戏词，也就是因为这一句戏词，将张国荣扮演的程蝶衣逼上一条绝路。因为小时候身材瘦小，所以师傅安排他扮演旦角，也就是美艳不可方物的虞姬形象。但程蝶衣拒绝接受旦角的女性定位，所以在唱这一句戏词的时候,总是唱成"我本是男儿郎,又不是女娇娥",因此没少挨打。之后因为害怕失去师哥段小楼的照顾，迫于形势，无奈之下将词都改了回来，但也因此对自己的性别出现了认同障碍,说直接点就是弄不清自己的性别了。

程蝶衣变得心理扭曲，每天徘徊挣扎于性别迷失和对师哥的畸形爱恋之中，只能通过沉浸于戏曲的世界中才能得到些许满足和安慰。历经沧桑和磨难，最后师哥"霸王"的一句玩笑，引他再次说出"我本是男儿郎，又不是女娇娥"这句戏词。程蝶衣如梦初醒，但早已物是人非，只得拔剑自刎，曲终人散，空留霸王独自神伤。

程蝶衣因为儿时的经历，混淆了自己的性方向，出现了性别认同障碍，从而酿造了他一生非男非女的悲哀。他是被逼着穿着异性服装去扮演女性的，这当然不算怪癖。然而，有一些人，则十分热衷于穿着异性服饰，他们不是为了演戏需要而饰演谁，而完全是为了满足自己的心理和生理需求。这种行为就是我们要说的另一种怪癖——异装癖。

患有这种"怪癖"的人以男性见多，女性虽少但也存在，这是因为社会对于女扮男装接受程度比较宽容。比如当年一举夺得《超级女声》冠军的李宇春因为一身中性装扮而吸引社会关注，并在国内刮起了一股"中性"潮流装扮，这是个性美，而不是怪癖。

那么，什么是异装癖呢？事实上，异装癖也属于恋物癖的一种，只不过异装癖者是以穿着异性服饰而得到性满足的。这种心理疾病也是从青春期开始，因为这种"变态"行为不能被社会接受，所以迫于舆论压力，一般患者不会公开承认自己的怪癖。他们通常是自己躲在家里或者没人的地方，偷偷穿上异性的服装，以达到自己的生理和心理满足。随着时间越来越久，他们的异性服装越积越多，只是在家里偷偷摸摸的行为也不能让自己感到刺激和满足了。他们需要释放自己压抑的内心，所以他们会选择走出家门，身着异装大摇大摆地走上街头。

在上海就曾经出现过这样一个案例。2014年的夏天非常炎热，43摄氏度的高温炙烤着大地，在这样的酷暑中，思维似乎已经停止，人群穿梭似乎

第十章 | 令人匪夷所思的癖好——变态人格导致的怪异行为

都是凭着下意识支配着自己的动作，唯有电梯和商场中的空调才会让人清醒过来。想象一下，你刚从外面的"火炉"进入地铁，正在享受凉风吹来的爽快时，迎面走来一个"异类"。TA浓妆艳抹，脚踩"恨天高"，一条黑丝裤袜和齐臀小热裤让人血脉喷张，一个袒胸露肩吊带衫让人难免想入非非。但往上看你就会发现事实的真相：TA一头透着塑料工艺气息的长发让你顿时能够识别这只是一个假发套；再仔细看TA的脸，即使涂着跟墙漆一样的粉底，仍盖不住那倔强的小胡渣。"Oh My Gad！这是个男人！"你差点叫出声。

让我们换个镜头。

有网友在微博上爆出一段劲爆的视频。你打开了视频，视频里面开始出现三个女人在争执着什么，两个身穿制服的女性对着另一个装扮妖艳的女性骂她"不要脸"，妖艳女性不甘示弱回去她们。本来以为就是稀松平常的妇女拌嘴、吵架，当你失去兴趣准备关掉视频的时候，只见两个制服女性越骂越激动，开始动手推搡妖艳女性，接下来的镜头着实让你惊出了一身冷汗：推搡过程中，制服女上前开始撕扯妖艳女的衣服，这时才惊现"庐山真面目"，原来这位风韵犹存的妖艳女是个不折不扣的纯爷们，当假胸和发套摔落在地时，你的下巴也差不多掉到地上了。

看完上面两个案例，应该可以对异装癖的症状表现有了一个概念性的认识了，但这里还需要再拓展区分另一个症状——易性癖。这两种怪癖在症状表现上一样，都是喜欢身着异性衣服，但两者有着根本性的不同。异装癖者从心理上并不否认自己的性别，而易性癖者认为自己的性别与生殖器的性别正相反；异装癖者只是在满足性需求的时候才穿着异性服装，大多时候他们是像正常人一样，一些异装癖者白天是谦逊正直的绅士，但到了晚上就变成一个脆弱猥琐的人，而易性癖者就大方多了，他们并不害怕异样的眼光；两者最大的区别是异装癖者在身穿异性服饰会产生生理兴奋，而易性癖者不会有这种状态——他们本来就认为自己就是女性（女异性癖者则认为自己是男性）。

虽然异装癖者有性心理障碍，但往往他们都会结婚成家，过上正常人的生活。这些人往往是性格谨慎内向，做事循规蹈矩，所以生活中伴侣都容易被他们的伪装所迷惑，但随着婚后生活的深入了解和相处，他们的伴侣才会慢慢发现事实的真相。下面的案例就是这样。

H是一个异装癖者，他从小就迷恋上了女性的服装，天天嚷着要穿姐姐的衣服，家里人也没当回事，觉得孩子小，这种想法还挺可爱的。后来年龄大了，不能再穿着姐姐的衣服招摇过市了，于是H就趁着家里没人的时候偷偷翻出姐姐的衣服穿上。终于有一天，还是被偶然回家的爸妈看到，他们才意识到孩子的问题，于是明令禁止他继续穿女装。从那以后他们确实没再发现H有什么异样举动了，但是他们不知道H是在压抑自己的内心真实感受。

一切似乎都在往正常的轨迹上发展，但等到H结婚以后，他内心的冲动被一点点激活了。他每天看着妻子的衣服，心里就像有猫在挠一样，心中那个压抑自己多年对异性服装渴望的封印一点点被揭掉。终于有一天，他实在忍不住了，趁着妻子上班，偷偷换上了她的衣服。那一刻他感觉非常舒适、满足，从此便一发不可收拾，只要妻子不在家，他就偷穿她的衣服，并且连内衣裤也不会放过。后来，他无法再过正常的夫妻生活，妻子也发现了这个问题，还以为他是因为近期工作压力大导致的。但是一天夜里，妻子做梦惊

第十章 │ 令人匪夷所思的癖好——变态人格导致的怪异行为

醒，发现丈夫不在枕边，厕所里面传出一些动静，她轻轻走过去，门一打开她惊呆了：丈夫正穿着自己的内衣和内裤！接下来的剧情也能想象，妻子无法接受H的变态行为，没多久就和H离婚了。而H一直没能从异装癖中走出来，性格变得孤僻，深居简出，就像换了一个人。

对于心理疾病患者，大多数人是戴着有色眼镜去看待的，就像H的妻子一样，一旦知道真相就会对他们敬而远之。然而这种反应其实对于患者伤害更大，亲人的鄙视和嫌弃会让他们失去对生活的希望。我们应该清楚，任何有怪癖的人，都只是认知上出现了障碍，他们并非是不可饶恕的。正确的做法应该是先学会体谅和理解他们，鼓励他们正视自己的心理问题，渐渐地远离这种怪癖。

裸露癖：压抑太久，只好爆发

北京时间2014年6月22日凌晨3点，世界杯G组第二轮比赛，德国vs加纳，当球迷熬夜打开电视欣赏德国队华丽的进攻时，没想到也额外"欣赏"到一场球迷裸体秀。

事件发生在下半场51分钟左右，德国队穆勒右路传中禁区，格策反越位成功用自己的大腿将队友的传中球弹进了球门。由于德国队上半场就一直压迫性地攻击对手，但始终差点运气没有得分，球迷一直期盼的进球始终没有到来，而这个进球就像久旱逢甘露，顿时引爆全世界的德国球迷，欢呼、人浪连绵不断。但比赛还有很多时间，胜负未定，加纳队并没有放弃比赛，他们重振士气，站到中圈开球点。观众从狂热的情绪中冷静下来重新聚焦赛场，准备欣赏加纳犀利的反击战，两军对垒，战事一触即发，本来惊心动魄的紧张气氛没想到被一"裸男"给搅和了。加纳队刚开球，一位球迷冲入赛场，一边跑一边脱下自己的上衣在场内挥舞，球迷一时没反应过来，等看到这位"裸男"都哄笑起来，比赛因此而中断了几分钟，这位球迷也成功地在几十亿的球迷眼前完成了一场独特的"裸体秀"。

如果说这位球迷是受到德国人严谨内敛的性格影响，"裸体秀"也仅限于裸上半身，那著名的英格兰"流氓球迷"可就豪放多了，全裸球迷在英超赛场上几乎都成了家常便饭，如果哪一年的英超比赛没有看到全裸球迷的"表演秀"，似乎都觉得少了点什么。

裸露，这也是我们要介绍的一种怪癖——"裸露癖"，不过球迷的裸露未必是因为裸露癖，他们往往是因为自己喜欢的球队赢球而兴奋，通过这种行为来表达自己难以言述的激动；也有可能是有些人喜欢哗众取宠，在全世界瞩目的"舞台"上让自己火一把。总之，不要因为别人一裸就"定罪"，那么这里就给"裸露癖"下个定义。裸露癖,是指在公众场合裸露自己的身体，或者故意让人看到内衣裤，尤其是裸露自己的生殖器官，从而让自己达到性快感的性欲倒错（性欲倒错的概念我们已经介绍过）。裸露癖者并不是一露就有快感，他们需要观众，需要非常配合的观众，他们的快感不是来源于"脱"，而是来源于看到他们裸露的观众惊讶、恐惧、厌恶的表情，这样的"反馈"与"互动"才是他们希望得到的，在这个过程中，他们就能够产生心理和生理上的愉悦感。所以如果你在路上行走时碰到他们，最好的回击就是什么表情也不要有，直接忽略他，自顾自地走开；如果你表露出惊吓、厌恶甚至愤怒的表情，那在他们看来就是挑逗自己的欲望了，他可能会兴奋地扑上去给

第十章 | 令人匪夷所思的癖好——变态人格导致的怪异行为

你来个"熊抱",或者在你身上磨蹭,那估计你几天内都吃不下饭了!

如果说前面介绍的几种"怪癖"需要更多的理解和时间去引导走出内心阴影,而对于裸露癖者则需要直接有效的制止和治疗方案,因为他们的行为已经侵犯到别人的权利,而且大部分国家都禁止人们随意在公众地方暴露性器官,因此裸露癖某种意义上属于性犯罪。另外,有研究表明,超过10%的儿童性骚扰者和8%的强奸犯开始的时候都是裸露癖者。所以裸露癖是不能允许的。

关于裸露癖的成因,有一种说法是人类原始行为的情绪释放,人类从猿进化而来时就是"赤条条"的,他们裸露自己的身体其实是一种炫耀自己羽毛或者性器官的行为,是一种求爱信号。还有一种说法是与周围环境有密切的关系,比如在童年时期不经意见窥见成年人不同程度的裸露,导致心理发生某种认知障碍,但目前并没有一套确切的定论来解释其中的因果关系。

接下来看一段对话。

民警:知道你因为什么被带过来吗?

Z:……(低头)

民警:怎么不说话?知道还是不知道?

Z:……(搓手)

民警:那你回答我,你今天在电梯里做了什么?

Z:……(缩起肩膀)

民警:说话,做什么了?

Z:脱……裤子。

民警:当时电梯里还有什么人?

Z:一个女的。

民警：你认识她吗？

Z：不认识。

民警：你脱裤子露出身体了吗？

Z：……

民警：怎么又哑巴了？说话，露了没？

Z：露……露了……

民警：为什么要这么做？

Z：我也说不上来，就是感觉很舒服……我也没别的想法……

民警：你是舒服了，考虑过人家吗？你知道你把人家吓哭了吗？人家现在还要告你猥亵。

Z：……知……知道，不过看到她越害怕，我……我就更兴奋……

民警：你倒是兴奋了，你兴奋却让别人痛苦！我现在问你，电梯门快关上的时候你突然转身堵在门口，然后露出你的身体，是想在你体验到快感以后方便自己逃跑是不是？

Z：是，之前一直是这样，都没有被抓到过……

民警：看来你是惯犯啊！继续交代一下吧。

……

以上是一个因为在电梯裸露身体被行政拘留的裸露癖者与民警的对话。从Z的语言表达中可以看出，裸露癖者一般性格是比较内向的，也是有羞耻心的，知道自己的行为是不应该的，但裸露就像毒品一样诱惑着他们，最终还是让他们突破自己道德的底线，为了一时的兴奋和快感毁掉自己的人生。

在裸露癖的治疗上，我们提到过的厌恶疗法也是很有效的。诱导患者想象自己裸露的场景，必要的话可以现场模拟一些让患者产生"癖"瘾的环境，

第十章 | 令人匪夷所思的癖好——变态人格导致的怪异行为

当他们产生性兴奋的时候用皮筋在他们的手臂上狠狠弹一下,或者是使用适当程度的电击,让患者体验到痛苦的情绪。当患者产生疼痛感以后,会本能地逃避这种痛苦的来源,从而中断他们"当众裸露"和"愉悦感"关联性的条件反射,也就达到了治愈的效果。

但人的心理机制是非常微妙的,厌恶治疗法要按照专业的心理医生指导来进行,不要认为就是简单的弹皮筋和电击。如果操作不当可能会矫枉过正,让患者产生一个相反的条件反射——"只要脱衣服就会疼痛",最后把一个以"裸"为乐的暴露狂变成一个连睡觉也不敢脱衣服的"胆小鬼"。

第十一章 扭曲地恋着

——不被接受的畸形之恋

爱情是人间最美妙的东西,它催生了无数的艺术作品,是无比高尚的。

然而,爱情也可能会被扭曲,出现了诸如"恋童癖"、"同性恋"、"恋母"、"恋父"、"虐恋"等,变得畸形,变得不为世人接受。

一树梨花压海棠——大叔只爱"洛丽塔"

俄罗斯裔美国作家弗拉基米尔·纳博科夫有一部作品,叫《洛丽塔》。这部小说叙述了一个中年男子与一个未成年少女的畸恋故事,在全世界广为流传。小说的男主人公亨·亨伯特在少年时期与一名14岁少女发生了一段初恋,然而这位少女不久后早夭,从而使长大后的亨伯特产生了心理障碍,形成了恋童癖。他对成年女性没有兴趣,却偏爱未成年的小女孩,他甚至将"小妖精"定义为"九到十四岁"。小说中的他,从法国移民美国后,恋上女房东12岁女儿洛丽塔,并称呼她为"小妖精"。

亨伯特对洛丽塔喜欢得无法自拔,为了亲近这个热情、早熟的小女孩,亨伯特不惜娶房东为妻,成为了洛丽塔的继父。后来,女房东发现自己的丈夫对女儿意图不轨,一气之下疯跑出去,结果出了车祸。妻子死后,亨伯特终于可以理所当然地亲近洛丽塔了。为了能够不知不觉地猥亵洛丽塔,他甚至在她的饮料中下药。药物并没有对洛丽塔发挥作用,相反,第二天早上,洛丽塔竟然主动地勾引了亨伯特,他们发生了乱伦的关系。这种畸恋使这对"父女"走到了一起,他们相伴在美国到处旅游,亨伯特还以继父的身份,用零花钱、漂亮的衣服来控制洛丽塔。然而,长大后的洛丽塔意识到了这种乱伦关系的可怕,终于找机会逃离了继父的掌控。

这部小说后来被排成电影。电影还有一个中文译名——《一树梨花压海棠》。这个译名来自于苏轼的一首诗。苏轼曾写过一首诗来调侃好友张先:"十八新娘八十郎,苍苍白发对红妆。鸳鸯被里成双叶,一树梨花压海棠。"

第十一章 | 扭曲地恋着——不被接受的畸形之恋

作为北宋著名的花间派词人,张先风流无比,钟爱诗酒和美人。他身体又好,到了八十岁依然硬朗,还娶了一个18岁的姑娘做小妾,因此得意洋洋,免不了向苏轼宣扬自己的风流韵事,苏轼便顺势做了这首打油诗。此后,"一树梨花压海棠"也就有了"老牛吃嫩草"的意思。

我们要介绍的,就是小说中男主人公所患上的心理疾病——恋童癖。如果说裸露癖不能被社会接受的话,那恋童癖那就要严惩不贷了。因为即使有人在大街上当着你面裸露自己,虽然你会恶心、反感、厌恶,但一般情况下不会对自己造成实际性伤害;但恋童癖患者在发生性侵儿童的行为时,对受害人造成的精神损失是无法估量。研究表明,在儿童时期经常遭到性侵犯的成年人会出现抑郁、自我毁灭、不信任他人的行为;在儿童时期遭受过性虐待的女性,在成年后比其他女性更容易受到丈夫或性伙伴的虐待,并会产生自暴自弃的心理。

我们来看下面一个案例。

纽约52岁的老妇T,利用保姆职业之便,性侵她所照顾的四岁女童,后经女童告知母亲,得以发现其劣迹。

原来,这名女童的母亲5年前从泰国移民美国,一年后丈夫无故失踪,她只好带着自己刚出生不久的女儿在一家泰式餐厅帮厨,因此结识了老妇T。后来她找到一份家政工作,因女儿在家无人照顾,就雇T来家里给女儿做保姆,还让女儿称呼她"奶奶"。

没想到悲剧发生了。T在给女童洗澡的时候,经常用手指和脚趾侵入女童的生殖器官;她还利用晚上睡觉的时间,把女童脱光,自己也脱光衣服,压在女童身上,抚摸和亲吻女童,甚至造成女童私处红肿、破皮。

后来女童的母亲听到女儿抱怨"奶奶"对她不好,洗澡的时候会弄痛自己，母亲开始有所警觉，带她到医院一查，坏了！医生证实女童的私密处近日被外力入侵，导致处女膜破裂。女童的母亲当即向警方报了案。虽然T受到了法律的制裁，但是自己的女儿受到的创伤已然是木已成舟了。即使身体的伤能消退，精神上的伤害也无法消除了。

除了一些社会上出现的猥亵儿童的案例，近些年越来越多的成年人性侵儿童的新闻也屡见报端，着实让人震惊。而事实上，我们所能听闻的这些性侵儿童事件只是冰山一角，恋童癖患者远远多于我们的想象。

别急着义愤填膺，我们先来对恋童癖患者进行分析。虽然现在成人猥亵、性侵儿童的事件如此之多，但是有些并不属于恋童癖，这里就要引出恋童癖的一个特性了。

"恋童癖"是以儿童为对象获得性满足的一种性变态，所谓儿童指的是性发育（青春期）之前的孩子。"恋童癖"在对儿童的猥亵行为是强制性的，而且他们还可能折磨乃至强暴儿童。

那么"恋童癖"的特点是什么呢？

顾名思义，"恋童癖"患者只喜欢儿童，只对未开始性发育的孩子有兴趣，他们不喜欢成年人。

所以，上面说到的成年人猥亵学生的案例要具体分析，如果案犯承认只是喜欢性侵儿童，对成年异性没有兴趣，那他们就是恋童癖者。也有一部分人，是由于现实生活中各种因素导致自己性压抑，又找不到性发泄的对象，从而转移到毫无反抗能力的小孩身上，并最终将"魔爪"伸向了他们，这类只能算"性变态"，不能叫恋童癖。

"哪里有压迫哪里就有地下工作"，当社会公知、道德以及法律禁止这些变态行为的时候，"地下行动"就会滋生出来，"恋童癖"也是一样。随着网

第十一章 | 扭曲地恋着——不被接受的畸形之恋

络时代的到来，不少恋童癖群体在阴暗的角落暗暗地活跃着，而且他们还形成了一些"接头暗号"，用一些图形与符号，用来彼此相认，并标明自己的"喜好"。下面来介绍一些比较常见的图形和符号，用以提高警惕性，看好自己的孩子，对这些人绕道而行。

关于恋童癖"接头暗号"的图片，有三种比较常见，一种是首尾相连的两层三角形状，另一种是首尾相连的两层爱心形状，再者就是四个爱心组成的"蝴蝶状"，或者是以上几种图形相结合。这些分别代表的"暗语"是：男童癖、女童癖、恋童癖。这里文字描述比较抽象，建议读者自行上网搜。

除了图片，关于"恋童癖"还有一些首字母缩写组成的"暗号"，比如：AOA——他们喜欢哪个年龄段的儿童、CL——恋童癖、GL——女恋童癖、BL——男恋童癖、CP——儿童色情作品、LG——小女孩、LB——小男孩、GM——与小姑娘一起度过的时光、BM——与小男孩一起度过的时光。还有一个知识需要普及一下，据说每年4月25日是恋童癖的"庆祝日"，在这一天街上会出现很多穿戴或者传达同类"暗号"的恋童癖者，原因是为了向《爱丽丝梦游仙境》这部作品致敬。

恋童癖现阶段已经呈现一种频发趋势，作为正常的成年人，我们应当有保护儿童的责任和义务，避免儿童惨遭"毒手"。保护儿童和疏导患者是抵制恋童癖的两种有效手段，保护儿童就要对恋童癖有一定的了解，从而采取有效措施让孩子远离这些人的魔爪；疏导患者则建议采取高效的"厌恶疗法"（请参照之前的介绍，这里不做赘述）。

当女人爱上女人，当男人恋上男人——"断背山"的秘密

阿A，一个心思很细腻的女孩，总会给别人一个腼腆的笑容，喜欢害羞地看着地上小声地说话。小P，一个同样心思很细腻的女孩，但和阿A刚刚相反，她会大声地笑，会挥动拳头表现心中的喜悦，是个典型的阳光女孩，好胜心强到从不愿意输给任何人。两人都刚毕业不久，来到一个陌生的城市，并在同一家大公司工作。这里的每个人都像一台超负荷运载的机器，作为实习生的她俩，很少有机会去和各位"老师"沟通，更多的是被交代很多难以胜任的工作。时间一久，阿A变得胆小，害怕出现在这个忙碌的空间，害怕面对形色匆忙的人群。还好她的身边有一个小P，当受到挫折的时候有小P"罩"着她，替她抗下压力，分担烦恼。

慢慢地，两个人成为无话不谈的闺蜜，阿A对小P产生了依赖，只要小P在公司她就感觉踏实，如果小P出差去了，她就像热锅上的蚂蚁，做什么都觉得不对，一直等到小P回来才会舒一口气。同事们都说她俩像连体婴一样，还有同事偶尔会开玩笑说她们俩之间是不是有些非一般的关系。每当遇到这样的调侃，小P都会大大咧咧地反击，或者直接"动手"来驱散调侃者。而阿A则在一边腼腆地微笑。

有一次小P吃坏东西上吐下泻，送到医院被诊断食物中毒需要住院。阿A放下手中所有的工作，请假日夜守护在小P的身边，每天给她熬粥、倒水、擦身体，简直比专业的护士做得都好。一天夜里小P起来上厕所，发现阿A正站在门外祈祷，希望神明可以保佑她快点好起来，甚至说了"没有她自己

第十一章 | 扭曲地恋着——不被接受的畸形之恋

也活不下去"之类的话。小P察觉出阿A的异样,那天晚上和阿A聊了很久才发现,原来阿A对于她们两个人之间的情感已经超越朋友的界限了,就像是在谈恋爱一样。

我们接下来要说的,正是"同性恋"。近些年同性恋题材的电影越来越多,但社会对于"同性恋"的认知,似乎只局限于"性"这一个标准,其实"同性恋"并非只是从性取向来判定的。1973年,美国心理协会、精神医学会将"同性恋"定义为:一个人无论在性爱、心理、情感及社交上的兴趣,主要对象均为同性别的人,这样的兴趣并未从外显行为中表露出来。

关于同性恋形成的原因众说纷纭,到目前为止仍没有一个权威统一的解释,不过可以从精神分析、行为主义和生物生理三个方面来了解,以达到立体化呈现同性恋的成因。

从精神角度来分析,弗洛伊德认为同性恋是性心理发展阶段固着的表现,通俗地说就是同性恋是因为"性年龄"停留在3—5岁不愿意长大。心理学一般认为3—5岁的年龄段是人类性心理发展的关键时期,在这个阶段的孩子会对自己的性取向产生划分和明确。大部分的孩子会对异性产生渴望,同时对同性产生抗拒感,如果顺利度过这个时期,孩子的性取向基本就形成和固定了下来,而且这种状态相对稳定,后期不容易产生变化。如果在这个阶段出现问题,孩子就会产生性倒错,对自己的性别和性取向产生困惑,对同性产生性渴望,即出现同性恋心理。

从行为主义的角度来分析,行为主义主张心理学不应该研究意识,只应该研究行为,将意识和行为完全对立了起来。所以行为主义者认为同性恋并非意识形态出现问题,而是在通过行为模拟和适应习得的,就和家长通过"糖果+大棒"来引导孩子行为一样。如果人在遭受异性失恋的情感打击后,而在偶然的机会中得到同性之间的某种爱恋的满足，或者他的第一次性经历是和同性发生的，那么他可能会从这样的行为对比中习得一种"经验"，在性别与性取向之间产生关联，从而演变成为同性恋。

从生物生理角度来分析，有一些研究指出，同卵双胞胎成为同性恋的概率比异卵双胞胎要高。此外食指和无名指的长度对比与荷尔蒙有密切关联，无名指越长雄性激素水平越高，也就越有男人味。反之食指越长雌性激素水平越高，看上去有点娘娘腔，更易成为同性恋。

社会对于同性恋的认知还比较保守，然而，同性恋是否真的如大多数人想象中那样不堪呢？

对于同性恋的认知，有这样一种观点——"文明意味着分类的复杂化"。这种观点认为社会对于人的性取向的区分越多样性，则越体现人类文明的进步。比如，"男女"恋是最常见和普通的性取向，这是从生理上来分类的；再复杂一点的"男男"恋、"女女"恋是从心理层面来区分的，这也是我们平常所谓的"同性恋"。其实，人类文明发端之初就存在"同性恋"的一类人，而且当时的社会对待这类人都是比较开放和接受的，尤其在古希腊那个时代，同性恋是非常普遍和自由的，所谓"男风"曾在古代中国也是一度盛行。但从物种进化的角度来说，"同性恋"是没有繁殖能力的，所以很难冲破人类自然属性的特性，更多的时候，"同性恋"是沉寂在社会边缘地带的。十九世纪末期，在欧洲和美国，同性恋倾向被认为是一种医学上的诊断单位，同时也被当做是罪恶的和违法的行为。

有意思的是有了"同性恋"，也有相对的"恐同症"（Homophobia），也就是对同性恋抱持偏见、歧视、厌恶的一种心理。恐同症并不是仅发生于异性恋身上，也会出现在同性恋者身上，如美国的政治人物麦卡锡及胡佛，为掩饰自己的同性恋性倾向，反而对同性恋进行大规模肃清。事实上，从另一方面来讲，现代人已经开始从观念上对"同性恋"慢慢解禁了。比如，1990年5月17日。世界卫生组织（WHO）将同性恋从精神病名册中除名，以降低对同性恋的歧视。

再回过头想想上面提到的关于性别区分的标准，不妨大胆畅想一下，如果有一天，人类的性别不再仅仅按照生理器官而简单粗暴地分为两类，而是更加尊重个体的自我认知，以心理需求来划分，那么到那个时候也就不会存在"同性恋"了。我们经常会听到社会对于一些身体有缺陷的人说他们是"折翼的天使"，那么对于同性恋，我们也可以认为是上帝送给人类的"彩蛋"（彩蛋一般是指导演在电影结尾故意安排的小惊喜，但这样的小惊喜会对影片和续集带来很多的发展空间和可能性）。因为现在已经有心理学家和行为学家研究得出，同性恋者对于情感的体验更加细腻，对于艺术的触觉更加敏感。虽然这种观点还没有被广泛接受和肯定，但综观人类文明发展史，那些涉及到同性恋的伟大艺术家实在不是小数目。

解不开的母型依恋——俄狄浦斯情结

在古希腊的中东部有一个国家叫忒拜国。他们的国王被政敌杀害，国王的儿子拉伊俄斯为躲避杀身之祸，跑去投奔了另一个国家的君王珀罗普斯，但是他却爱上了珀罗普斯的儿子，并诱拐他，导致他死亡，拉伊俄斯因此被诅咒将会"被自己的儿子杀死"。

等到拉伊俄斯当上忒拜国王后，因为害怕这个诅咒，一直回避和自己的妻子发生性生活。但是，计划赶不上变化，他的妻子趁他某次醉酒时和他发生了关系，并诞下一子。

但是拉伊俄斯每天饱受"被自己儿子杀死"的诅咒折磨，等到儿子降生后，命人挑断婴儿的脚筋抛到荒山之中，打算让他自生自灭。但是，人算不如天算，他的儿子让一个牧羊人解救下来，取名"俄狄浦斯"（希腊语中意思为"肿胀的脚"），并将他转交给邻国国王作为养子。该国的国王一直没有子嗣，所以对小俄狄浦斯视如己出，而且定他为王位继承人。

长大后的俄狄浦斯有一天感受到神谕，说他将来会"弑父娶母"，善良的俄狄浦斯不知道自己现在的父母并非生身父母，因此他决定离开并发誓永远不会再回来。

而这时在忒拜城内，神界的女王赫拉为了惩治国王拉伊俄斯所犯下的罪行，派狮身人面的女妖"斯芬克斯"祸害全城。斯芬克斯在城内要求过路的人解答一个谜语，答不上来的人就会被它吞掉，没有一个人能答出来，一时间弄得人心惶惶。拉伊俄斯希望请示神谕找到击退斯芬克斯的方法，于是亲自率队前往特尔斐神庙拜求，在途中正好遇到了俄狄浦斯。恰巧这段路非常狭窄，仅能容得下一个人通过，拉伊俄斯身为国王，此时又受到妖兽袭城的烦扰，于是命人粗暴地驱赶俄狄浦斯让路，这可激怒了年轻气盛的俄狄浦斯，当即和他们发生了争斗，拉伊俄斯死在了俄狄浦斯的剑下，最终还是应验了那个诅咒。

而此时的俄狄浦斯并不知道事情的真相，他进入忒拜城后破解了斯芬克斯的谜语，成了忒拜城的英雄，臣民一致推选俄狄浦斯为新国王。按照习俗，俄狄浦斯娶了死去国王的遗孀为妻，并生下了两个儿子和两个女儿，至此应验了"弑父娶母"的预言。

由于犯下如此忤逆、乱伦的大罪，瘟疫和饥荒降临到了忒拜城，陷入困惑的俄狄浦斯像他生父当年一样，去请示神谕，因此知道了自己犯下的滔天

第十一章 | 扭曲地恋着——不被接受的畸形之恋

大罪。羞愧难当的俄狄浦斯诅咒自己双眼看到这样的不堪景象,刺瞎了双眼,走到民众面前承认自己"弑父娶母"的罪,是被神谕诅咒的恶徒,不能被原谅,最后将自己流放,漂泊四方,孤独终老。

这是希腊神话中一出著名的悲剧,俄狄浦斯作为一个无辜受害者还没出生就受到诅咒,导致了"宿命"般悲剧的一生。他与亲生母亲的乱伦情感被称为"俄狄浦斯情结",被认为是后世一种心理疾病的起源。这也揭开了本篇的主题——恋母情结。

其实,恋母情结是一个普遍现象,我们每个人几乎都会有,这种情结源于我们小时候对母体的依赖。由于整个社会男女角色定位的区分,生活中大部分的母亲更加关注家庭,父亲更加注重事业,也就是所谓的"男主外女主内"。所以我们出生后,往往是由母亲来照顾自己的吃喝拉撒,在我们幼小心灵和世界中,母亲占据了绝对重要的位置。如果你看过《动物世界》,可能就会发现,大部分的动物在刚出生到成年之间的很长一段时间里都是紧紧跟随它的妈妈,同样对于幼儿来说,母亲就是他们的天。与动物一样,在幼儿时期,我们很自然就对母亲产生了依恋情绪。这是一个再正常不过的情绪,那么我们为什么要重点介绍它呢?

这里我们说恋母情结是一种正常的情绪,但是这只是限定在一个时间段内。一般人随着年纪的增长和性格的成熟,会渐渐摆脱这种情结,或者会转化为一种尊敬式的爱戴。但有那么一小部分人,他们不会自我调节,而是把自己小时候对母亲的依赖延续到自己成人,更夸张的是进行加工演化,将自己将来的择偶标准和性欲对象转化为自己的母亲,希望自己将来的妻子能和母亲一模一样,甚至直接"恋爱"上自己的母亲,并会对她产生性冲动。这种畸形或者说违背人伦的心理在心理学上被称为"恋母情结"。

那么畸形的"恋母情结"是如何产生的呢？这里要请出弗洛伊德的精神分析方法了。他认为人在青春期关于性观念产生的过程中，会开始本能地向外界寻求"性"对象，也就是我们常说的"意淫"对象。当孩子在寻求"性"对象时，会优先选择自己生活中接触到的异性，因为他们是能直观感受到的，所以他们的"刺激性"更强。而一般情况下，在少年成长过程中，接触到最多的就是父母，尤其是高中以前一个相对封闭的周边环境里。父母对自己的宠爱让孩子会产生一种占有欲，好像父母是自己的所拥有的财产，比如男孩对自己母亲产生占有欲，则父亲相应的成为了他的"竞争对象"，反之女孩也是如此。从另一个角度来说，"恋母情结"是父母对孩子的过分爱恋造成的，是"恋子情结"诱发了他们的"恋母情结"。这两者是相对应的。

但大部分情况下，一般人对父母"性"的占有欲很快会被另外一种精神认知所消灭，那就是"理性"和"伦理"。举个例子，比如一个对自己母亲产生性幻想的男孩，他"爱"自己的妈妈，但他同时也会敬爱自己的爸爸，基于对父母的尊敬与纯粹的爱戴，他们往往会打消对妈妈的畸形恋；另外还有一个就是我们社会自文明产生以来代代相传的伦理道德的教育，这个在全世界都一样，当孩子发现对自己父母产生不正常的爱恋情绪时，这种伦理道德会在他精神"越轨"时及时纠正过来。而如果"理性"和"伦理"统统失效时，这就导致人在认知上出现了偏差和障碍，在一个错误的轨道上渐行渐远，畸形的"恋母情结"也就应运而生了。

哲学家恩格斯曾经指出："如果说家庭组织上的第一个进步在于排除了父母和子女之间相互的畸恋关系，那么，第二个进步就在于对于姐妹和兄弟也排除了这种关系"。所以人类在性成熟的阶段消除"恋母情结"是一个常规的蜕变，所以如果你发现在自己成年阶段仍无法摆脱畸形的"恋母情结"，甚至对自己的母亲还会产生性幻想，那你就有必要从自己的心理和认知入手，

第十一章 | 扭曲地恋着——不被接受的畸形之恋

让自己矫正这种认识。

一生的保护者——厄勒克特拉情结

无独有偶,孩子在成长发育的过程中,家庭对孩子的影响力是毋庸置疑的,其实在家庭中,如果不能很好地引导孩子的人伦教育,孩子不只是会对母亲产生畸形的情感诉求。接下来我们就来聊聊"恋父情结"。

和"恋母情结"一样,其实我们在成长的过程中大部分多会产生"恋父情结",在某个特定的时间段和适当的程度下这是一种正常的情感依恋,但如果突破一个常规的区间,那么就会演变为畸形的"恋父情结"。

先让我们来看一下"恋父情结"的人物原型。和"恋母情结"一样它们都是由希腊神话故事中的人物衍生出来的心理疾病。

阿伽门农是希腊诸王之王阿特柔斯的儿子,他在征讨特洛伊城之前的一次狩猎中收获颇丰,于是他得意忘形夸下海口:"就是狩猎女神的箭法也不过如此。"这下可触怒了神明,狩猎女神要求阿伽门农把亲生女儿献祭给她,才会帮助他的远征刮起顺风。

远征之事如在弦之箭,势在必行,如果因为自己逞一时口舌之能,导致大军最后无法出征,那阿伽门农可就成了延误战机的罪人,而且会成为后人讥讽的笑话。于是他不顾妻子的反对,将女儿献出,顺利出征特洛伊。妻子想要报复阿伽门农的冷血无情,但丈夫又常年在外征战,于是她想出了给他戴绿帽子的损招。

微人格心理学

十年后阿伽门农得胜而归，让他没有想到的是等待他回归的却是妻子的背叛。当他躺进浴缸准备洗去十年的硝烟与疲惫时，被妻子的情夫偷袭杀死。之后他们便取而代之统治了阿伽门农的王国，阿伽门农的老部下把他的儿子欧瑞斯提兹秘密送出国境，后来被法诺帝国王收留。但他的女儿厄勒克特拉运气就没那么好了，她被母亲囚禁在城堡之中。

厄勒克特拉非常爱自己的父亲，对于母亲出轨并暗杀父亲的行为一直耿耿于怀，仇恨一直伴随着她的成长。直到她长大成人，她也无时无刻不盼望着弟弟能够回来帮她一起为父报仇。

终于，复仇的时刻到来了，在外流亡已久的弟弟回归与自己相认，在法诺帝王子的帮助下，弟弟在祭祀酒神的晚会上杀死了母亲的情夫。然后，厄勒克特拉又骗自己的母亲说自己生下一个儿子，需要请她来为孩子主持祭祀。把母亲骗出戒备森严的王宫以后，她和弟弟一起杀死了亲生母亲。之后，厄勒克特拉和弟弟又因为犯下有悖天伦的"弑杀生母"罪孽，成为复仇女神的审判对象，最后在智慧女神的帮助下，他们被判无罪……

故事先说到这，厄勒克特拉对父亲的眷恋和对母亲的敌对的这种心理状态从此被后人称为"厄勒克特拉情结"。

父亲在儿童心理发展的过程中扮演着独特的角色，他们更倾向于鼓励和帮助儿童培养独立性格和引导自由意志，有利于儿童的个性发展。形式上，他是拆散母婴结合体的"分裂者"，因为他是从外界凭借情感因素将母婴的"肉体联系"分开，分散了儿童的情感专注度。儿子会在父亲的影响下潜移默化地学习父亲的男子汉气质，女儿则会依恋父亲给予的安全感，他们都会在自己的成长过程中将父亲作为一个参照物去指引自己的方向。

女孩正常的"恋父情结"多数表现为依恋自己的父亲，倾向于未来找一

第十一章 | 扭曲地恋着——不被接受的畸形之恋

个像父亲一样能给自己安全感的男朋友，不管是长相还是性格。而男孩会因为钦佩、仰慕自己的父亲，拿他作为自己的人生"导师"，因此变得更加稳重和有责任感。

上面的还属于正面的影响，但如果过度的"恋父情结"则会造成很多负面甚至有害的结果，比如"爱父嫌母"。女孩会嫉妒自己的母亲"霸占"父亲，长大以后一定要找和自己父亲生日一样的男人恋爱；有些会企图破坏父母关系，然后和自己的父亲发生一段不伦的恋爱；男孩会嫌弃自己的母亲配不上自己的父亲。他们没有明确的是非观念，唯父亲马首是瞻，父亲就是他们的指南针，是权威的象征，他们长大后会喜欢强势的女生，喜欢被别人"牵着鼻子走"的感觉，也有人会因为过度依恋父亲而转变成同性恋者。

由于性别因素影响到"性"喜好，所以患有"恋父情结"的人，女性居多。下面让我们来看看一个"恋父"的女孩。

S从小是一个品学兼优的好学生，在她5岁的时候父母离婚了。她的性格比较孤冷，总觉得谁都瞧不上眼，唯独面对自己爸爸的时候才显现出温柔小女生的姿态。

因为S从小失去了母爱，所以爸爸对她的关爱、呵护更加用心，"捧在手里怕掉了，含在嘴里怕化了"，平时上学、放学都亲自接送，12岁以前也亲自给她洗澡，晚上睡觉怕她一个人害怕，就天天抱着她入睡。爸爸"一把尿一把尿"含辛茹苦地把S拉扯大，S也长成了一个模样标致的美女。在爸爸看来终于是完成了做父亲的职责，小鸟羽翼丰满了，该振翅飞翔看看外面的世界了。

但是没想到的是，S高中毕业填报志愿时，死活不愿意填外地的大学，以她的成绩完全可以到最好的城市读重点学校了，但是她却非要坚持申报自己城市的大学。爸爸很焦虑,为什么自己的女儿会做这样的选择,放着好大学不读,非要去读一个一般的学校?S给他的解释是"宁做鸡头,不当凤尾",爸爸拗不过S的执念,无奈接受了女儿的选择,这事情就算这么过去了。

但想象不到的事情还在后面。等S大学毕业后走上社会,因为能力突出,事业蒸蒸日上,但却迟迟不见S感情有任何进展,这让爸爸很担心。后来经过社区妇女主任的介绍,爸爸给S物色了很多相亲对象,但都让她一一回绝了;即使勉强答应,也就是见个面走个过场,再没有下文了。

在S又一次拒绝相亲对象继续发展的请求后,爸爸终于忍不住爆发了,质问S究竟为什么会这样。S长这么大第一次见爸爸如此生气,顿时有些不知所措了,她像个犯了错的小女孩低着头,眼泪"啪嗒啪嗒"滴到地板上,那天她说出了实情。原来在她的心中,从小爸爸就是一个英雄,只要有爸爸在她都感觉很安全、很踏实,她非常喜欢和爸爸在一起的时光。后来她到了青春期,关于性的欲望还是萌芽,不知道从什么时候开始,她晚上做梦的时候,幻想的对象变成了爸爸。在学校里有很多男生追她,她也曾经想试着和他们交往,可是没多久她就发现他们和自己的父亲完全不一样,所以对他们总是提不起兴致。后来父亲给她介绍的相亲对象也始终让她没有什么感觉,一直以来她唯一深深爱着的人就是自己的爸爸。

像S这样的"恋父"患者并不是个例,他们为什么会发展出畸形的情感呢?

按照弗洛伊德的观点,一般人在成长过程中会经历五个人格发展时期,及"口唇期"、"肛门期"、"性器期"、"潜伏期"和"生殖期"。而"恋父情结"(包括前面介绍的"恋母情结")正是在"性器期"出现了问题。"性器期"是人最重要的心理性欲阶段,一般处在3—5岁的年龄段,这个年龄段的儿童会对自己的性器官产生好奇,也会发现触碰他们会有奇怪的快感。而如果在这个阶段孩子将触碰生殖期的快感和对父亲的喜爱联系在了一起,那么就可能会衍变出畸形的"恋父情结"。所以在孩子小的时候,如果发现他们不自觉的触碰自己的生理器官,作为家长要及时地制止,并给予正确、适当的引导,让他们安然度过这个敏感的时期。

俗话说:"女儿是父亲前世的情人",就让前世的情缘留在前世好了,今生还是做一对正常的相亲相爱的父女吧,因为给予子女个性的自由、健康的发展才是对他们最好的爱。

疼痛与快感并行——越痛苦,越爱

喜欢武侠小说的人应该都看过金庸先生的《鹿鼎记》。《鹿鼎记》里,韦小宝的七个老婆中有一位身份最特殊——她就是建宁公主。她尊为康熙帝的妹妹(虽然没有血缘关系),享不尽的荣华富贵,却甘愿下嫁给韦小宝,为何?

直接原因就是韦小宝是第一个敢动手打她的人。来看看原著中是怎么描写的:

"韦小宝正自恼怒,伸手啪啪两个耳光,当胸一拳,右足横扫,公主又即跌到。他跳将上去,倒骑在她背上,双拳使如擂鼓,往她腿上、背上、屁股上用力打去,叫道:'死小娘,臭小娘,婊子生的鬼丫头,老子打死你。'……打得几下,公主忽然'嗤'的一笑。韦小宝大奇:'我如此用力打她,怎么她不哭反笑?'从桌腿上拔出匕首,指住她颈项,左手将她身子翻了过来,喝道：'笑什么？'只见她媚眼如丝，满脸笑意，似乎真的十分欢畅，并非做作，听她柔声道：'别打得那么重，可也别打得太轻了。'韦小宝摸不着头脑，只怕她突施诡计，右手牢牢踏住她胸口，喝道：'你玩什么花样，老子才不上当呢。'公主身子一挣，鼻中嗯嗯两声，似要跳起身来……韦小宝只觉伤口中一阵阵抽痛，怒火又炽，啪啪啪啪四下，左右开弓，连打她四个耳光。公主又是嗯嗯几声，胸口起伏，脸上神情却是说不出的舒服……韦小宝骂道：'臭小娘，你这犯贱货，越是挨打越开心，是不是？'伸手在她左臂上重重扭了两把，公主'哎哟、哎哟'地叫了几声，皱起眉头，眼中却孕著笑意……公主咯咯直笑，叫道：'死太监，好公公，好哥哥，饶了我罢，我……我……真吃不消啦'……"

虐恋，正是建宁公主怪异癖好的原因所在，而现实生活中也不乏这样的人存在。虐恋一词源于英文的Sadomasochism，是施虐倾向（Sadism）和受虐倾向（Masochism）二者的合成词，简称SM。

说到SM，这种"癖好"好像我们更多的是见于一些大尺度的影视作品中，现实生活中很少会听到谁有这样特殊的"癖好"，但如果你有机会去到路面的一个情趣用品店的话，你就会发现虐恋者的市场和需求，皮鞭、绳子、狗链等让人浮想联翩的道具向你展现了虐恋者的性诉求。有研究显示，在西方约有30%的女性和10%的男性曾有不同程度的受虐与施虐体验。

那么究竟什么是虐恋呢？

简单说就是"施虐者"通过对"受虐者"的身体施加疼痛刺激，或者在精神上施以侮辱、践踏等行为，使"受虐者"转化这种刺激产生快感，而在这个过程中，"施虐者"也因满足了自己的需求同样产生快感。"痛并快乐着"就概括了这种状态。

第十一章 扭曲地恋着——不被接受的畸形之恋

虐恋最早要追溯到英国维多利亚时代（1837年—1901年），这个被认为是英国工业革命和大英帝国综合实力的巅峰阶段。那个时期英国的地下色情文学的一个主要潮流就是虐恋，据说当时的一些英国人民对鞭打有强烈的爱好。鞭打正是施虐的一种主要方式，除此以外，还有牙咬、手抓、滴蜡、绑缚、针刺等。前面说到还有精神施虐的方式，比如将小便撒在性对象身上，强迫对方讲脏话，用来侮辱性对象，从而来满足自己的性快感。

疼痛怎么会带给受虐者带来性快感呢？一种观点认为，身体在经受疼痛时会释放一种脑内啡和肾上腺素，除此以外，肌肉在劳损中会释放乳酸，这些生理因素可能是导致快感并且成瘾的根源所在；另外一种观点认为快感并非来源于疼痛，而是相对于疼痛而言更加温柔表现，施虐者在施以疼痛的过程中会伴随一些温柔的安抚或者其他的行为，这样的爱抚行为在疼痛感的落差对比中放大了快感体验，这就比普通的爱抚产生更加刺激的感觉了。举个例子，一杯冰水你喝下去可能只会产生冷的感觉；如果是夏天喝下这杯冰水，你就会觉得凉爽；如果是夏天你吃完辣椒以后再给你一杯冰水，那么你就会产生一种快感，这种快感比你普通情况下喝冰水的刺激强很多，这个就是受虐者在疼痛中体验快感的原理。当然人的心理活动要复杂得多，并不是这么简单可以概括的。

在SM过程中，施虐者的心理诉求则与受虐症不一样。这些人在现实生活中往往是性格比较隐忍和内敛的，平时给人循规蹈矩的印象，但他们也会遇到暴怒的事情，苦于寻找不到发泄的突破口，只能压抑自己的情绪。通过"伤害、侮辱"别人的方式，他们能够找到一种可行的途径，来达到情感宣泄的效果，并会在这个过程中产生一种精神上的刺激和兴奋，从而引发生理上的快感。

虐恋存在于世，有释放压力的有利一面，也具有损伤性的不利一面。如果没有很好的疏通渠道，则会发生一些无法挽回的恶果。下面是一起耸人听闻的虐恋谋杀案。

作案者阿落曾是一名酒吧驻唱歌手，35岁的他长相比较文雅，常常通过邀约男性虐恋者一起玩"SM游戏"，诱导受害人上吊自杀，而他就坐在旁边"观赏"受害者死亡的整个过程，等受害者死去后再离开。在不到40天的时间内，用上吊的方式"玩"死了6名牛高马大的男性。

国内性学专家李银河对虐恋有这样一种观点：她指出，虐恋不是一种疾病，而是有进步意义的一种亚文化现象。因为虐恋的存在，意味着人们有自我表达的空间和自由了，有了空间和自由才能寻找到"自我同一性"。而对于目前社会虐恋还处于一个边缘位置的现象，她举了上世纪60年代西方出现的嬉皮士的例子，他们当时也是不被社会主流意识所接受，被视为异类人群，但经过时间的锤炼和检验，事实证明他们是对的。虐恋也是这样。

虐恋在未来会不会作为社会进步的催化剂，而被主流意识广泛接受，这个我们现在无法预知，只能交给时间去验证。但现在有一个可以明确的是，虐恋如果想合理地存在下去，必须先要满足一个前提条件，那就是要建立在双方互相尊重的基础上，自愿在不危及生命安全和安全损伤程度内进行。如此才不违背人类自由意志的原则，才有可能被社会承认和接受。

第十二章

人的天性就是永不满足

——贪欲心理

乐事薯片在美国有句广告词:"我敢打赌,你不可能只吃一片。"当你拥有某件你喜爱的事物,你以为你会因此而感到满足?那你就太不了解人类了。

当我们还是猴子的时候,已经学会了不断地索取自己需要的和不需要的……没有最多,只有更多!

每个人都会有丢不掉的"瘾"

"他们说抽烟对身体不是太好,可是不抽的时候,我的身体更难受,我越来越不确定戒烟的目的,难道生老病死就多了这一口?……我经常嘲笑自己,不能说到做到,忘不了那段甜蜜,戒不掉心中的瘾……"

这是一首歌的歌词,道出了一个患"瘾"者内心的挣扎,什么是瘾?明知道非正常的过度沉迷于某个人、某个物、某件事是不好的,但却摆脱不掉自己内心的欲望和冲动,不由自主地、周期性地重复这个偏好的行为,就是瘾。相信你还记得小时候冒着被爸妈毒打的可能,偷溜出去,到小伙伴家打游戏时的场景;明知被禁止仍然趁父母出门后偷偷看电视,然后在他们回来前一秒将"犯罪现场"还原的慌张;明知道糖吃多了容易有蛀牙还是抑制不住思念"甜蜜"的口水……这些都是瘾的一种体现。

如果说这些都是小孩子的"瘾",因为他们没有自控力,所以情有可原的话,那成年人的瘾又怎么给自己找借口开脱呢?常见的成人"瘾"比如烟瘾,据不完全统计中国目前烟民超过3亿(全球烟民超过11亿),成功戒烟的人数占比不超过20%,我国每年有100万人死于烟草相关疾病,同时每年二手烟夺去了10万人的生命。这是一件很可怕的行为,但是我们每天走在大街上总能看见形形色色抽着烟的人,即使烟盒上明确标明"吸烟有害健康",国家也相继出台禁止在公众场合吸烟的相关政策,但是仍然会有很多人对此视而不见。由此可见,"瘾"对人心智的控制力之强大、戒除的难度之困难!

第十二章 人的天性就是永不满足——贪欲心理

阿闯是云南大山里走出的孩子，因家里贫穷供不起兄弟姐妹4人读书，他在小学毕业后就辍学在家务农。但性格张扬爱惹是生非的他不愿意面朝黄土背朝天地挣那么一点小钱，于是他在家乡拉帮结派开始敲诈勒索，到处收"保护费"，成了十里八乡臭名远扬的"混世魔王"。他还自比李自成给自己起了个绰号，叫"闯王"。

到后来，古惑仔也不能满足他的野心了，他要赚更多、更快的钱，他开始赌博。赌场上有一个尽人皆知的"秘密"叫十赌九输，阿闯也不例外，在赌场里，他不仅花光了他所有的"不义之财"，还让他欠下了巨额的债务。走投无路的他在一个朋友的介绍下，开始接触毒品，他通过自己的"江湖地位"和"人脉"找到毒贩上游的卖家，开始和他们一起合作种植罂粟，这样不但自己可以免费吸食毒品，还能赚到盆满钵满，实在是一件"两全其美"的办法。

但阿闯慢慢发现，自从沾染毒瘾以后，他的精神状态和内心都发生了天翻地覆的变化，身体变得虚弱，而且生活对他来说，除了毒品和赌博，其他的事物全都失去了意义。

最后警方在他家的洗手间里发现了他，他因为一次注射过量的毒品而猝死。由于"恶贯满盈"导致众叛亲离，对于他的消失，无人问津。最后是住在旁边的邻居闻到尸臭才报的警，等警察赶到现场已经是他死亡后的第三天了。

我们说的瘾不仅仅是严重的毒瘾、赌瘾和烟瘾。其实每个人都有"瘾"，只是每个人的"瘾"不尽相同，程度也是天差地别。比如老人离不开电视，即使是通篇广告也要开着电视才觉得舒服；现在手机"低头族"越来越多，每天不管在什么地方、做什么事情，总是掏出手机低着头玩手机，只要手机离开自己的身体超过十分钟就会产生焦虑感；很多学生和年轻人患有"网瘾"，严重的为了玩网游在网吧连续几天几夜不吃不喝,更有甚者猝死在电脑桌前;人到中年容易感受到生活各种压力,有些人靠酒来麻痹自己,养成嗜酒的恶习,等等。世上人形形色色,心里的"瘾"林林总总。

一般来说,导致上瘾的"元凶"可以分为物质的和精神的,如我们所熟知酒瘾、烟瘾、毒瘾、药物瘾、贪食症、异食症等都是物质上瘾的表现形式。精神上瘾也是一个突出的社会问题,上瘾症不只是与吃喝有关,当面对令人不满的生活遭遇,或者内心出现难以忍受的情绪冲突时,赌博、网络、游戏也起了一种麻醉作用。精神上瘾很大程度上与人的心境、情绪、意识形态有关,即所谓的"软瘾"。

美国心理学家曾经提出"软瘾"这个名词,它不同于毒品、药物和酒精一类的瘾。它是伴随社会压力越来越大,使人产生的一种强迫性的习惯、行为或者回复性的情绪,表面上看是获得了暂时的满足和快感,实际上却被榨取大量的精力、财力,事后往往会后悔,但依然令人难以自拔。据美国临床心理学机构调查显示,91%的美国人患有软瘾,其中拖延、过度看电视在调查中名列榜首,由此可见"瘾"对人类的影响之深远、范围之广泛。现在有很多人习惯晚睡,不论是忙还是闲,哪怕躺在床上一遍一遍地刷微博,其实他已经无聊至极,也不会选择早睡,无论如何,也要挨到凌晨才"允许"自己闭上眼睛。这就属于一种"软瘾",是你很难察觉的一种精神上的依赖,尽管它看起来并没有多大的危害。

事实证明,很多精神方面上瘾症的产生与负面情绪有着密切的关系。人们为了解除苦闷、紧张、焦虑和沉郁而沉溺于物质或者非物质的事物,但"成也萧何,败也萧何",我们从上瘾事物中体验到了短暂的快乐,而我们更阴暗的负面情绪也是由此而产生的。这时候,学会在内部、外部环境中的自我转换就能对上瘾症有所帮助。

首先要学会放松。当人在受到上瘾物质的刺激和诱惑的时候，通过深呼吸来调节自己紧张的情绪。如果现场诱惑太大，可以选择离开，找一个空气清新、安静的地方给自己做生理上的调节。旅游是一个放松精神压力的好办法，去接触一些新鲜的人和物，多看看外面的大千世界，会让你对世界有不一样的认识，让自己产生新的生活动力。

然后，要学会抽离。当你正沉浸于上瘾物质的时候，通过外部干扰来阻隔自己。比如有网瘾的人会给自己定个闹钟，刚开始每两个小时响一次，提示自己停止上网这一行为。等到自己适应了两小时的时间节点，再开始加重"药量"，定为每一个小时响一次、每半个小时响一次，如此把瘾从自己的生活中一点点地消磨掉，让自己重新建立抵制诱惑的防御机制。再比如，如果你对手机产生了软瘾，不妨在某一天早上出门的时候故意将它"忘"在家里。一开始，你可能会非常痛苦，完全压制不了想要玩手机的欲望；半天之后，你会发现，没有手机的干扰，没有各种无聊信息来"侵占"你的大脑，你感到轻松了许多，你可以多花点时间来关注自己本身了；一天之后，你可能会感觉"今天过得还不错"。

再者是学会转移。如果你的脑海中还是不时浮现上瘾的事物时，不妨将自己的注意力转移到其他方面，让自己"忘"掉上瘾的物质。比如观察一件精美的艺术品，听听舒缓的音乐，创作一幅新的画作，弹奏一曲美妙的乐曲，让这种专注度替换掉"瘾"，将精力花在有用而又有趣的事情上。

如果你像进了蟠桃园的孙悟空一样，无法控制自己欲望，看到桃就流"哈喇子"（北方方言，口水的意思），从尝一个桃开始到毁掉整个蟠桃园，一发不可收，那就需要采取一些强制性的约束手段了。你可以选择强迫性的自我约束，也可以找朋友或家人帮助你约束自己。当然，有些瘾是需要在专业人士的帮助下强制戒除的，比如毒瘾。

微人格心理学

每个人都有软肋。戒除这些瘾，就是摆脱一个个软肋的过程，这也会让你更加健康和强大。

拥有的越多，越容易产生贪婪心理

人心不足蛇吞象，得到越多往往越不满足。中国历史上就出了这么一位"贪"出亚洲、冲向世界的巨贪——和珅。这个大清朝乾隆皇帝的宠臣，因为擅揣上意，深得乾隆的宠信，乾隆甚至将自己的女儿和孝公主许配给了和珅的儿子，可见他在当时可以只手遮天的地位。

和珅贪到什么程度呢？据清朝嘉庆元年内务府的一份《查抄和珅家产清单》披露，赤金（24K）共计186900两，现银共计6556000两，银元58000块；地产有花园三所，亭台一百二十多座，正屋一所，十三进，七百三十间，东屋一所，七进三百六十间，西屋一所，七进三百五十间，私设挡子房一所，七百三十间；名下拥有的田地八千顷，合800000亩,当铺十处，本银八十万两，银号十处，本银六十万两；其他各类奇珍异宝不计其数，名目太过繁杂，原谅我没有一一详述。

如果要比较形象地来说明和珅的富裕程度，那么保守估计，和珅的总家产折合人民币超过875亿，超过了当时清政府15年财政收入的总和，真正可以毫不夸张地用"富可敌国"来形容。而且据后人统计，他成为了18世纪的世界首富，超过了同时期的梅耶·罗斯柴尔德。罗斯柴尔德何许人也？来听听他都做了些什么：他是欧洲金融之父，创建了全球第一家跨国公司，首创国际金融业务，他当时几乎是控制了整个欧洲的经济命脉，2007年出

第十二章 人的天性就是永不满足——贪欲心理

版的畅销书《货币战争》，里面就详细地介绍了罗斯柴尔德家族对全球经济的影响力。

就是这样一位全球金融大鳄，竟然都没能敌过遥远东方的权钱巨贪，可见和珅"贪"的本领空前绝后、气冠群雄。然而善恶到头终有报，他最终落得被新任皇帝嘉庆帝赐死的下场。

贪是一种欲望，是伴随人类的天性产生的。就像在上面看到和珅的家产时，很多人可能一边在惊讶和珅贪腐之多，一边在感慨："如果我能有这么多财产该多好！"当我们还是猴子的时候，已经学会了趋利避害。我们知道要获取更多、更美味的果实，知道见了异性要谄媚，并且总是希望有更优秀的异性作为伴侣。这是最简单原始的欲望。另外，随着人类不断地进化，我们的大脑皮层变得更加复杂、优质，我们也因此拥有了更强的想象力。这种想象力让我们明白，拥有更多更好的物质，会使我们感到更加愉悦和幸福。

打个比方，你在第一次吃巧克力时，会因为它甜蜜而细腻柔滑的口感而感到非常享受；但很快，你就不满足于它的滋味了，你想要寻求更美味的食物来刺激你的味蕾。再比如，你与一个美丽的姑娘拥抱了，你感到十分雀跃；但不久后，你可能会发现她不过如此，你又发现了比她更美、更性感、更可爱的姑娘。这就能够解释了，为什么和珅已经那么有钱了，还是不停地贪财呢？因为当一个人的贪婪心理达到某种程度后，他拥有的越多，就会渴望更多。欲望的灯塔让他不知疲倦地进行追逐和索取，并且永无止境。欲望不会给人带来持久的快乐，因为我们很快就会不满足于当前所拥有的，并开始寻求新的变化。在贪图享乐这件事上，人跟人是差不多的，无论你是清贫如洗，还是如和珅一样富可敌国，都不会感到满足。

其实贪欲如果控制在一个范围内，它非但不是坏事，反而会造福人类。就像有一种观点认为"懒"推动了人类进步一样。这种观点认为人类天生具备"懒"的心态,在原始社会时他们不满足天天辛苦地跋山涉水去寻找食物,所以"懒"促使了他们发明石器工具;后来他们又觉得用石器也太累了,于是青铜、铁器应运而生;后来代替人力的机器开始出现;再后来人类社会就发展到今天许多工作只需要按几个按钮就可以完美地进行了。如果说"懒"是推动人类生产工具一步步走向现代化的"原动力",那么同样的,"贪"从某种程度上来说也是推动人类财富累积和社会进步的一种"助推剂"。正是因为人类有贪欲,才会挣脱动物属性发展出更高级的社会属性。我们想要得到更多的财产和权利,所以我们才会努力拼搏。不过,无论是什么欲望,都要把控在一个可控的程度内才可以产生正面的能量,如果失控,则会发生难以想象的灾难。就像和珅为了一己贪念,欺上瞒下、疯狂敛财,导致清朝国库空虚、奸臣当道,从此一蹶不振。

贪字头上一把刀,如果一个人不能很好控制自己的贪念,一旦失控,那把刀就会伤到他。尤其在人类政治世界中,因为位置重要,少数人的权力关系到大部分人的利益,所以对贪念有更加严格的禁锢。虽然因为贪图名利而受其累的人比比皆是,但自人类有政治文明以来,还是会有不计其数的人对权钱趋之若鹜。

1889年4月20日18时30分左右,在奥匈帝国布劳瑙的一家客栈里,一位海关职员迎来自己第三次婚姻中的第三个孩子,是个男孩。小男孩长大后跟随父亲成为天主教徒,受到基督教的熏陶和影响,他从小就励志长大做一个牧师。等他再大一点,父亲把他送到一家公立学堂念书,他的成绩一贯良好。他兴趣广泛,参加了唱诗班,又学习了画画。这本是一个良好人生的开端,似乎也应该有一个理想的结果,然而世事难料——他摊上了一个很逊的父亲。

第十二章 人的天性就是永不满足——贪欲心理

他的父亲是海关职员，表面上看起来是一个拘谨的、举止得体的公务员，但是一旦回到家，他就会蜕变成一个狭隘的暴君，动不动就毒打自己的孩子和妻子，甚至还当着男孩的面猥亵、侮辱自己的妻子。

从此男孩渐渐发生了改变，他变得孤僻、偏执，学习也一落千丈，最后他索性就辍学了，跑出去以卖画为生。1914年第一次世界大战爆发，他参加了德国巴伐利亚预备步兵团第16团，因为作战勇敢，一路晋升，得到上司的赏识。机缘巧合之下，他接触了到了一个"德国工人党"的小政治团体，并加入其中，开启了他的政治生涯。因为自己极其善于演说，语言极富感染力，加上吸引人的政治主张，他在很短时间内，让这个只有几十人的小政治团体迅速壮大。至此，他开始在德国的政坛中崭露头角，而也是在这个时候，他发现原来可以通过自己的感染力去影响到很多人甚至整个德国民众，来满足一己之私。他极其讨厌犹太人，所以他的追随者就在全国掀起了驱赶、屠杀犹太人的暴行；他想独裁，于是他的追随者将他奉若神明、马首是瞻；他想称霸世界，于是他的追随者就拿起枪冲锋陷阵、攻城略地；他想推行自己的主张，于是他的追随者就用镇压、屠杀等恐怖手段让对方因害怕而听话。

他就是让人类陷入痛苦与磨难的"魔头"希特勒。作为一国元首，因为他的贪念给全世界留下了不可磨灭的恐怖和伤痛，更危险的是，他留下的独裁、残暴的法西斯思想，为贪念之人留下一股黑暗力量，虽死难灭，一直成为影响世界和平的威胁因素。再倒回去看看他当年孩提时期时的梦想：做一个受人敬仰和爱戴的牧师。多么矛盾和讽刺！其实对于贪念，很多人都会面临类似的诱惑，当他们平凡时，他们的生活和理想是相对简单、质朴却美好的；但当他们手里掌握了权势以后，他们就很容易产生贪念，曾经的理想都抛诸脑后。

微人格心理学

"贪"与"贫"很相近,物极必反,其实对权钱贪欲心越重,内心需求反而越贫乏。老话说"心足则物常有余,心贪则物常不足",贪欲之人,眼中看到的、心中挂念的,都是如何通过各种手段获取物质满足。然而执念容易蔽目,为了追逐短暂的物质利益,往往忽略了人生中的更重要和宝贵的东西——自己最初的美好追求。

一群猴子喜欢偷吃农民的栗子,农民苦于猴患却难以抓到祸首,猴子屡试不爽,胆子也越来越大。这天夜里一群猴子又来偷栗子,但发现栗子都被装在一个个窄口瓶中,因为从未失手,所以它们并没犹豫伸爪就拿。爪子是伸进去了,但是拿了栗子的爪子就拔不出来了。天色渐渐亮起来了,农民们拿着棍子走到"瓶子陷阱"边。其他猴子都放弃了偷栗子,只有一只猴子死死攥着栗子,怎么也不肯放手,即使是看到人类后惊慌得上蹿下跳也不愿意放手,等待它的只有农民的怒火和惩罚。

越爱越疯狂:强烈的占有欲

先来做个测试:

交往之后,他(她)的第一次生日,你会送什么礼物?
A. 领带　　B. 古龙水　　C. 手机　　D. 唱片

选择A的人说明你的独占欲超强,希望将对方据为己有,个性浪漫、对恋爱有强烈憧憬的你,很容易对对方抱过多的期待,而你对恋爱的所有印象

第十二章 人的天性就是永不满足——贪欲心理

基本都是来源于影视桥段，缺少独立的想法，所以只要没有按照影视剧里的情节发展，就会激怒你。

选择B的人你的占有欲很强，而且会一步步逼得对方喘不过气，表面上装作毫不在意、放任对方自由是你一贯的做法。如果是没有恋爱经验的弟弟妹妹，很容易被你欺骗，陷入你的温柔陷阱之中。

选择C的人说明你的独占性虽然强，但是会努力用理性控制欲望，虽然你很想掌握对方的行踪，实时向你汇报在哪、见谁、做什么，但这种近乎疯狂的想法会被你控制在理智的表象之下。

选择D的人你觉得与其独占，不如彼此间保持点距离。你觉得恋爱就是一种沟通的表现，因为不管多么深刻的感情，若不向对方表达就毫无意义可言。此外，你也了解唯有通过表达才能化解彼此间的猜疑与不信任。

在这个世界中，很多动物在一个新的环境里会用撒尿来"标记"自己的领地，禁止其他同类来犯。人类自文明萌芽以来，部落、国家之间就不断为了占领更多的领土和资源发动战争。随着现代文明的发展，"私有财产神圣不可侵犯"被西方国家写入宪法，因为对自己的领土和财产拥有支配权，所以占有欲也就应运而生了，但凡是涉及到人类的欲望，就会存在程度之分，适度则对，过量则累。

朋友A：我受不了了，我要离开她，和她分手。

朋友B：怎么回事，你们吵架了？

朋友A：没有。

朋友B：那是因为什么？

朋友A：她占有欲太强了，让我喘不过气。我和她是在一个舞会上认识的，一见钟情，刚开始你侬我侬，感觉很甜蜜。

朋友B：那你们应该还不错啊。

朋友A：开始我也这么认为，但是后来发现根本不是想象中的那样。在家里她总是会很深情地看着我，等我出门的时候，她让我留下一些自己身上的东西，不管是头发、指甲还是衣服上的纽扣，她说那样我离开的时候她就能感觉到我的存在。刚开始我以为她舍不得离开我，可后来她变本加厉，每天隔一个小时就打一个电话问我在哪，和谁在一起，在做什么。我告诉她说我在工作还不行，一定要我拍了照片过去给她看。她不允许我与别的异性联系，否则她就会莫名地吃醋。而且她经常会打电话给我，不管我在做什么都要我立刻出现在她眼前，不然就没完没了地纠缠，说我不爱她。还不知道她从哪学来的整男友秘籍，居然让我跪搓衣板，这些使小性子的行为看在她爱我的份上我也就忍了。可你知道吗，有天夜里我睡觉突然惊醒，发现她正在直勾勾地盯着我，吓得我半死，她却悠悠地说："如果有一天你离开我，不属于我了，我就杀了你，然后自杀。"她看着我三魂未定的样子又笑起来说自己是开玩笑的，这种半夜三更吓得人魂飞魄散的玩笑谁能承受啊！这还不算，除了工作时间，我所有的行动都要听从她的指挥，朋友约我出去打球，她要我在家陪她看韩剧；出去逛街她经常当着别人的面让我大声说爱她。我真是受不了了，她的爱让我感觉窒息，有时候我甚至觉得她有些疯了……

朋友B：那有没有带她看过心理医生呢？

朋友A：有过这个想法，可她坚持自己没有心理问题，这些都是她爱我的表现。我后来请教了一个懂心理学的朋友，他判断的结果是我女友对我产生了非同寻常的占有欲。在她的观念里，我成了她的所有物，这是她对我爱的极致表现。可是她忽略了我的感受，践踏了我的自尊心，叫我如何再留在她身边……

第十二章 人的天性就是永不满足——贪欲心理

"占有欲"在爱情层面来看，实际每个人都有，只是有些人强烈些、行为表现得也明显一些而已。比如，男人有很严重的"处女情结"，也是很强烈的占有欲的一种典型表现。一般人对爱情的占有欲往往只是表现在介意伴侣和异性有着过于亲密和深度的接触，也就是平常我们所说的"吃醋"，这是人类心理的正常活动，并不算是有心理问题。

男人的占有欲往往比较直接单一，比如要求自己的女人不要和其他异性过从甚密。但是女人的占有欲相对复杂一些，比如女人很介意男人下班之后是回家来陪自己吃饭、看电视，还是和哥们儿一起泡酒吧、看球赛。

占有欲当然不止于男女之间的爱情，在中国，由于很多家庭都是独生子，父母对子女的溺爱比较严重，所以普遍存在孩子对自己父母拥有强烈的占有欲。再如，许多小孩在别人家看到喜欢的东西就会哭闹着要带走，甚至二话不说直接上手去抢别的孩子手中的玩具，而即使别的小孩早就把玩具玩腻了，宁愿扔掉，也不愿让他人碰。

事实上，成年人的占有欲，除了作为自然界一员的本能，更大的源头也源自小时候不恰当的教育。面对孩子任性的占有欲，很多家长都会采用忍耐和包容的态度，即使知道孩子这样不对，也不忍心去责备他们，这也就会纵容孩子性格朝着一条桀骜不驯的道路发展。想要让孩子拥有健康的心理，就必须引导他，让他对自己和社会有正确的认知。

首先，给孩子分析具体情况，让他知道自己所拥有的并不会比别人少。当他抢着要吃喝别的孩子的食物时，不妨借此机会帮他建立理性的认知。其次，当他被一件不属于自己的事物吸引时，可以试着转移他的注意力，利用另外的一件有趣的事物来吸引他，改变他的关注点。最后，还有一种很有效的方法，就是尝试交换法。不妨在他强烈而执着地关注某件不属于他的物品时，通过别的东西来与他进行"等值交换"；也可以引导孩子，让他学会与他人分享自己的物品，从而抑制占有欲的产生。

当然，成年人也可以利用我们介绍的这些方法，来疏导自己的心灵，抑制占有欲。如果当你总是一刻不停地关注自己的恋人，不妨试着转移自己的注意力，比如培养一门爱好，一个人出去旅游等，你会发现独处也会很快乐。另外，你应该建立正确的认知，无论你多么爱对方，都应该明白，他作为一个成熟的人，具有完整的社会属性，需要家人、朋友、同事等，不是你的私有品。

疯狂的占有欲，从另一方面来讲或许是人类对美好事物的极度向往，从而衍生出的一极端模式，然而，它毕竟是不利于个人发展的。当你发现自己想占有某个人、某件物品时，不妨换位思考一下。事实证明，其实很多时候大可不必执迷于自己渴望拥有的东西，退一步海阔天空。

真想把商场搬回家：欲罢不能的购物欲

小常是上海某外企的一名普通白领，月薪 8000 元左右。对她来说，"月光族"早已变成"小儿科"，甚至一时冲动买下的衣服会经常让她变成"日光族"。她最夸张的一次，是曾经在一天之内买了 4 件大衣、3 件棉服、4 件羽绒服和 3 条牛仔裤等共计 20 余件衣服。小常不知道怎样才能改掉疯狂购物的状态，她还在网络上发帖子求助，求网友来"骂醒"自己。

现在网购已经成为一种日常生活行为，孕育了一批忠实的"网购粉丝"，网友咪咪就是其中一员,她曾经在网上发帖说,一年在网购上花的钱过5万元,回头看看账单自己都难以想象。但是让她没想到的事,许多网友在帖子下面晒出自己的淘宝账单,超过她的大有人在,有网友一年下来网购费用超过10万元,有些网友对每天收网购包裹都上瘾了:"只要几天没收到包裹,就觉得好失落。"

小范是热衷于时尚折扣的狂热者,她有一群"姐妹淘",每天要花3小时以上收集各种商场、网络的优惠折扣信息,只要发现哪家有折扣,就约上一群姐妹过去"扫货",那个阵势能吓愣其他的购物者。后来出现了团购,那简直使小范为之疯狂,每天成批地进行团购,钱花完了就去找朋友借钱去买。不到半年,小范就发现自己没有朋友了,因为朋友都被她疯狂购物的行为吓到,又无法忍受她永无止境的借钱行为,最后都对她敬而远之了。

不看到上面的例子,你可能没有注意到购物欲也可能成为一种成瘾性心理疾病,生活中如果听到有人说谁是购物狂,大多数人正常反应都是一笑而过,认为这只是一种夸张的玩笑。殊不知,深受"疯狂购物欲"控制的"购物狂"们每天都是在满足、懊悔、自责和痛苦中度过的。

"购物狂"是怎样一群人呢,他们的内心世界和正常人有哪些不一样呢?

"购物狂"的病症体现大多是对商品极低或者近乎零的抵抗力,这属于一种病态的占有欲,面对琳琅满目的商品,哪怕是对自己毫无用处,他们都可以因为喜欢颜色、外形,甚至品牌logo等而将它们收入囊中。总之,他们可以找各种看似荒唐的理由购买任何商品。一段时间没有购物体验,就会感觉焦虑、慌张、坐立难安。

购物是每个人日常生活中都会发生的行为,那么如何判定一个人是否有欲罢不能的疯狂购物欲呢？除了无休止购物外，心理还是一大评判要素：审视自己或者他人，在疯狂购物期间是否精神压力比较大，情绪容易紧张，是否会伴随一些异常的行为，比如嗜酒、嗜烟、暴饮暴食，甚至出现自残、轻生的负面情绪。此外，一般心理出现问题的人在生理上也会出现失眠、头痛、肌肉紧张、心悸、胸闷、气喘等反应。

"购物狂"形成的原因大致有四种，一种是精神孤独、内心空虚的人，他们是通过采购来填补自己空虚寂寞的心灵，满足自己的欲望，这也是一种过度补偿心理。像电影《北京遇见西雅图》中汤唯饰演的"拜金女"文佳佳就是这样一类人，她因为成为"小三"而跑到美国去生孩子，永远得不到名分，也见不到自己心爱的人，有的只是花不完的钱；她只能通过花钱买各种奢侈包包来消磨时间。另一种是情感比较脆弱、沉迷幻想的人，她们希望通过购买各种名贵的时尚商品和奢侈品来吸引别人的注意力，得到别人的赞美，满足自己的虚荣心理。还有一种是因为自控力弱、感性胜过理性的人，他们往往受到一些极具吸引力和感染力的广告所诱导，激起自己的购物欲。最后一种是被一些错误的社会观点误导的人，他们相信"消费是一种享受"，他们把消费当成发泄情绪的心理调节方式。

一般情况下，有疯狂购物欲的大多是女性，而且经常会见到"复合型"购物狂，就是说她们形成的原因同时兼备了以上四种原因。她们不购物的时候就觉得空虚、无聊，看到眼花缭乱的广告时肾上腺素就激增、兴奋不已，购物过程中能体验到满满的幸福感，等回到家冷静下来就开始后悔不已。

小M就深受"购物欲"的困扰。

在她小的时候，她常常听到妈妈说一句话："吃不穷，穿不穷。不会谋划一世穷"。当时的她听不懂什么意思，只记住了前面一句，所以养成了花钱"大手大脚"的习惯。等到毕业后自己挣了钱,购起物来就更没有节制了,常常惊倒随行的小姐妹。这时候她常挂在嘴边的一句就是"吃不穷,穿不穷,女人就应该对自己狠一点"。话虽这么说,大把大把钞票往外送的时候,她的心里还是有些不舍的,但这也仅限于付钱的一瞬间,她随即就被营业员递过来的商品刺激得心花怒放了。

后来网购和信用卡购物开始流行起来,这简直就是为了小M而诞生的,因为少了纸质钞票从手里递出的过程,钱的概念大大减弱了,所以她在购物时就更加肆无忌惮了。

但这样的"幸福"日子并没有持续很久,当她结婚开始当家以后,柴米油盐酱醋茶,还有各种人情世故的消费都来了,而且上有老下有小,需要花钱的地方实在太多。她开始烦恼了,每次为家庭花出去一分钱,就觉得为自己少花了一分,她变得郁闷、易怒,丈夫还以为是生活的压力让她变得焦虑,其实只有她自己知道真正的原因。

"购物狂"经常在购物的当下感到兴奋、幸福,但是当他们回到家冷静下来,往往后悔不已,并下定决心发誓以后不再犯,但真的到了下次,"疯狂"重演。什么样的方法能治疗这种瘾呢?

对付"购物欲"最直接的方法就是出门的时候少带点钱,把信用卡折断,将银行密码交给家人保管,需要钱向他们申请。没钱就无法购物,无论你多么心痒难耐,都没办法发生购买行为。

再有一种比较可行的方法叫做情感转移法。找一件自己喜欢的事情来代替购物,比如当"购物瘾"上来以后,就戴上耳机出去跑步,如此坚持,日积月累,就会将有损身心健康的"疯狂"情绪转化为积极向上的正能量。

除此以外,最治标治本的方法就是学会"做计划"。每次需要购物之前,先给自己列一个"菜单",到了商场,直接专注于找菜单上的物品,"功成身退",速战速决,避免盲目消费。

物极必反。购物本是一件令人愉悦的事情,但是毫无节制地购物超过一个界限,这种快乐就会转化成一种压力和痛苦。当你在下次购物的时候,尽量想想下面几个问题:

为什么买这个商品?

这个商品买来做什么?

买了这个商品回去以后我真的会去用吗?

如果不买这个商品会怎样?

当你在问自己这几个问题的时候,很多时候答案已经浮现在心里了。接下来,你要做的就是放松,跟随自己的内心想法,放下手中那个"诱惑"你掏出钱包的东西。

别让酒精淹没你:酗酒能够填满空虚吗?

月黑风高,宁静的街头,万家灯火已成点点零星,一袭微风拂过落叶,送来几许凉意。昏黄的路灯映出一个坐着的人影,从人影上可以看出一丝疲倦和慵怠。

坐在路灯下暗自神伤的人名叫刘东,35岁。他是坐靠在路灯杆上冻醒的。但在他睡着之前,眼前正是一个美好的世界:深邃的黑夜演化成宇宙银河,阑珊灯火演化成繁星点点,昏黄的路灯演化成耀眼的太阳,一丝凉风也变成了清凉的抚摸。这么晚不回家,不是不想回,只是因为他找不着东南西北,

第十二章 人的天性就是永不满足——贪欲心理

因为长期酗酒严重损伤了他的神经系统,导致他出现了幻觉。在醉卧路灯下之前,他刚喝完一斤白酒,而这已经是他今天喝的第三顿酒了。

刘东并不是一开始就酗酒的,他也曾经是个意气风发、前程似锦的年轻小伙。大学时,刘东是一个品学兼优、爱运动的好学生,还是校篮球队队长。那时候他还不善饮酒,和同学出去聚餐喝啤酒,一杯就脸红,一瓶就晕倒。毕业后他进入一家事业单位,因工作能力突出、态度良好,被评为新晋员工,似乎所有的都朝着好的方向发展。

参加工作后三年,因为业绩突出,刘东升职做了办公室主任的职务,当天晚上他宴请好友和同事庆祝升职。席间朋友和同事不断劝酒送上祝福,迫于大家的好意很难拒绝,刘东也破天荒地喝了一斤白酒下去。那次醉酒的经历成为他一生中难以磨灭的记忆,借着酒精的刺激,他感觉整晚都非常兴奋、自由,因为他平时为人谨慎,从来没有这么肆无忌惮地大声说话、发酒疯。他还看到了天旋地转,满天绚丽景象,这种难以名状的体验深深地铭刻在了刘东的心上。

当上领导,应酬也多了起来,之前"不胜酒力"的刘东也被练成了"千杯不醉"的"刘主任"。他越来越多地体验到那种天旋地转的虚幻感觉,并沉醉其中难以自拔。现实生活中的困难和压力,让他产生了厌恶和逃避的性格。他觉得生活中没有人能理解他的内心世界,没有人能满足他的需求,没有人能提供他发挥的舞台。但在他喝醉的时候,他能体验到那种幸福的满足感,他感觉自己无所不能、随心所欲。于是他越喝越多,从最开始的一两白酒到后来的"半斤起步、一斤打底、上不封顶"的程度,甚至到后期每日三餐都必饮,有时还空腹喝酒,不喝就觉得心慌、恶心。

有一年,刘东参加公司组织的员工集体体检,被查出酒精肝,医生劝告他立即停止喝酒,否则会严重影响他的身体健康。在医生和家人的"威逼利诱"之下，刘东确实被吓住了，也决定开始戒酒了。但事情并非预期那样顺利，戒酒半个月不到，他开始感觉整个人的情绪变得低落、无聊和空虚了。似乎生活失去了色彩，这些色彩都是他在喝醉以后才能看到的，没有了酒，他的生活也随之失去了意义。他整天无精打采，做什么事都提不起精神，总觉得浑身不得劲。最后他还是没能戒掉酒瘾，重蹈覆辙，而且这次喝得更厉害了。

不知道从什么时候起，刘东发现自己的手脚时不时会不由自主地微微颤抖，起初他并没有引起重视，但后来，越抖越厉害，颤抖的频率也越来越高。而且他经常在清醒状态下做起"白日梦"，坚称自己见到很多光怪陆离的奇观，这种怪异行为无疑让他成为朋友圈里的怪人。久而久之，大家都觉得他疯了，妻子也离开了他，心灰意冷的他自暴自弃，持续用酒精来麻醉自己，让自己沉醉在那个缥缈虚幻的世界，最终落得疾病缠身。

有时候清醒的时候，他也会反思抱怨酒精摧毁了自己的人生，但他已经陷得太深，又没有人伸出手来帮他走出内心的瘾症，最后还是寻找不到希望的出口，只好借酒消愁，陷入永无止境的恶性循环中。当他从昏黄的路灯下冻醒，眼前是极致的黑暗，内心却是无尽的空虚。他感触不到生命的温暖，淡淡地从口袋里掏出一个小酒瓶，面无表情的向地面砸去，随后拾起锋利的玻璃扎进了自己的脖子……

酗酒者往往有一种心态，就是"借酒消愁"，他们更多的是因为精神对酒精产生依赖，而不是生理上的一种需求。他们大多是生活中出现不如意的难事或是承受巨大压力，让他们感觉自己被边缘化，得不到别人的关注、理解和支持，于是他们会感觉内心空虚、精神紧张，唯有喝酒可以让他们舒缓情绪，找到安定之源。

第十二章 | 人的天性就是永不满足——贪欲心理

然而事实真是如此吗？

据测定，一般饮下白酒5分钟后，酒精就会渗入血液流遍全身，人体内所有的器官和神经系统都会受到酒精的刺激，使神经产生一个短暂的兴奋期。如果短时间大量饮酒，轻则可能导致酒精中毒，重则会伤害大脑皮层和中枢神经和肝脏等，伴随着胡言乱语、言行失常、昏昏沉沉。如果不加以控制，任其发展则可能导致心跳、呼吸停止，面对死神。

酒精对于身心的伤害因人而异，也就是我们所说的"酒量"。之所以人们的酒量千差万别，其实就是因为人体在代谢过程中分解出来的两种酶决定的，第一种酶可以把酒精分子中的氢原子去掉，将酒精转化成乙醛；第二种酶可以将乙醛分离成二氧化碳和水。换个通俗的解释，就是如果人体中含有这两种酶，就相当于将喝下去的酒较快的转化成呼出的气体和水。如果这两种酶的含量少，那么喝酒就很难将酒精排出体外，所以伤害自然也很大。然而，这里说的酒量只是在一定程度的范围内，如果超出这个程度，也就是达到所谓的"酗酒"程度，身体吸纳的酒精的量远远超出酶转化酒精的速度，那么再大的"酒量"也无济于事了。

长期酗酒给人造成的危害除了前面提到的肝硬化、产生幻觉，还会引发骨质疏松、脂肪增加、升高血压等常见疾病，而且还会影响经期和精子的质量，从而影响到下一代的健康成长。

适量饮酒可以激发情绪的沸点，让情感表现得淋漓尽致；反之，过量饮酒则会失去理智，使罪恶得以信马由缰。酗酒者通常把喝酒当成一种内心冲突、矛盾造成的负面因素释放和发泄的一个过程，在此过程中他们很可能会做出一些危害社会治安的行为，比如偷盗、家暴，甚至是杀人。这并非耸人听闻，据不完全估计，我国每年因为酗酒肇事立案的事件高达400万起，每年有大约10万人死于车祸，这其中有三分之一以上的事故是因为酒精引发的。

　　适量饮酒可以缓解疲劳、令人心情舒畅，增加社交活动中的气氛。但是过量饮酒成瘾，不仅危害自己的身心健康和家庭幸福，还会对社会造成危害。喝酒本身没有问题，有问题的是喝酒的人，以及那颗缺乏自控力的心。

第十三章

无法忍受一成不变的生活

——渴望刺激的猎奇心理

问:"你觉得未来最吸引你的是什么?"

答:"充满悬念。"

谁会满足于一个早就被设定好的人生呢?

我们宁愿去经受灾难和痛苦,去感受跌宕起伏的命运,也不愿意活得过于平淡。

微人格心理学

对许多人来说，最可怕的就是没有悬念

在美国有一个特别的机构，这个机构的名称叫"洋葱"，它以专门编辑、传播"假新闻"而闻名。

假新闻居然也能得到人们的肯定和追捧？世界之大，无奇不有。"洋葱"这个组织的历史可以追溯到1988年，是由两个麦迪逊斯康辛大学的大三学生创建的。它拥有一批专业的新闻编辑、记者和主播等工作人员，他们模仿专业的新闻机构，报道内容涉及国内外各个领域的新闻，政治、商业、体育、科学和娱乐等无一不包。比如在一次报道中，"洋葱"描述了一个商场枪击事件受害人不愿死在太过女性化的蜡烛商店，在因失血过多昏倒前，凭着顽强的毅力爬进了旁边的冠军体育用品店。窥一斑而知全豹，由此可大概了解其新闻内容是多么"另类"。

一般情况下，新闻学强调的一个很重要的特征就是真实性，"洋葱"能生存并发展壮大自有其道理。其一，它从不掩饰自己的虚构性，并不会像其他媒体那样，在假新闻被拆穿之前一直标榜自己信息的真实性和权威性，这是一种幽默的态度；其二，它并非纯粹的胡言乱语，而是以真实新闻事件为蓝本，在此基础上加工、改造，通过讽刺、幽默的表现形式来委婉地表达一些观点，可以用一句并不十分恰当的话来形容"洋葱"的行为：他们是在"认真"地搞笑。

而除了以上的原因，还有一个更深层次的因素，那就是人类渴望刺激的心理。人类对刺激的需求心理泛指人们对于自己尚不知晓、不熟悉或比较奇

第十三章 无法忍受一成不变的生活——渴望刺激的猎奇心理

异的事物或观念等表现出的一种极度的好奇感和急于探究其奥秘或答案的心理活动。相比于传统媒体,"洋葱"所报道的新闻内容更加新奇、另类,甚至是不着边际,这反而刺激了观众想要关注和了解的欲望。

小齐向自己的朋友抱怨另一个朋友:"我有一个朋友,对什么事情都特好奇,什么事情他都爱凑热闹,什么是非他都想打听,他的好奇心在朋友圈里是'有口皆碑'。有一次,我跟女朋友吵架了,出来喝酒散心,正巧碰上了他,于是他就开始打破砂锅问到底,非要让我给他说说为什么跟女友吵架,怎么吵的,有没有骂脏话,有没有动手,场面是否激烈,最后他对此进行细致的分析,并判断我和女友哪个会先服软。我告诉他结果后,他会不屑一顾地耸耸肩膀说:'这个悬念太小儿科了!'见过好奇的,没见过这么好奇的。他怎么这么无聊?"

小齐的这位朋友的好奇心理,其实是他心理的一个侧影和写照。在他看来,他追求的生活中不能没有悬念,没有悬念的生活,对他来说是苍白匮乏的,是毫无生机的。他并不想将到处寻找和制造悬念作为一种奇怪的甚至略带病态的心理来看待,他的目的很简单也很明确,就是用一个接一个的悬念来刺激他对生活的热情。

提起悬念,让我们很容易联想到悬念大师阿尔弗雷德·希区柯克,那环环相扣的悬念设计。希区柯克在美国电视台主持拍摄的电视系列短剧《希区柯克剧场》中,有一部的情节是这样的:

一个年轻貌美的女人不知道什么原因进监狱了,她不想受牢狱之苦,一心想逃出去,可监狱戒备森严,她始终也无法逃脱。

就在她心灰意冷时，女囚看到一个眼睛有疾患的老头是专门负责监狱里的死人的埋葬的，于是她哀求老头帮她逃出监狱，并许诺给老头很多钱来治疗他的眼疾。老头最终答应了女囚，他们商议好，白天的时候女囚伺机钻进一个棺材，和监狱中当日死去的囚犯一同运出监狱，随后老头会回去帮她开棺逃跑。

一切按制订的计划进行着，女囚钻进棺材，监狱当日真的有人死去，并放进了同一个棺材；棺材被运出监狱，埋葬。四周一片寂静……女囚就等老头来救她，可等了好久，老头还是没来，棺材中的空气开始变得稀薄，她为了给自己壮胆，拿出打火机，打着了，棺材里瞬间亮了，可她转过头看到与她在一个棺材里的死人时，她放出了凄厉的尖叫——原来监狱中今天死的人不是别人，正是那个老头。

怎么样，这种意外式的结局，很能够勾起你的好奇心和刺激感吧？在文艺作品中，制造悬念是一种巧妙的写作手法，因为它抓住了读者的一个心理，那就是猎奇之心。对于在日常生活中的大多数人来说，只有蜿蜒曲折的经历，才是能够激发快乐的。时不时来点亮点，时不时有点危机（你可以想象，完全一帆风顺、毫无危机的生活是多么让人提不起兴致），时不时让人生有点悲剧色彩。不妨想想，你对一部电影、一次讲座、一本书、一场约会或者一个人最差的评价是什么？是无聊，厌烦，毫无乐趣。

毫无疑问，循规蹈矩、一成不变的生活是满足不了人的心理的。

一个参加完舞会的女士抱怨道："这真是一场平淡无奇的舞会，每个人都身着庄重的华服，脸上带着客气的笑容，文雅地握手，深思熟虑地寒暄，迈着一丝不苟的舞步，连食物也没有让人新奇的……哦，还记得上一次舞会，

第十三章 无法忍受一成不变的生活——渴望刺激的猎奇心理

有个女孩因为舞鞋太高而跌倒了；还有个男孩，竟然把红酒泼到了男主人的白色礼服上……简直太逗了，我现在都不知道，那个男孩是故意还是出于无心。没准儿，他俩是情敌呢！"

一个参加澳洲新军团庆典的人对另一个人说："这次庆典可真没意思，哦，比上一次逊多了。你知道吗？上一次有一匹马逃跑了，那场面，简直太棒了！"

一个参加婚礼的女士对旁边的男伴做了个鬼脸，说："嘿，听说新娘跟新郎是父母介绍认识的。你猜，新娘到底喜不喜欢新郎？待会儿该不会出来另一个男主角，把新娘给'拐'跑吧？你知道吗，每次参加婚礼我都想看见不一样的画面，真可惜，每次都毫无悬念。"

每个人都有猎奇心理，都喜欢意外和惊喜。所有庄重无比、毫无失误的庆典、聚会、节目等都不可能在人的心中久留，那些让人记忆犹新，并提到就兴冲冲的，是带给人"惊喜"和意外的场面。我们的生活也是这样，没有人会喜欢被设定好的人生，而人生的趣味，也正在于它充满了悬念——你永远也不知道明天会发生什么。

只爱冒险：在不断的探索中寻找刺激感

探险家是一群什么样的人？

在众人的眼中，探险家的世界是浪漫而刺激的。他们穿梭于世界上各个神奇惊险的地点，用人类的力量挑战造物主的创造——攀登悬崖峭壁，游走地球两极，探究深海风光。在这样刺激而危险的过程中，无数知名探险家付出了自己的生命。单单在中国，曾经试图只身穿过有"死亡之海"之称的罗布泊的余纯顺和打算独自一人攀登珠峰的阎庚华都没有在自己梦想的路上走到终点，便输给了恶劣的环境，殒身丧命于探险之途。可是，既然探险是这样危险的一项运动，为什么还是有那么多的人前仆后继，乐此不疲呢？

英国探险家乔治·马洛里曾是英国著名公立大学查特豪斯大学的教师与院长，与因为开创了经济学"凯恩斯革命"而著称的著名经济学家约翰·凯恩斯为同学兼好友。他曾经就读于剑桥大学，学识渊博，并不是一名无知莽汉。可就是这样一名在人们印象中应该戴着眼镜、坐在办公室批改试卷或者研究知识的学者，却毅然爱上了探险。

1922 年马洛里首次从北坡挑战珠穆朗玛峰没有成功，两年后与队友安德鲁·欧文再度尝试登顶。出发之前，曾有记者问他为何要攀登珠穆朗玛峰，乔治·马洛里答出了那句响彻世界的名言："因为它在那儿！"

说出这句话不久之后，马洛里在北坡攀登珠峰失败，遗体直至 1999 年才被发现。然而，马洛里的举动虽然失败了，他的名言却与他的探险精神一起被传承，激励了这个世界上一代又一代的探险家。

这，或许就是人类探险精神的最好写照，是"人类为什么要探险"这个问题最好的解答。

事实上，对于"为什么去探险"这个问题，确实有无数人曾经去探询过探险家们。要知道，探险过程会遭遇的种种意外，探险家们比谁都清楚，他们知道自己会遇到什么困难，知道自己可能怎样失去生命，甚至有可能推测自己死亡的时间——但是，这一切依旧不能阻挡他们的脚步。法国人达波维尔在 48 岁时，用 134 天独自划船从日本到美国俄勒冈，平均每分钟划 17 桨。

第十三章　无法忍受一成不变的生活——渴望刺激的猎奇心理

由于各种原因，他实际上是在一年里最恶劣的季节起航的，遭遇了四十到六十英尺的巨浪，"几次被吓得半死"。在经历了四个半月、已经靠近俄勒冈海岸时，仍然反复受到风暴袭击。一条救生船拍摄了他最后几天的情况，一年后他跟保尔一起看录像时，他甚至不停地抹眼泪。

事后，达波维尔表示："我知道他们会问我为什么要这么干，而我却没有一个答案。"但达波维尔最后说：动物才只做有用的事，他做的是只有"人类才想着要去做的一些事情"。

探险家彻里·加勒德曾在自己撰写的《世界上最糟糕的旅行》一书中，寻找人类探险活动的原因时，提到"强烈的征服自然的愿望"。但渡尽劫波的达波维尔对于自己横渡太平洋的壮举给出的答案却谦逊得多："我没有征服太平洋，是它放过了我。"

的确，探险活动中，有着太多的运气成分在里面，所有探险活动上的征服，都是某种程度的幸运。《世界上最糟糕的旅行》一书描写的是英国人加勒德探险南极大陆的过程。当时和他们几乎同时起步的罗尔德·阿蒙森的队伍成为世界上首个到达南极点的人，而加勒德的队伍则全军覆没，无一生还。

不过谁能确定，这种投机与赌博一般的刺激感，不是探险活动的魅力所在呢？

要知道，在人类的骨子里，就有着追求探险、追求刺激的基因！这种追求，包含了好奇心，包含了好胜心，包含了对一切未知世界探索的精神和对人类这种生物所能达到的极限的追求和超越！

我们承认，并不是每一个人都拥有异常突出的冒险精神，更多的人都倾向于去过安定平稳的生活，就算是想找找刺激，也不过是尝试一下过山车之类的拥有安全保障的项目。可是仍旧要指出的是——首先，突出的冒险精神依旧是必要的，历史上正是这些少数人的冒险精神，支持着人类的一次次进步；其次，即使普通人没有那么强烈的冒险精神，但是依旧会倾向于寻求刺激、寻求改变、寻求一些不同于以往安稳生活的探索，而这些，则是个人进步的推动力。

曾经有学者指出："贪欲和探险精神是支持西方资本主义诞生和扩张的两种原动力。"现在将这句话放在未来的人类社会上，一样可以适用。放在每个人身上也同样适用。

心理研究表明，即使是看起来很安分的人，往往在内心中也有着渴望刺激的一面。越是年轻的人，越是爱冒险，因为他们对这个世界知道的还太少，希望自己的生命里多一些精彩和不同；随着年纪的增长，这种探险的热情逐渐从外在转向内里，变得更具有隐藏性，而当一个人年华老去的时候，通过人生阅历而得来的种种经验会成为制约冒险精神的束缚，所以老年人更倾向于安定稳重。同时，如果一个人年轻的时候就非常安静，丝毫不做出格的事儿，那么也可以理解为他的探险精神已经被关在了心灵上的一个"黑房间"里面。这种探险精神不会消失，相反，会越积攒越多，直到某个契机来到，那时候忽然释放出的力量会让人瞠目结舌。

这种力量就和探险行为本身一样，具有巨大危险，同时又能带来巨大快感。这就是扎根于人性深处的双刃剑，让人因此身处危险之中，同时也拥有了更多可能，更多改变自己的机会。

看透"调情高手"的诡计：若即若离，阴晴不定

在埃及古老的历史上，有一位特殊的法老总是能牢牢占据人们的眼球，

第十三章 | 无法忍受一成不变的生活——渴望刺激的猎奇心理

惹起所有历史学家甚至普通人的注意。她就是埃及国王托勒密十二世和克丽奥佩特拉五世的女儿、亚历山大大帝征服埃及后托勒密王朝册封的君主之一、埃及托勒密王朝最后一位女王克丽奥佩特拉七世。即使人们对这个拗口的名字并不熟悉，也一定会听说过她的另一个称号——埃及艳后。

这位埃及艳后，一生中纠缠于权力的漩涡，被人称为智慧与美貌的结合体，先后将声名显赫的凯撒大帝和安东尼两人迷惑得神魂颠倒，并靠着自己的手腕使得埃及享受了长久的和平。

克丽奥佩特拉七世生于公元前69年，于公元前48年被逐出亚历山大里亚。此时，适逢盛名正隆的凯撒大帝追击庞培来到埃及，对埃及的王位之争进行调停。克丽奥佩特拉七世得此消息，乘船于夜间潜入亚历山大里亚，以毛毯裹身，由人抬到凯撒房门前。

克丽奥佩特拉七世突然出现于凯撒面前，她的勇气和美貌深深打动了凯撒，依恃凯撒，克丽奥佩特拉七世巩固了自己的地位，成了埃及实际的统治者，并准备和凯撒完婚。

然而好景不长，眼看埃及艳后就要变成这个罗马的皇后时，凯撒却于公元前44年3月15日被刺身亡。克丽奥佩特拉七世的美梦顷刻化为泡影，黯然离开了罗马。

可是，这名美丽而富于心计的女子并未因此就颓废失落。

凯撒死后，安东尼称雄于罗马。据说，为了见安东尼，克丽奥佩特拉七世乘坐一艘紫帆银桨的镀金大船，从埃及出发，先到西利西亚，再经后德诺斯河抵达塔尔索斯。这艘船上挂着用名贵的推罗染料染成的紫帆，船尾楼用金片包镶，在航行中与碧波辉映，闪发光彩。

女王打扮成爱神阿佛洛狄忒的模样，安卧在串着金线、薄如蝉翼的纱帐之内。美丽的童子侍立两旁，各执香扇轻轻摇动。装扮成海中仙子的女仆，手持银桨,在鼓乐声中有节奏地划动。居民们见此情景,疑是爱神阿佛洛狄忒乘着金龙来此与酒神(安东尼)寻欢作乐。人们奔走相告,观者如潮。

安东尼被邀至船上赴宴,看到克丽奥佩特拉七世迷人的风姿,优雅的谈吐,神魂颠倒,不知所措。他非但把责问克丽奥佩特拉七世的问题抛到九霄云外,而且当即一一答允她所提出的要求。不出数日,这个武夫完全成了她的俘虏,跟随她一起去了埃及。

如今,反观这位埃及艳后的所作所为,我们不难发现,她对人,尤其是男人心理上的了解和掌控是让人吃惊的。不管是对凯撒还是安东尼,克丽奥佩特拉七世都没有采用平常的方法去引诱,而是充分做到了出人意料之外。罗马帝国的两位统治者凯撒和安东尼都是征战沙场的人物,他们一生在权利漩涡争斗,崇尚冒险,热爱刺激,而克丽奥佩特拉七世正是看透了这一点,给了他们最大的刺激和新鲜感。

在对感情的描述之中,人们往往喜欢用"天长地久"、"海枯石烂"一类的时间修饰词,然而在心理学家们看来,喜欢的感觉往往是转瞬即逝的。一个人对另一个人的倾心,往往只会维持很短暂的时间;之后的过程,往往只是对曾经惊鸿一瞥的回味,或者将一时的倾心转化成情谊,并被道德、生活、责任、情感等各项条件约束。简而言之,一个人想要让另外一个人对自己永远倾心和心动,是极其困难的。很显然,埃及艳后克丽奥佩特拉七世做到了这艰难的一点,她是一个永远能给人惊喜,也永远能给人渴望的女人。

除克丽奥佩特拉外,另一个可以被称为"情感高手"的女人恐怕非英国女皇伊丽莎白一世莫属。

和埃及艳后的以身相许、给人永恒的刺激感和新鲜感不同,伊丽莎白一

第十三章 | 无法忍受一成不变的生活——渴望刺激的猎奇心理

世的手段更为高明,她给人的感觉,永远是若即若离、阴晴不定,让所有她目标中的男人在希望和绝望间逐渐迷失,最终甘心拜倒在她的石榴裙下。

伊丽莎白于1559年1月15日在西敏寺威斯敏斯特教堂被加冕为女王,是为伊丽莎白一世。这一天,大主教将王冕戴在伊丽莎白的头上的时候,伊丽莎白将一枚结婚戒指戴到了自己的手上,表示她已经将自己嫁给了英格兰,她的加冕典礼也是她的婚礼。在这一天,伊丽莎白是整个英格兰的新娘,她将永远不会有其他的丈夫。这枚戒指后来一直伴随着她度过了四十多年。

事实上,伊丽莎白保持独身是出于政治的考虑。

登基后的多年中,伊丽莎白始终吸引着一个个求婚者,却没有答应任何人。她将自己的婚姻当作英国最大的筹码和外交政策的一部分。伊丽莎白利用未婚这个条件吸引来自欧洲各个王室的求婚者,分化瓦解她和英格兰在欧洲的敌人,从中获取实实在在的政治利益和丰厚的礼品,保障英格兰的安全和自己的统治。

第一个向伊丽莎白献上玫瑰的是她那已经死去的姐姐的丈夫,西班牙国王腓力二世。伊丽莎白需要利用西班牙这个筹码,因为当时英法正在和谈。她对这桩婚事迟迟不作答复,对西班牙国王、自己的姐夫故意示好却从不做承诺。待谈判有了眉目之后,伊丽莎白立即拒绝了腓力二世求婚。

另一个不幸的牺牲品是法国国王查理九世的弟弟阿朗松公爵。1577年公爵出兵攻打尼德兰的新教徒时,他派人向伊丽莎白求婚。伊丽莎白心里飞快地盘算着,因为如果让公爵在尼德兰调转枪口同当地的新教徒联合起来共同对付西班牙镇压者,英国就不用出兵援助他们的新教徒教友了。

于是,一场新的爱情戏开始上演了,最后的结果是,女王成功地利用了公爵,并且把婚姻拖到了阿朗松公爵不幸患病身死之后,让其鸡飞蛋打,落了一场空。

微人格心理学

在伊丽莎白众多的追求者之中,法国王室显得特别积极,法国的三个王子都先后成了伊丽莎白的求婚者。起先是王储查理,在其兄弗朗索瓦死后,他成了查理九世;波兰国王亨利克也曾向伊丽莎白求婚,查理九世死后,波兰国王继承了哥哥的法国王冠,成了亨利三世。伊丽莎白的最后一个求婚者是比伊丽莎白小二十岁的阿朗松公爵,年轻的阿朗松公爵求婚失败之后,50岁的伊丽莎白宣布自己不会和任何人结婚,因为"我已经把自己嫁给了整个英格兰"。

纵观伊丽莎白一生,她将众多求婚者玩弄股掌之中,甚至同时周旋于数人之间,最终达到自己的目的。她能够做到这种程度的原因,便是她让自己成为别人永远也得不到的"梦中情人"。女王可以说深谙"得不到的才是最好的"这一道理。事实上,如果任何一个人得到女王的爱情,那么最终是否会永远挚爱女王,而其他追求者会不会依旧热心,恐怕都不得而知,而英国历史,恐怕也将因此改变。

埃及艳后克丽奥佩特拉七世和英国童贞女王伊丽莎白一世,都可以说是情场中的高手,而她们的手段也充分展现了情场调情诡计中的准则——若即若离,阴晴不定。可以说,她们的追求者,最终都是深陷于自己的欲望之中,最终才成为被世人嘲笑的"愚人"。

所以,若想不迷失在调情的轨迹之中,若想要区分真正的爱情与阴险的调情,就一定不能让自己昏了头脑,一定要看清对方是否是真心。

第十三章 无法忍受一成不变的生活——渴望刺激的猎奇心理

"出轨":情感中的猎奇心理

我们已经说过,对于大多数人来说,满足欲望和猎奇心理的瞬间会给我们带来意想不到的快感,让我们从平淡、繁忙的工作中得到兴奋、刺激。同样的,这种欲望也会延伸至婚姻关系中。

男女之间有了稳定的关系,感情就真的会一成不变吗?面对这个问题,我想大多数人都持否定态度。"出轨"是个敏感话题,当然,也是提到男女关系时不得不谈到的话题。因为它真的是太普遍了。

毋庸置疑,很多因素导致了婚姻中男女双方的出轨。对于具有猎奇心理的人格者来说,充满了性幻想和探求新鲜肉体的神秘感的刺激,使他们蠢蠢欲动,无法自持。出轨带来的快感,或许是短暂的,因为可能随之而来的内疚、自责会让出轨者感到所做行为的不当。可是,对于具有猎奇心理的人来说,一个缓冲期过后,想要出轨的欲望又会油然而生,就像性爱带给人的感觉总是让人欲罢不能。

我们先说说男人。

男人"出轨"的原因,说白了,就是男人对女人会产生一种猎奇心。几乎是所有男人都有这种心理。当他还是单身的时候,某种程度上讲,这也许算不上是不良习惯。但是,许多男人即使结了婚,这方面的想象力还是有增无减的。

下面是几个已婚男士的"出轨"案例:

微人格心理学

A君，虽然结婚好几年，孩子也已经读了小学，但他到目前为止还在不断"泡妞"，每年被其甜言蜜语而哄骗，以至于与其发生关系的女性可不少。每次与其外出，不管你感不感兴趣，总能听到他津津有味地讲述自己的猎艳故事。

B君，与现任妻子自由恋爱结婚，当初爱得死去活来。可他为什么还会"出轨"呢？正所谓一百个女人就有一百样风情，他所想要的就是这些不一样的地方。这就是男人对女人的猎奇心理。

再说说一般的男性，大多数男性见到走光的女性，都忍不住多看几眼，有的甚至希望人家再多露一些，看看穿的是什么颜色（指走光女性的内衣）……瞧，这就是男性的猎奇心理。对于已婚的男人，他会没见过女性的身体及女性内衣？这是绝不可能的，但他依然向往这些——确切来说，是别的女人的这些私密之处。

再说说女人。

X女士给人的第一印象是思维清晰，办事利落，她在生活中也确实精明、能干。和大学的同班同学结婚后，家里的一切都被她安排得井井有条。短短6年后，她成了同学圈里令人羡慕的对象：不菲的收入，有房有车的中产阶层，忠厚温顺的老公，可爱的儿子。

只有一件事在X的计划之外，那就是遇到"他"。他们是商业上的合作伙伴，双方都被对方的优秀所吸引和折服。这是一个与她丈夫完全不一样的男人，有能力、有魄力、有魅力；在事业上可以与他共谋，甚至在爱的表白上，他也那么果敢与柔情。X第一次尝到被一个男人如此欣赏和宠爱的感觉。

第十三章 ｜ 无法忍受一成不变的生活——渴望刺激的猎奇心理

回头看看自己的婚姻和丈夫，像一杯温吞的白开水。

X的优秀、能干，在丈夫眼里，似乎成了都是应该的。甚至连夫妻生活，丈夫也是懒懒地提不起兴趣，每次都要X营造气氛。她累了，渴望有一个更强的男人来呵护自己。感情和现实从此脱节了。"现实中，我们各自有家庭，有责任；在情感上，在性的吸引上，我们是如此的愉悦、和谐。这是我们偷来的果子，甜美但有毒。我们欲罢不能，却又无力改变。"X说。

关心和爱抚是女人不可缺少的幸福元素之一，女人是需要滋润的，包括爱和性。当女人的生理和心理长期趋于双重饥渴状态，就不自觉地会渴望一些刺激，她们甚至会产生一种假想的情人来填补暂缺的爱和性的空间。随着这个幻想出来的情人，被现实中一个真实的男人来取代——这个男人主动关心她、欣赏她，女人就会毫不犹豫地用他来填补空虚，这样一来，出轨就水到渠成了。

婚姻仪式对于人来说是一个责任感、归属感的象征，但它毕竟不能长期让人维持一种新鲜感。在平淡的婚姻中，无论男女，都会产生新的欲望，并不再能够容忍配偶对自己的忽略和冷淡。他们出轨的原因不完全为了寻欢作乐，也不只是为了寻求爱情本身，而完全就是为了持续一种新鲜感。尤其对一些拥有极强的猎奇心理的男女来说，你若是跟他们在一起，永远约束不了他们。

露西决定和丈夫柯文离婚了，这个决定是因为她发现了丈夫的"猎奇日记"。

柯文与露西原本是一对让人羡慕的夫妻，二人在结婚时并不富裕，但通过十年的努力，不但脱贫，而且有房有车，达到了不错的生活水准，认识他们小两口的人都会竖起大拇指。本该幸福美满地享受生活的时候，柯文开始按捺不住自己蠢蠢欲动的猎奇心理，一段美好的婚姻也因此破碎了。原来，随着家庭经济的改善，柯文的个人生活也开始丰富多彩起来，常常是身边多人簇拥，歌舞升平，柯文渐渐不满足于表面上幸福美满的婚姻生活了。为了寻求多方面的刺激，他先后与两名情人保持亲密关系，并以姓氏的第一个字母为记，将艳遇时间、经过、给予对方的物质帮助和自己的私房钱详细地记录下来。他认为这种日记能够给他带来"别样的快感"，他甚至经常拿出来回味。但好景不长，柯文的"猎奇日记"被露西偶然发现了，并决定与他离婚。

事实上，人们在寻求性冒险时，并不想破坏本来的婚姻关系。他们只是想偶尔"偷腥"来满足快感，并不想让生活变得鸡犬不宁。一部分人有着较强的责任感和自制力，他们不会选择在婚外找到性满足，但他们会运用各种策略——从运用性感内衣，到选择不同的亲密地点，甚至会借助某些视频来"增添情趣"。这也是另一种保守形式，也是符合道德的猎奇心理。

不过，当这种猎奇趣味延伸至婚外的体验，那就危险啦。

"我是一家公司的普通职员，也就是人们所说的白领。我有个稳定的家庭，有个不是很有魅力、却很稳重的老公；有个活泼可爱的孩子。三年前，哦，确切来说，是结婚后不到两年，我就找不到那种心跳的感觉了——即使在夫妻生活中。日复一日，年复一年，老套至极。我希望我们的生活中出现点别的什么，我开始对那些电影感兴趣了——而在之前，我是非常排斥的。我觉得自己变坏了，我喜欢在别的男人面前展现自己妩媚的一面，不自觉地就开始勾引他们。只要有人对我表现出一点兴趣，就会使我感到兴奋。虽然我现在还没有具体的越轨行为，但说实在的，我快招架不住了！"

第十三章 | 无法忍受一成不变的生活——渴望刺激的猎奇心理

——白领小 M

"我怀疑我的妻子出轨了!线索很简单:她开始热衷于打扮,并且买了许多漂亮的内衣裤,还穿着它们外出。"

——J 先生

我们都知道婚内出轨的危害性,但许多人愿意在这种危险和刺激的"游戏"中寻找荷尔蒙"飙升"的感觉。然而,在经历这段冒险后,他们对旧的"兴奋模式"也会产生枯燥感,这会迫使他们冷静下来,"浪子回头"般地回归家庭。别以为他们真的从此"改邪归正"了,这种模式一旦开启,就很难停止——他们的冷静和理智很快会被新的欲望所代替。

第十四章

你为什么说谎？

——每个人心里都住着骗子

我承认，你很善良，很真诚，但我必须告诉你：再诚实的人也会说谎。说谎是人的天性。研究表明，一个人开口3次，就会有一次在说谎，而且，他完全意识不到自己说了谎。

现在，请跟随我去寻求谎言的真相，揪出人们心里的骗子！

其实，你说的谎言跟你听到的一样多

老婆：我就逛逛，什么都不买；

老公：在开会呢；

朋友：真的没钱借给你；

同事：改天请你吃饭；

领导：我只讲两句；

老师：占用大家一分钟时间；

导购：这件衣裳就是为你设计的；

售票员：下一辆马上就来；

餐厅：菜马上就好；

父母：压岁钱我给你存着；

孩子：妈妈，我就吃一个。

……

以上是人们常说的一句谎言，你有没有说过类似的谎言呢？没有？那你现在就在撒谎了。有？没关系，这是正常的，因为你"不是一个人"，说谎是每个人都避免不了的行为。换句话说，就是每个人都说过谎，只是说谎的频率和目的不一样罢了。可以这样说，在生活中，我们允许有谎言的存在。在人与人的交往中，谎言是必要的。别急着反对这个说法，请先问问你自己，你的每一句话都是出自真心吗？

第十四章 | 你为什么说谎？——每个人心里都住着骗子

你可能不会想到平时看似"老实"的人其实也会说无数的谎话，你几乎不会想到自己也是"谎话连篇"，你更加不会意识到你说出的谎言不会少于你听到的谎言。毕竟你没有一个像匹诺曹那样说谎话就会变长的鼻子，不经意间，你的谎话就会随口而出，而且很难察觉到。

下面来看几组数据。心理学家曾在全国范围内展开了一场有关谎言的匿名方式调查。在所有的反馈中，只有8%的人声称自己从来没有撒过谎（这部分人其实是没有意识到自己撒过谎）。其中有一项调查是让人们在两周的时间里详细记录每天的谈话内容，要尤其注意自己所说的谎话。结果显示：大部分人在一天的时间，严重的说谎会超过两次；1/3的谈话都会含有某种形式的欺骗；80%的谎言都不会被他人揭穿；超过80%的人在求职时会欺骗雇主（大部分人认为面试并不希望知道自己的真实经历和背景）；超过60%的人会对自己的伴侣有不忠行为。

那么，你是否会撒谎呢？

假设桌子上放着一个英文字母"B"的剪纸，现在让你从桌子上拿起放在胸前，会出现什么样的结果呢？一部分人放在胸前的"B"字样从自己角度看是正面的，从别人角度看是反面的；另一部分人放在胸前的"B"字样从别人角度看是正面的，从自己角度看是反面的。

从别人角度看是正面"B"的这类人，说明他们的"自我监控"能力较强，他们倾向于让别人看明白自己的行为，比较注重别人怎么看他们，喜欢成为众人瞩目的焦点，能够很快让自己的行为适应所处的环境，并且很善于操控别人看待他们的方式。因此，他们更有可能成为撒谎高手。反之，从自己角度看是正面"B"的这类人属于"自我监控"能力较弱的，他们的行为在更多情况下是由他们内心直观的感受左右的，他们没太考虑自己的行为会给周围的人造成什么影响。因此，这种人在生活中相对来说不太会撒谎。

微人格心理学

谎言有时候伤害某一个人,有时候伤害很多人,有时候会伤害整个社会,甚至左右人类历史。

为什么这么说?

1938年9月,在第二次世界大战一触即发的关键时刻,英国首相张伯伦和德国首相希特勒在慕尼黑会面,商讨和平解决德国与捷克之间的矛盾。希特勒信誓旦旦地保证绝对没有攻击捷克的想法,但是暗地里却在积极备战。英国首相万万没有想到作为一国首相的希特勒会撒出这样一个弥天大谎,在给他妹妹的信中他是这样描述希特勒的:"当他做出承诺的时候,你就知道这是一个值得信赖的人。"所以他力劝捷克不要动用军队,否则可能会被德国看作具有攻击性的举动。会面结束后不久德国就向捷克发动了闪电战,并很快击垮了准备不足的捷克军队,并由此引发了席卷全球的第二次世界大战。

如果张伯伦当时就识破希特勒的诡计,现在的世界应该会是另一番景象。那么如何判断你对面的人是否在撒谎呢?

一般来说,测试一个人是否说谎的方法有三种。一种是观察人们的非语言行为,就是除了说话以外的生理表现,比如初级说谎者在表述一个谎言的时候,往往自己会憋不住笑起来,或者神情慌张、眼神飘忽不定,音调出现颤抖甚至是结巴起来;一种是分析说话的内容,也就是分析他们在说什么,他们阐述的内容从逻辑上有没有自相矛盾的破绽;还有一种是检查人的生理反应,比如面红耳赤、血压上升、心律不齐、掌心出汗等现象(当然如果他正生着病在和你对话,这一条判断依据就需要酌情分析了)。

现在社会上有很多打着"主流价值观"幌子的"片面观",看待问题往

第十四章 | 你为什么说谎？——每个人心里都住着骗子

往是"一刀切",非黑即白。在他们的观念里面,说谎这种行为就是百害无一利的,是应该被坚决抵制和消除的。但事实真的会像他们想象的那样黑白分明吗?

其实不然,说谎是一种社会心理问题,出于恶意的以侵害别人利益的说谎行为是应该受到唾弃和惩处的,但除此之外还有另一种更常见的说谎状态发生。通常情况下,人们对自己的认知是带有很大的主观因素的,和社会对他"相对客观"的评判有较大差距的。日常生活中,人们在提到"自我"的时候,大部分情况下是经过包装和改编的,多多少少是存在"失真"的情况的。人类本能的会根据周围的环境改变自己的行为,在社交活动中,人们也会"审时度势",以塑造恰当的符合当下气氛的形象,获得他人的情感支持,赢得别人的认同和肯定。所以,很多研究者认为,谎言是伴随着人类天性共同进化的结果,通过说谎保护自己,而倾听者是察觉不出大部分的谎言的,因此人类社会得以和谐有序的发展。我们在社交活动过程中需要正确理解说谎的行为,因为说谎未必全是不好的,有时候善意的谎言是维护和谐关系和扭转局面的关键所在。

试想一下,如果有一天,每个人都不说谎,世界会变成什么样子?

A:"嘿,早上好!"

B:"一点也不好,我很忙,没空和你打招呼,如果你不介意的话请让一下,因为你妨碍到我做事了。"

A:"我只想说,你今天的穿着真是土得掉渣了,你今天没带审美来上班吗?"

A:"好久不见,最近过得怎么样?"

微人格心理学

B:"还是老样子,吃了上顿没下顿,现在正愁晚上去哪个朋友家蹭一顿饭呢。对了,去你家怎么样?"

A:"别,我不待见你。知道你过得不好,我的心理就平衡了。"

你看,其实如果生活中完全消失了谎言,并没有我们预想的那么和谐,反而可能会滋生一些矛盾。每天我们都在有意无意地欺骗别人,一个人在朋友圈展示自己收到的礼物,并不代表他就一定喜欢这些礼物;一个人的厨艺得到赞扬,并不代表他做的东西就一定好吃;一个正在看电视的孩子告诉家长他已经完成了作业;走私犯告诉海关人员他身上什么也没有;运动员在成绩不好的时候故意装作受伤……

心理学家研究显示,谎言是一种生存机制,说谎使人们能够更加自如地应付周遭的复杂环境。以前,心理学家一致认为习惯性说谎是一种道德修养问题,甚至是一种精神障碍。但如今,他们经过研究发现,即便是成功人士,也会无意识地说谎,而他们并没有精神疾病,并且大多数情况下也没有不良企图。一项测试表明,一个人开口3次,也就是10分钟内,就会有一次在说谎。

人们在说谎的时候,大多有几个理由:给人留下好的印象,避免尴尬,获得利益,避免惩罚,成为焦点,满足虚荣心,社交礼仪等。无论出于何种目的,人们总在生活中善于把握各种机会"说谎",为自己争取回旋的余地。心理学家德布拉·卡什说:"一个人越在乎别人对自己的看法,就越可能说谎。"卡什还强调:"尽管大多数谎言都是自私的,说谎者为了保护自己不会遭遇尴尬、反驳或者冲突才说谎,但是,仍有大约四分之一的谎言是令他人受益的,这通常是为了保护对方的感情。"

不管怎么说,说谎几乎是伴随着人类的天性成长起来的,打碎玻璃杯的

第十四章 | 你为什么说谎？——每个人心里都住着骗子

孩子往往会否认自己的"罪行"。每个人一生都会说很多的谎,如果出于善意,并且结果没有损害到他人的利益,这种谎言是人类社交活动的缓和剂,有效地规避了很多矛盾的直接爆发和正面冲突。

脱口而出的谎话——说谎是人的本能

> 我们不必学会说谎,说谎是天生的本能。
> 每个人每天每小时,
> 清醒时、沉睡时、做梦时、
> 高兴时或悲伤时,
> 无时无刻不在说谎;
> 即使能够三缄其口,
> 我们的双手、双脚、
> 双眼和举止仍禁不住显露出爱骗人的本色。
>
> ——马克·吐温

罗格是一家公司客服部的职员,最近公司全部动员,为了申请一个项目的专项基金,所有员工彻夜鏖战,终于在截止日的当天把完整的申报资料全部准备好了。但留给他们的时间已经不多了,距离提交最后时限还剩半个小时,罗格的车却被堵在了途中、动弹不得,前不能进、退不能退,眼睁睁地看着手表上的指针一点点转动,等待他们提交资料的工作人员已经第三遍电话来催促了。

还剩 10 分钟，车速仅仅能赶超乌龟爬行的速度，电话再次响起，对方不耐烦地询问罗格还有多久能到，罗格只能疲于应付他："正在路上，马上就到了，再等等，不好意思……"

还剩 5 分钟，显然电话那头的声音已经不会再给什么机会了："资料再不送过来，我就当你们弃权了。"罗格急不可待，但心有余力不足，如果距离够短，他都恨不得弃车跑过去。"快了，快了，马上到楼下了。"

距离约定的时间已经超过三分钟，电话那头几乎开始咆哮了："你们究竟怎么回事，资料为什么还没送过来，我们马上就要转交给上层领导了，你们究竟还要多久？""5 分钟！5 分钟后肯定到！"罗格干脆地回复，其实他的车子距离 8 分钟前仅仅驶出了不到一公里，如果按照这个速度，将资料送到起码还得等上 30 分钟。

最后，罗格匆匆忙忙将资料送到现场，但办公室里已经是"人去楼空"了，工作人员已经将另一份仓促准备的备用资料转交上去了。公司上上下下近一周的辛苦全部白费了，很有希望的专项资金也泡汤了。本来这笔专项资金可以支撑公司半年的正常运营。

"快了"、"马上到"、"到楼下了"、"5 分钟"……这种谎言在我们生活中并不陌生，在别人催促我们的时候，这些词语往往会脱口而出，而且基本上不会脸红。我们明明知道短时间内无法到达目的地，但就这么"自然"地说谎了。当这些词语从口中说出的时候，有时候只是出于本能的一种反应，我们可能并没发觉自己刚撒了一个谎。

谎言大致可以分为"显而易见型"和"潜移默化型"，显而易见就是那些一听就不靠谱的言辞，谁的朋友圈里都会有那么一两个漫天吹牛的"奇葩"；"潜移默化型"的谎言则从表面上看是很真实，甚至是从逻辑上分析也极具

第十四章 你为什么说谎？——每个人心里都住着骗子

迷惑性，让人几乎察觉不到它的存在，其实你一张嘴它就可能随时出现，这就是谎言"狡诈"之处。

在谎言实验室里，心理学家通过仪器对志愿者的大脑进行扫描成像，他们会对志愿者提一些精心策划的问题，来观测说谎者在说谎时大脑的反应。结果显示，说谎者在撒谎的同时，大脑有两块区域是异常活跃的。一个是腹外侧前额叶皮质层，这块区域位于额头两侧的大脑部分；另外一个是接近前额叶中线区域，这是位于额头正中，从眼睛开始脑内延伸两厘米处。这两块区域都是大脑最复杂的部分，一个是控制信息的输出，一个是应对外界做出反应。

也就是说，在人类社交活动中，如果某个人对外界产生的刺激感到恐惧、害羞或者抵触等消极情绪的时候，大脑往往会产生应激反应，通过控制身体和语言输出错误的信息，即所谓的"谎言"，从而来避免让自己暴露在尴尬或者危险之中。这就是人类说谎的心理根源，是人类自我保护的一种本能反应，就像被针刺到身体会不假思索地做出躲避动作一样，是潜意识层面的心理活动，所以我们常常无法意识到自己说出的谎言。

说谎者在说谎的同时或即将开始之前，他们的生理反应和心理活动也是很有意思的。

首先，人在说谎的时候会因为不同的人和环境因素产生负罪、恐惧和兴奋的情绪。因为自己的谎言将别人陷入困局，尤其是面对自己的亲人和朋友，这往往会使说谎者产生负罪感。如果面对长者或者是社会阅历丰富的人，说谎者内心会产生一种恐惧感，因为他们见多识广，能敏锐地察觉到语言和逻辑上的漏洞，从而识破谎言，所以说谎者会因为害怕被识破而产生恐惧。还有一种恐惧是源于对严重后果的承担，如果谎言被识破就会遭到严厉的惩罚，这样会让人在说谎的时候产生心理压力，因为怕遭受惩罚而恐惧。同样是谎称自己没钱，面对歹徒和面对乞丐，产生的感觉是不一样的，前者是恐惧，后者是愧疚。如果因为自己非常想达到的目的，而去欺骗别人，在行骗成功之后，往往会让人产生一种难以名状的兴奋刺激，因为这里面存在一种成就感。孩子在欺骗父母作业已经完成的时候，会先后经历怕被识破遭到惩罚的恐惧、欺骗成功后换取自由玩耍的兴奋、玩耍结束后发现作业还没完成或者被父母训斥的负罪感。

除了各不相同的情绪以外，人在说谎过程中的思维也是异乎寻常的。一般情况下，大脑在处理外界信息的时候是趋于简化的，因为大脑很"懒"，它总是想把复杂的事情简单化，让信息更容易被处理。做个小实验，给你两道数学题，一题是简单的2个两位数加减乘除，答对奖励10元，另一道是100个三位数加减乘除，答对奖励100元，前提是不能借助计算器。你会选择哪个？有些人可能会毫不犹豫选择奖励高的，也有一部分人会选择简单的"见好就收"。但是真正做起来，选择100块的人会发现自己做了一个错误的决定，虽然奖励高，但是大脑不愿意处理这么庞大、复杂的信息。所以人类面对复杂的事物的时候，本能的反应是抵触和逃避。但是人在撒谎的时候，却经常将问题复杂化，一个谎言需要更多虚假的信息来佐证，并且必须强迫自己的大脑快速思维，以保证谎言的逻辑性。当说谎者在回答问题之前，需要处理的信息量要比实话实说大许多倍，为了让人们相信自己编造出来的谎言，只能不断地用更多的谎言来弥补另一个谎言。

说谎时的心理活动还远非这么简单，当说谎者大脑高速运转编造"可信"论据的时候，为了让自己看起来很诚实，大脑会控制肢体尽量表现得从容、淡定。他们会用近乎面瘫的表情或者僵硬的笑容来掩盖内心的紧张，他们会把手环抱在胸前来擦拭手心渗出的汗水，他们会时不时抚摸自己的后脑或者耳朵来应付尴尬，他们会经常变化身体姿势来掩饰忐忑不安的情绪。总之为

第十四章 | 你为什么说谎？——每个人心里都住着骗子

了让谎言成立，大脑会想尽一切办法来控制身体和语言活动，而这些都是在人们潜意识中完成的，所以许多情况下，你几乎不会意识到自己所说的谎言，更不会意识到自己为圆谎所作出的"努力"。

"我只是迷恋说谎"

诚实是社会的美德，为什么我们还是喜欢说谎？

佐伊和乔斯是中学同学，从中学毕业后两人就没在见过，当他们在街上偶遇的时候，已经是10年后的事情了。老同学偶遇,总是有一些话可以聊的，佐伊这才听说原来在学校那会儿，乔斯一直都暗恋着她。他一直试图了解她现在有没有男朋友，希望可以"再续前缘"，让乔斯失望的是佐伊已经有了男朋友。

让佐伊始料未及的是，自从重遇乔斯后不久，佐伊的男友开始越来越疏远她，最后干脆和她分了手，她不知道哪里出了问题。倒是乔斯始终陪伴在她左右，当被抛弃的佐伊伤心痛苦的时候，乔斯对她呵护有加。某些时候，佐伊确实被乔斯的温暖和执着打动了，加上乔斯对她发起的猛烈攻势，她慢慢从失恋的阴影中走出，内心的天平渐渐倾向了乔斯。

在佐伊整个感情空窗期，乔斯都在极力表现自己，自己从高中到大学成绩如何如何好，还参加了各种社团活动并取得冠军，工作后如何受到领导的重视，无论公司遇到什么困难都被他一一摆平。听到乔斯这么优秀，而且每天工作很辛苦，每天很晚才下班，佐伊觉得这个男人是值得信赖和依靠的。

然而一次偶然的机会，又是在大街上，佐伊偶遇前男友，往事如过眼云烟，两人客套地聊了几句后，前男友随口问了一句，"嘿，准备什么时候和你那位青梅竹马的男友结婚？""青梅竹马？别逗了，我们初中毕业后就没见过了，哪来的青梅竹马？"……

这么一聊，事情真相大白了，佐伊终于明白前男友为什么会离开自己了。原来当乔斯知道佐伊有男友后，就找机会认识了佐伊的前男友，然后从中挑拨离间，欺骗她的前男友说自己和佐伊是青梅竹马，两人一直爱着对方，有一次乔斯惹怒了佐伊，所以佐伊赌气和选择和他在一起，其实她只是想用这样的举动逼乔斯认错。佐伊的前男友当时被怒火和羞辱冲昏头脑，也没和佐伊求证过，于是渐渐疏离了她。

知道真相的佐伊回去质问乔斯事情真相，但是他怎么也不肯承认，还说自己是被诬陷的。后来佐伊通过接触乔斯的同事，才慢慢了解到，原来他在公司并没有他说得那么重要，他只是公司的一名普通员工，业绩一般，甚至还给公司造成几笔退单。他经常深夜回家也不是在辛苦工作，而是整夜和朋友泡酒吧。原来乔斯给佐伊编造的一切都是假象，一怒之下，佐伊选择了和乔斯分手。

谎言就像影子，潜伏在我们的内心，当我们生活受挫、心生恐惧，它们就会不期而至。它源于人性本能，融入每个人的血液，在生活中自然流露。然而我们在说谎之后会产生一种兴奋体验，这种快感会让我们喜欢上说谎。

说谎也是一种能让人上瘾的癖好，不能控制自己的说谎行为，甚至成了一种自然而然的行为，即使在不需要说谎的情况下有意或习惯地说谎，这种状态被称为"说谎癖"。说谎会让人兴奋，产生快感。一个爱说谎的人，即使在没必要隐瞒事实的时候仍会有意地编造一些幻想性的故事、一段很神奇

第十四章 | 你为什么说谎？——每个人心里都住着骗子

的经历来让对方相信，当看到对方相信自己的谎言的时候内心会感到很高兴，沾沾自喜，产生一种心理上的优越感。这类说谎者一般表演性很好，所以在社交活动中往往具有很强的欺骗性。

还有一类说谎的人，当他们想达到完成一个目标或者达到一种要求，但是按照正常情况下又无法实现的时候，现实与理想产生落差，且短时间内很难解决，他们会选择"铤而走险"，企图通过谎言来让自己"过关"。当他们面对"审核者"时，从双方的心理层面上来看，说谎者是处于弱势地位的，所以作为弱势群体的说谎者在说谎的时候是有心理压力的，因为害怕谎言被识破，从而遭到惩罚。他们会故作镇定地夸夸其谈。如果"审核者"被欺骗了，那么说谎者的心理压力就会一瞬间释放出来，在心里长舒一口气，而此时精神压力的释放过程正是兴奋的状态。

谎言不止会让说谎者兴奋，也会让听者受用。人们常常会喜欢别人恭维他们的身材、发型、时尚品位以及成就等，其实他们知道自己一般情况下是达不到恭维的水平的，但是他们还是很开心地接受了。虽有溜须谄媚之嫌，但这样的"谎言"往往能让人们产生愉悦的心理体验。

但是，必须注意到，如果说谎时间和次数持续太长，那就有问题了。因为我们会发现有些人根本分不清楚自己说的是真话还是假话，是幻觉还是真实状况。在这方面，最常见的说谎就是"夸夸其谈"。有些人在他人面前会显得格外亢奋，喜欢就自己的过去编造一连串的虚构故事，长此以往下去，严重的可能会演变成诈骗犯。再严重一些的说谎癖就会成为病理性说谎，特点是对自己的谎言绝对真诚，他们坚信自己的谎言就是事实，用一个成语形容就是"自欺欺人"。因为他们不认为自己在说谎，所以他们的谎言具有可信的连贯性，而且这些说谎者大都记忆不佳，无法评价自身说话的准确性。因此，他们说起谎来简直像讲真话一样，很难辨明真伪。

沉醉于说谎给自己带来快感的人大致可以分为以下几类：

自卑型

因为自己能力弱小，经常被边缘化，为了掩饰平庸的最简便方法就是说谎，用谎言给自己打造一个华丽的包装。只消嘴皮动一动，遥远乡下的小木屋尽可成为别墅、庄园；即使没有任何才艺，也是通晓琴棋书画的才子或才女；灰姑娘立刻变成白雪公主，路边乞讨者都会有世界首富来拜访。

自大型

这类人一般多少会有一些能耐，达到一定的社会地位，因此产生巨大的优越感，认为自己比任何人都牛。但是还嫌不够，在社交活动中他们往往给人居高临下的感觉，不停吹嘘自己的地位、能耐和重要性。他们享受把别人"踩"在脚下的感觉。

财迷型

"人为财死，鸟为食亡"形容的正是这类人，他们为了得到利益可以不择手段，说谎就更不在话下了，他们的兴奋源来自于说谎骗取来的利益。清朝第一大贪官和珅为了荣华富贵，使尽浑身解数欺上瞒下，说了一世的谎言，骗取了无尽的家产，然而到头来招来杀身之祸，没带走一分钱财。

安全感缺失型

这类人很多是因为经历过一段灰暗的童年，比如父母离异、家暴、亲人离世等情况，给他们的心灵造成难以痊愈的创伤，因为不完整或者说破碎的家庭关系影响到他们日后的社会关系。他们没有安全感，害怕朋友和亲人离

第十四章 ｜ 你为什么说谎？——每个人心里都住着骗子

自己而去，所以他们试图用谎言来牢牢抓住想要的"幸福"，比如小女孩骗父亲考试成绩很好，试图用乖乖女的形象来挽留父母即将崩溃的婚姻。这类说谎者对世界的认知往往与事实是有偏差的，但不管现实如何，他们总是沉醉在自己用谎言编造的围栏之中，并且体验谎言给他们带来的暂时的精神愉悦。

虚荣型

"人活一张脸，树活一张皮"，这句话是爱慕虚荣者的座右铭，他们热衷于比较，和各种人进行各种比较，而且他们在对比的过程中有强烈的求胜欲，不允许自己比别人差，所以很多时候必须靠谎言来支撑他们的虚荣心。看着别人投来羡慕的眼光，才会觉得满足。

风流型

这类人驰骋于情场，他们非常了解女性爱幻想和易寂寞的心理状态，只要在适当时候用一个谎言就可以抱得美人归，谎言给他们带来的生理和精神的双重愉悦，但谎言也只能给他们带来逢场作戏的虚情假意，难以获得爱情的真谛。

这么多人喜欢说谎，是因为谎言能带给他们更多的兴奋，这些体验往往是真实生活中无法获得的。因为虚假，所以如梦如幻，让人欲罢不能。同样也是因为不真实，梦幻只如一现昙花，无法长久。

出于善意的，适当的谎言可以让我们的社交活动更加和谐，但如果疯狂地迷恋说谎，一张口"满嘴跑火车"，那就可能会出现"病态"的心理癖好，对自己和身边的亲人、朋友造成伤害。

信口开河的背后：说谎成癖是一种心理病态

我们已经知道了，说谎是人的一种保护自己和调节社交活动的本能，每个人一生都会说很多的谎，大部分的谎言是在不自知的情况下脱口而出的，而且人在说谎的时候，大脑部分区域是异常活跃的，潜意识里也会产生兴奋的快感的。

然而，会有这样一类人，他们以说谎为目的，而且无法控制自己的说谎行为。即使他们故意说的"谎言"不能给他们带来物质上的利益，甚至还很有可能被拆穿，但他们还是"乐此不疲"地说谎。这类人整天谎话连篇，把幻想当成现实，说一些荒唐但多少又有点可信元素的故事，来吸引别人的注意，其实是一种极端的心理病态。由这种心理而产生的说谎，就是病态说谎。

耶鲁大学的查尔斯·戴克博士说："有一些这样的人。他们每天清晨起床，就忍不住要编造一些故事。"比如，普利策奖得主、著名历史学家约瑟夫·埃利斯曾滔滔不绝地给学生和同事讲述自己在战争中的故事，但实际上他从未上过战场。电影《猫鼠游戏》中迪卡普里奥扮演的弗兰克·阿巴尼尔，在现实中确有原型，他在为政府工作前，曾先后假扮特工、医生、律师等，在26个国家开出了高达250万美元的假支票。美国加利福尼亚州的一位法官告诉别人自己拥有心理学专业硕士学位，并且曾效力于中情局，然而2001年，他谎言被揭穿，从此告别了法官生涯。

尽管戴克博士并未对人们说话的具体原因进行分析，但我们可以从他列举的事情中，找出这些人病态说谎的原因——他们是为了填补自己内心的空

第十四章 | 你为什么说谎？——每个人心里都住着骗子

虚，或者是为了提高个人魅力。刊登在美国的《人格与社会心理学》杂志上的一篇论文指出：病态说谎症的患者通常非常自信，有魅力；另外，一个人受教育的程度越高，说谎的水平也就越高。

苏珊是一家单位的前台，因为相貌标致，受到一些同事的青睐。每当有男性同事向她示好的时候，她都会摆出一副高傲的姿态，让人感觉无法接近。她经常在朋友圈标榜自己学生时代是如何品学兼优，多么受人欢迎，爱慕者加起来有几条街，所以公司那些追求她的男同事在她看来，都还远远达不到她的要求。时间一久，苏珊成了公司"高贵冷艳公主"的代名词，谁都知道她很难搞定。而实际上，苏珊之前的学习成绩并不好，而且长得也难看，只是因为她毕业后去整了容，相貌和原来也有了天翻地覆的变化，原来的同学和朋友都认不出她来了，她也主动断了和故友的联系，以一个新的身份重新生活。在新的世界里，她给自己编织了一个完美的谎言，将自己描述成一个人见人爱的"公主"，其实是想满足自己内心的自卑和虚荣。

小T今年30岁，身强力壮，在公司是技术骨干，在家是"顶梁柱"。但是从两年前，小T突然觉得身体有些不适，去医院检查，医生说没什么大问题，但是他回家后一直隐隐觉得自己有病。之后他去过很多家医院检查，医生给他从头检查到脚，都没发现什么异样，但他坚称自己有病，而且怀疑医生没有尽心尽力，要不就是医生向他隐瞒了自己的不治之症。他天天见人就说自己的病情，说自己为了求医跑遍了大江南北，还一定要医生给他开药。最终通过心理医生的干预治疗慢慢治好了他，他说谎的原因并不是为了获利，而是患有"曼丘森综合征"（曼丘森是一个德国人，他经常过度夸张自己的参战经历，并虚构一些故事讲给别人听，后来，曼丘森的延伸喻意为故意伪造自己患病的假象来行骗的人）。

微人格心理学

阿Z因为自己说谎的毛病让自己承受了多年的压力,他总是情不自禁地说谎。明明在家看书,朋友电话打来问他在干嘛,他偏偏要说自己在睡觉;明明在逛街,非要说自己在加班。他知道说谎不对,而且一般情况下他说的谎都是完全没有必要的,但是说谎已经成为他生活的习惯,任何情况下他都条件反射地想说谎,有时候他也痛恨自己的说谎行为,但就是控制不住。

正如上面三个案例展现的,对谎言没有自控力,一开口就说谎,不管有没有必要,这种病态心理叫做**执性说谎**。有些人说谎是迫不得已,有些人说谎是善意的安慰,有些人说谎是为了避免冲突。但执性说谎这类人在性格上是结构性的,他们的长期说谎行为,只是小脑的条件反射行为。

执性说谎者从表面来看,性格比较开朗,善于社交,他们往往是朋友圈中的"明星"。这种人是有一种长期形成、或者天生就有的表演特征,捏造事实,制造谎言,有的甚至发展为一种诈骗。有的说谎者则仅仅是用撒谎来获得病态心理的满足,虽然屡屡被揭穿仍然乐此不疲。

有一种人会利用欺骗和伪装来为自己谋取利益,这种行为发展到某种程度,会成为一种病症,称为"门森豪森综合征"。在门森豪森综合征中,有一种叫做"代理门森豪森综合征"的特殊病症。指的是有些人会假装自己的孩子身患重病,或者家人遭遇不测,以此来骗取他人的同情或者财产支持,也有一些人是用这种方法来骗取保险金。这种欺骗行为能够给自己带来极大的利益,所以许多人因此乐此不疲,并且会逐渐上瘾。到了后来,即使不能骗到保险金,也获取不到任何形式的利益,他们依旧会假装自己有值得人同情的遭遇,将自己扮演成为一出悲剧的主人公。因为对他们而言,能够以谎言获得他人的同情,就是最大的收获。

说谎是一种个人行为,又是一种社会行为,往往对自己、他人和社会造

第十四章 ▏你为什么说谎？——每个人心里都住着骗子

成极大危害。谎言隐瞒真相，也会直接影响别人对说谎者的评价。比如《狼来了》的寓言故事，爱说谎的放羊小孩，因为自己无节制的谎言，失去了别人的信任，最终酿成了悲剧。一个人说谎次数多了便会失去诚信，如果这个人掌握更大的权力，就可能祸国殃民。比如中国古代"烽火戏诸侯"的故事，周幽王因为自己毫无责任心的谎言，屡次动用国家防御重器（烽火）来戏弄各地诸侯，当犬戎真的兵临城下时，已经没有诸侯前来驰援了，直接导致了镐京被轻易攻破，加快了西周灭亡的步伐。

虽然谎言有善意的一面，但我们并不总是欣赏谎言。老百姓想知道有贪污嫌疑的官员在面对法庭审判时是否说了实话；交战双方在签订停火协议的时候，想确定对手是否可以信赖；老师想知道学生是否真的弄懂了教过的知识点；警察需要识别嫌犯在录口供时是否有所隐瞒。所以，面对病态说谎者，我们要学会识别谎言的方法。

我们之前已经提到过识别谎言的三种方法，一种是非语言的，一种是语言的，还有一种是生理的。接下来，我们进行具体分析。

非语言性的判断主要是看说谎者说话时是否语速变慢、经常停顿、语气僵硬，甚至是伴随口吃和一些夸张的面部表情，比如眉毛不自觉地抬起并挤在一起，上眼皮的抬起和下眼皮的紧绷等。但这些非语言的情绪往往会在出现后的 1/25 秒内被抑制，转瞬即逝的表情肉眼很难捕捉，往往需要专业仪器辅助检测。我们要从这个方面来判断对方是否说谎，需要十分敏锐的洞察力。

如果说非语言性的欺骗普通人比较难识别，还需要借助仪器辅助的话，那么说谎时生理上的反应就完全要依靠仪器来判断了。比如在判断一个人说话时，他的血压是否有升高、心率是否加快、大脑是否异常活跃，这些肉眼是无法看到的，除非你拥有一双孙悟空的"火眼金睛"，可以去伪存真。

语言性的欺骗对于普通人来说则相对更容易识别一些，很多谎言在内容上一听就是虚假的，完全违背生活常识和科学规律。即使有些谎言编造的不是那么"一捅就破"，我们还是可以从说谎者的语言线索中找到蛛丝马迹。说谎者在说谎的过程中，情绪是比较容易激动的，当他们情绪激动时，说话的逻辑性就会比较混乱，让受众听起来会有些吃力。另外，和说实话的人比起来，他们在陈述一件事情的时候很少进行细节描述，因为这个事情或者场景原本就是他虚构出来的，可能自身的知识结构不足以支撑他们制造某些细节，又或者是他们缺乏一些创造细节的想象力，所以短时间内很难将各个细节描述得那么清晰、真实，干脆就选择忽略掉这部分内容。如果想识别这类说谎者，只要揪住细节不放，他就会出现慌乱的表现，最终露出破绽。还有一些有预谋的"说谎者"他们会事先编排好各种细节，就为了应对别人的"突击检查"，但是往往"聪明反被聪明误"，他们太刻意的准备细节反而会出卖他们。比如，正常人如果被问到"前天你睡觉前做了什么？"很多人第一反应是想不起来了，但是说谎者可能会煞有其事地和你娓娓道来，这样一来，他所编造出来的谎言"堡垒"也就不攻自破了。

谎言与我们息息相关，既然无法摆脱，那也不能受控于它，我们要做的就是正视说谎的行为，了解说谎的动机，控制说谎的频率，承担说谎的后果，拒绝恶意的谎言，识破有害的谎言，抵制病态谎言的出现和蔓延。